공공역사란 무엇인가

공공역사란 무엇인가

Public History

마르틴 뤼케
이름가르트 첸도르프
지음

정용숙
옮김

대한민국
역사박물관
기획

Einführung in die
Public History

푸른역사

들어가며

●●● 　국제적으로 널리 쓰이는 용어인 '공공역사Public History'는 독일에서는 '응용역사angewandte Geschichte'라고 불리는데, 이 용어는 이 책의 핵심 내용인 두 가지 뜻을 함께 담고 있다. 공중公衆 속의 역사와, 공중을 위한 역사가 그것이다. 이런 의미에서 '공공역사'는 대학의 학과나 교과목을 위한 아이디어가 될 수도 있고, 하나의 학문이 될 수도 있다. 공공역사는 공공의 역사 표현을 의미하기도 하지만, 다양한 미디어와 기관을 통해 다양한 형태로 제시되는 역사를 연구하는 역사학 하위분과를 뜻하기도 한다.

　공공역사는 논쟁의 여지가 있는 개념이지만 역사 연구가 시작된 이래 존재해 온 오래된 것이다. 그러나 독일의 역사학계는 오래도록 역사 연구를 통해 지식을 얻는 일에만 관심을 두었을 뿐 공중에 역사를 매개하고 공중이 역사를 수용하는 문제는 도외시했다. 이런 것은 역사교육의 몫으로 남겨졌지만, 역사교육의 관심사는 학교 수업을 통한 역사 매개에 머물렀다. 역사교육계에서는 일찍이

1980년대부터 '역사문화Geschichtskultur' 개념을 통해 학교 밖에서 역사가 어떻게 다루어지는가 하는 문제에 관심을 두었고, 문화 연구와 역사학에서 '기억문화Erinnerungskultur' 개념에 주목하기는 했다. 그러나 공공의 역사라는 보고寶庫에 대한 광범위한 학문적 접근은 없었다. 학교 밖에서 유통되는 역사에 역사학계가 별 관심이 없었던 이유는 박물관이나 TV 다큐멘터리 등이 매개하는 역사가 "학문적academic" 역사만큼 중요하지 않다고 여겼기 때문이다.

그러나 이제 공공公共의 역사는 호황인 데다 역사에 대한 미디어의 관심도 높다. 문화, 경제, 정치 영역의 공공기관과 민간단체들이 다양한 미디어를 통해 퍼뜨리는 역사 표현의 사회적 중요성이 커지고 있다. 이러한 붐을 타고 역사문화는 역사 연구와 역사교육의 주제가 되었다. 역사문화는 관찰되고 분석되며 계속 확장되는 중이다. 이 책은 바로 이러한 현상을 지지하는 한편 공공의 역사 표현에 관한 논의에 기여하고자 한다.

이 책의 독자는 공공역사를 전공하는 학생들과 졸업생들뿐 아니라 다른 역사 전공 학생과 졸업생들, 예컨대 기초적 역사 연구에 겸해 공공역사의 제시와 표현을 연구하려는 이들이다. 나아가 공공역사 종사자 외에도 이 분야의 관계자들에게도 일독을 권한다. 왜냐하면 공공역사 분야에서 역사가들의 일자리 수는 늘어나는 추세이고, 이제는 그 품질을 살펴 질적인 향상을 도모할 때가 되었기 때문이다. 따라서 이 책은 공공역사의 교육과 연구 현황뿐 아니라 졸업생들의 진로까지 살펴본다.

볼로냐 개혁* 이후부터 역사학 및 문화 연구의 학사와 석사 학위 과정에는 학계 밖의 취업을 돕기 위한 실습 과정이 도입되었다. 이 과정들은 역사 연구와 역사교육의 기초를 가르칠 뿐만 아니라 공공의 역사 수용을 분석하는 것은 물론 미디어를 통한 공공역사의 제시에도 역점을 둔다.

이 책은 공공역사를 독립된 학위 과정으로 전공하는 학생들 또는 역사학 학위 과정 안에서 학점 이수 단위인 모듈Module로 공공역사를 공부하는 이들을 위한 안내서 겸 참고서다. 그 외에도 역사학도들과 역사에 흥미를 갖는 이들에게 공공역사를 조망하게 해 주며, 전문 학술서가 다루지 않는 대중적 역사서술의 미학적, 정치적, 상업적 차원을 고찰한다. 그리고 공공과 민간 부문의 필요에 부응하는 공공역사의 질적 기준을 어떻게 세울지도 다룬다. 역사를 진지하면서도 재미있게 매개하는 방법을 찾기 위해서다. 나아가 출판사, 박물관, 기념관, 협회, 재단, 회사, 정치기관, 역사 관련 단체, 언론 등에서 일하려는 역사 전공자를 위한 직업 교육 과정과 취업 전망을 제시한다. 이와 같은 이유로 이 책은 공공역사의 다양한 측면들을 간략하게만 소개한다. 더 자세한 것은 공공역사를 전문적으로 다루는 문헌을 참고하기를 권한다. 이 책

* 볼로냐 협약Bologna Process으로 시작된 유럽 대학 개혁을 말한다. 1999년 영국, 프랑스, 독일, 이탈리아 등 유럽 국가들은 이탈리아 볼로냐에 모여 단일한 고등교육제도 도입에 합의했다. 유럽 대학들의 전통적인 학사와 석사 통합 학제를 미국식 학사와 석사 분리 학제로 개편하고, 대학 교육 품질을 공동으로 관리하여 회원국 대학의 졸업장을 다른 회원국 어디에서도 인정받을 수 있게 함으로써 유럽 대학들의 국제 경쟁력 제고를 꾀하였다.

의 관심사는 독자적 학문 분과로서의 공공역사를 체계적으로 설명하는 일이다.

이 책은 총 여섯 장으로 구성되어 공공역사란 무엇인지 질문하고 그 방법론 및 관련된 직업 영역을 다룬다. 먼저 제1장에서는 공공역사의 개념, 운동, 제도화, 보편적 원칙이 전개되어 온 과정을 정리한다. 이 부분은 이름가르트 췬도르프Irmgard Zündorf가 집필했다. 이어서 마르틴 뤼케Martin Lücke가 공공역사의 핵심 개념인 역사문화와 기억문화, 역사의식Geschichtsbewußtsein과 역사실천 Geschichtspraxis 등을 명료하게 논한다.

이를 바탕으로 제2장은 역사교육과 공공역사의 관계를 조명한다. 마르틴 뤼케가 쓴 이 장은 먼저 다원적 관점, 내러티브, 역사적 상상과 같은 역사교육 원리를 설명한다. 그리고 포용, 접근성 barrier free,[*] 다양성Diversität과 상호교차성Intersectionalität 개념과 문화횡단성Transkulturalität 및 상호문화성Interkulturalität 논의를 다룬다. 공공역사는 경험적 타당성과 역사적 서사가 역사적 상상을 미학으로 완결하려는 대중의 욕망과 팽팽하게 만나는 지점에 존재한다. 따라서 공공역사 작업은 그사이를 규칙적으로 오가는 줄타기와 같다. 한편으로는 역사의 실증에 대한 책임을 다하고, 다른한편으로는 정서적·미학적으로 정당한 대중의 요구에 응해야 하기 때문이다.

---

[*] 사회적 약자의 사회생활에 지장이 되는 물리적 장애물이나 심리적 장벽을 없애기 위한 운동과 정책. 구체적으로 장애인, 임산부, 어린이, 노약자를 포용하는 시설.

제3장에서는 공공역사 연구 및 교육의 사료와 방법론을 살펴본다. 물질문화는 췬도르프가, 이미지 역사와 소리 역사는 뤼케가, 구술사와 리빙 히스토리는 췬도르프가 각각 맡아서 공공역사 연구와 교육 방법론으로 소개한다. 제4장과 5장에서는 다양한 미디어(뤼케)와 박물관 및 기념관(췬도르프)에서 다루는 역사를 상세히 짚었다. 각각의 연구 분야 및 취업 분야와 관련한 역사적 개요와 분석이론을 간략히 살핀다.

마지막 제6장에서는 대학의 공공역사를 정면으로 다룬다. 대학에서 공공역사를 가르칠 때 학문과 응용의 관계를 먼저 논하고(췬도르프), 석사 논문과 수행 과제를 위한 주제와 아이디어에 대한 조망을 제시하고 학생들이 자신의 프로젝트를 짤 때 필요한 틀을 알려 준다. 그뿐만 아니라 공공역사가로서 지켜야 할 연구지침, 교육지침, 윤리지침을 논한다. 마지막으로, 졸업 후 대학과 학교 밖에서 역사 매개와 제시에 종사하려는 학생들을 위한 직업교육과 취업 분야로 미디어, 박물관과 기념관, 정치 또는 경제 영역의 일자리를 소개한다.

이 책은 이 모든 주제를 다 다루지는 못한다. 이런 이유로 각 장 끝에 도움을 받을 수 있는 문헌들 목록과 함께 독일과 세계의 주요 기관과 출판사 웹사이트 정보를 제공한다. 목록에 제시된 웹사이트 링크들은 출판사 웹사이트를 통해 접속할 수 있다. 중요한 설명은 본문에 그래픽을 써서 강조했다. 책 말미에는 참고문헌 목록과 모든 주제와 주제어를 포함한 색인을 수록했다.

이 입문서는 두 공저자가 베를린 자유대학 공공역사 전공 교수로 수년간 대학에서 역사학, 역사교육, 공공역사를 가르치며 쌓은 경험을 바탕으로 집필하였다. 아드리안 레네Adrian Lehne, 안나 판호프Anna Panhoff, 요한나 하이네케Johanna Heinecke 및 하닌 이브라힘Hanin Ibrahim은 이 책을 위한 자료 조사와 교정 및 편집에 크게 기여했다. 이들의 큰 도움에 깊이 감사한다.

2장

**역사교육과
공공역사**

3장

**공공역사
방법론**

6장

공공역사 교육

1장

공공역사란
무엇인가

● ● ●

　이 장에서는 독자적 학문 분과로서 공공역사의 개념을 소개하려 한다. 먼저 공공역사가 전개되어 온 역사를 추적한 뒤, 이와 관련된 역사서술의 개념들을 설명한다. 그 첫 단계로 미국에서 발원한 공공역사 운동이 호주와 유럽으로 확산되며 제도권으로 들어온 역사적 과정을 따라가 볼 것이다. 그다음으로 공공역사에 관한 기존의 다양한 정의를 살펴본 후 이를 토대로 독자적인 공공역사의 정의를 제안할 것이다. 이 과정에서 공공역사가 역사문화 및 기억문화와 큰 접점을 가지고 있음이 분명해질 것이다. 이 개념들을 포함하여 역사실천이나 역사의식 등 이 책에 반복해서 등장하는 용어들은 3절에서 설명한다. 이 장의 마지막 부분에서는 공공역사가 학문과 대중의 요구 사이에서 어디쯤에 있는지 논하겠다.

1. 공공역사의 역사와 제도화

공공역사는 이 용어가 생기기 전에도 이미 존재했다. 이 용어의 발원지인 미국에서 공공역사는 애초에 대학 외부의 운동으로 시작되었다. 1960년대의 신사회사New Social History는 "아래로부터의" 역사라는 새로운 목표와 접근법을 내세웠다. 이는 그때까지 추구해왔던 정치사와 사건사로부터 사회사와 경제사로 관점을 전환한다는 의미였다. 문화사와 일상사에 대한 관심이 커졌고 이와 관련된 지역사에 대한 관심도 높아졌다. 이러한 발전은 역사 연구의 주제는 물론 사료와 방법의 확장으로 이어졌다. 개인의 편지와 일기 같은 이른바 에고도큐멘트Ego-Dokumente*와 관련자 구술 증언이 새로운 사료로 등장했다. 후자는 1980년대에 개발된 구술사 방법론을 이용해 수집되고 분석되었다(본서 3, 4 장 참조).

---

* 역사적 주제에 대해 개인이 자신의 처지를 기반으로 한 인식이나 진술을 표현한 사료를 뜻한다. 자서전, 일기, 편지 같은 텍스트 또는 공문서에 비공개를 전제로 행간에 적어넣은 메모 등.

1970년대 이래 역사 표현에 대한 공공의 관심이 높아졌다. 역사 전시를 보러 가고, 역사영화(오락영화 및 다큐멘터리)를 보고, 역사 관련 서적(역사학 논문 및 통속성이 가미된 역사책과 역사소설)을 읽거나 역사 잡지를 구입하는 사람들이 점점 늘어났다. 수요가 늘어나며 공급도 증가했다. '역사 붐'이라 할 수 있는 이러한 현상은 지금까지도 계속되고 있다.

게다가 미국에서는 1970년대에 대학이 팽창하면서 역사학과 졸업생들이 대학 연구자나 학교 교사로 일자리를 얻지 못하는 경우가 많아졌다. 다른 직업 분야로 갈 수 있는 교육 프로그램은 아직 마련되지 않은 상태였다.

역사에 대한 공공의 관심이 커지고 있는데도 대학 중심의 학계가 이에 응답하지 않는다는 비판이 공공역사 운동에서 제기되었다. 학계가 공중公衆과의 접점을 잃었고, 더이상 공중을 위해 연구하고 글을 쓰지 않으며, 자기들끼리만 읽는 책이나 출판한다고 비난했다. 이들의 요구는 역사가들이 전문가로서의 능력을 발휘해 대중적인 역사 표현을 발전시키는 데 참여해야 한다는 것이었다. 나아가 대학 강의 또한 역사가들의 작업조건 변화에 맞추어 조정되어야 한다고 보았다.

그 결과 1970년대 말에 이르러 이러한 필요에 부응하는 새로운 교육 과정이 개발되었다. 학생들은 이를 통해 대학과 학교 밖에서 역사를 매개Vermittlung하는 직업 분야를 위한 준비를 할 수 있게 되었다.

1—미국과 세계의 공공역사

　최초의 공공역사 학위 과정은 1976년 산타바바라 캘리포니아대학교에서 역사학과 교수 로버트 켈리Robert Kelly의 주도로 시작되었다.[1] 이를 시작으로 공중 속의 역사 매개를 집중적으로 다루고 특정 분야의 취업을 준비시키는 학위 과정이 잇따라 생겨났다. 이런 의미에서 공공역사학과의 호황기는 1980년대였다. 공공역사자료센터Public History Resource Center에 따르면 현재 미국에는 135개 대학에 공공역사 과정이 있다.[2]

　미국 대학의 공공역사 과정은 고전적인 역사 수업은 물론 미디어 및 문화 연구의 발전과 이론 및 방법론을 다루는 수업들로 구성되어 있다. 또한 공공역사의 다양한 실무 분야를 다루는 선택 영역들을 제공함으로써 구체적인 직업 분야를 조망하게 해 준다. 인턴십과 졸업 논문 작성은 심화 단계에 해당한다. 학생들은 모둠 활동과 구체적인 사례를 통해 다양한 미디어에 따라 역사를 각각 다른 형태로 제시하는 방법을 익히게 된다.

　미국에서 통용되는 용어 정의, 학위 과정, 구인구직 그리고 다양한 리뷰 및 리뷰 포털에 대한 정보는 공공역사자료센터에서 얻을 수 있다. 이곳은 공공역사가들의 작업을 지원하고 장려하며 확산시키는 포럼으로 소개되어 있다. 이곳의 정보는 대부분 미국에 관한 것이지만 일부는 미국을 넘어 영어권 전체를 포함하기도 한다. 다만 이 웹사이트의 일부 섹션이 오랜 기간 업데이트되고 있지 않는 점은 아쉽다.

공공역사의 제도권 편입을 도운 것은 대학의 학과 신설 외에도 특히 1980년 피츠버그에서 이익단체로 설립된 미국공공역사협회 NCPH(National Council on Public History)였다.[3] 이 단체의 목표는 현장의 다양한 실무자들을 네트워크로 연결하고 공공역사의 위상을 높이기 위해 독자적 분과로 전문화하는 것이었다. 이를 위해 학술대회를 개최하고, 공공역사의 기본이론과 실무 분야에 관한 출판물을 냈으며, 대학에서 공공역사를 가르치는 데 필요한 조언을 내놓았다. 미국공공역사협회는 한편으로는 공공역사의 독립성을 강조하면서도 다른 한편으로는 역사학과와의 근접성을 강조하는데, 이는 공공역사에서 역사학의 방법론을 결코 포기할 수는 없기 때문이다.

이 단체는 계간 저널인 《더 퍼블릭 히스토리안The Public Historian》을 1978년부터 간행하고 있다.[4] 미국공공역사협회의 학술지로 자리 잡은 이 저널은 미국을 넘어 공공역사의 주요 출판 채널 역할을 한다. 이외에도 미국공공역사협회는 1986년 이래 분기별 뉴스레터인 《퍼블릭 히스토리 뉴스Public History News》를 발간한다. 또한, 1994년 수집된 메일링 리스트인 〈에이치 퍼블릭H-Public〉을 관리하는 한편 2012년부터 블로그 〈퍼블릭 히스토리 커먼스Public History Commons〉를 운영하고 있다. 여기에는 공공역사에 관한 최신 정보와 토론, 메일링 리스트 회원의 기고와 뉴스레터 및 계간 저널에 실린 글에 관한 기사가 실린다. 미국공공역사협회의 또 다른 블로그인 〈히스토리 앳 워크History@work〉는 공공역사 실무에 관한 모든 것을 다룬다.

미국 이외의 지역에서는 특히 호주에서 1990년대 말부터 공공역사가 제도권에 안착했다. 호주공공역사센터The Austrian Center for Public History[5]는 1998년 시드니 공과대학에 설립된 이해 대변 기구다. 호주에는 2018년 현재 5개 대학에 공공역사 교육 과정이 있다. 호주전문역사가협회Australian Professional Historians' Association 는 1992년 이래 학술지 《퍼블릭 히스토리 리뷰PHR(Public History Review)》[6]를 출판해 왔다. 이 저널은 2006년부터 온라인으로도 이용할 수 있으며 《더 퍼블릭 히스토리안》과 함께 이 분야의 주요 국제 학술지로 꼽힌다. 역사 매개와 수용을 다루며, 모든 역사가를 위한 포럼을 자임한다.

유럽에서도 1980년대부터 역사에 대한 공공의 관심이 높아졌지만, 광범위한 공공역사 운동에 이르지는 못했다. 영국의 경우, 옥스포드 러스킨 칼리지의 라파엘 새뮤얼Raphael Samuel을 중심으로 시작된 '역사 작업장 운동History Workshop−Bewegung'[*]이 공중 속의 역사를 다뤘다. 1996년 영국 최초의 공공역사 전공 학위 과정이 옥스퍼드대학에 개설되었고, 현재는 5개 대학으로 늘어났다.

---

[*] 1970년대 중반부터 서구 사회에서 주로 좌파에 의해 추구된 역사 연구의 흐름. "네가 서 있는 곳을 파라"라는 구호를 내세워 자기 지역과 고장의 역사를 보통 사람들의 구체적인 일상의 삶 속에서 이해하기 위해 '아래로부터의 역사'와 대중의 역사popular history 쓰기를 추구하였다.

다른 나라들에서는 2008년 네덜란드 암스테르담대학교와 벨기에 겐트대학교에, 2014년 폴란드 브로츠와프대학교에 공공역사 전공 과정이 신설되었다. 2015/16학년도 겨울학기에 프랑스 파리12대학교Université Paris-Est와 이탈리아 모데나의 레지오 에밀리아대학교도 공공역사 교육에 뛰어들었다. 스위스에서는 2017/18학년도 겨울학기에 루체른 교육대학PH Luzern과 프라이부르크대학교가 루체른대학교, 바젤대학교, 장크트갈렌 교육대학과 공동으로 석사 과정 '역사교육과 공공의 역사 매개Geschichtsdidaktik und öffentliche Geschichtsvermittlung'를 신설했다.

2005년에는 옥스퍼드에서 최초의 공공역사 국제학술대회가 '인간과 과거People and their Pasts'[7]라는 주제로 열렸다. 미국, 호주 및 영국의 공공역사 대표자들이 발제를 맡았다. 참가자 모두가 합의할 수 있는 공공역사의 정의에 도달하는 것은 불가능해 보였다. 공공역사가가 반드시 역사학 전공자여야 하는지 그렇지 않으면 아마추어 역사가로서도 가능한 일인지 판단하는 것도 난제였다. 그러나 이 학술대회의 목적은 가능한 한 다양한 관점을 허용함으로써 공공역사에 대한 새로운 관점을 얻는 것이었다.

2010년 마침내 국제공공역사협회IFPH(International Federation for Public History)[8]가 설립되었다. 이 단체의 목표는 역사교육과 연구를 위한 국제적 네트워크를 만들어 국가 간 교류를 지원하는 것이다. 이를 위해 매년 대규모 국제학술대회를 개최한다. 그 첫 번째 학술대회가 2014년 네덜란드 암스테르담에서 열렸고, 2015년 중국 산둥성 지난, 2016년 콜롬비아의 보고타, 2017년 이탈리아의 라벤나로 이어졌다. 국제공공역사협회에는 '학생 및 신진연구자 위원회Student and New Professional Committee'[9]라는 내부 그룹이 별도로 있어 공공역사 전공 학생들과 졸업생들의 교류를 위한 네트워크 역할을 한다.

2—독일의 공공역사

1970년대 이래 독일에서도 역사학과 졸업자 수가 증가했으며 1980년대에는 역사 붐이 뚜렷이 나타났다. 역사학과를 나와 대학과 학교가 아닌 다른 곳에 취업하는 경우도 많아졌지만, 이들은 미국에서와 마찬가지로 거의 준비되지 못한 상태였다. 대학들은 이런 역사 붐에 어떻게 대처해야 할지 알지 못했다. 역사교육계는 전문역사가들에게 공공 활동에 더 많이 나서라고 요구하면서도 구체적 방법은 알지 못했다.

대학 밖에서 1980년대에 만들어진 역사 작업장Geschichtswerkstatt 들은 "네가 서 있는 곳을 파라Grabe, wo du stehst"[10]를 모토로 내세우며 지역사와 일상사에 눈을 돌리고 글을 썼다. 그들은 정치사와 사상사 중심의 아카데미 역사학을 비판했으며, 구조사와 사회사의 위상이 높아진 그간의 변화에도 만족하지 않았다. 역사 작업장은 당사자들 스스로가 수행하는 민주적인 역사 연구를 추구했다. 한편으로는 학문적 훈련을 받은 역사 전공자들이 지역 주민과 협력해야 하고, 다른 한편으로는 정치 시스템 안의 일상적 삶과 더불어 "아래로부터의 역사Geschichte von unten"가 중심이 되어야 한다고 요구했다.[11]

1990년대에는 역사 붐의 결과로 "공공역사 표현의 제도화"가 역사 작업장들과 대학들 밖에서 일어났다.[12] 예를 들어 공영 텔레비전 방송에 현대사 프로그램을 위한 고정 채널이 생겼고, 출판사들은 대중적 교양서 시리즈의 출간을 늘리며 대중적 역사 저널들을 창간했다. 기념관에 대한 공공자금 지원이 늘었고, 독재시대의 과거 정리를 위한 재단들이 설립되었고, 중앙과 지방 정부들은 구체적으로 공공역사 프로젝트를 장려하는 부서를 갖추었다. 이리하여 역사학과 졸업생의 취업 영역이 확장되었다. 그러나 이와 같은 변화가 대학 교육 과정에 반영되는 데는 시간이 걸렸다.

실용역사 학위 과정의 개척자는 1985년 기센대학교에 설립된 역사저널리즘 석사 과정이다. 미국의 공공역사 커리큘럼에 견줄 만한 과정이 독일에서 처음으로 개설된 것이다. 그러나 이 과정은 영화와 라디오 그리고 출판물에 나타난 저널리즘적 역사 매개에 집중했다. 그 후 오랫동안 더이상의 공공역사 교육 과정은 생기지 않았다.

2000년 이후 독일 대학의 학위 체계가 학사 과정과 석사 과정으로 분화되면서 역사학 학부 과정에 인턴십이 의무화되고 실용성을 중시하는 역사학 연습과 세미나 과목이 개설되었다. 그러나 이 수업들은 초기에는 역사학 전공 커리큘럼에 자리 잡기 어려웠으며, 강사들 개인의 헌신으로 유지되었다. 이제는 유명해진 브레멘 대학교의 연극 프로젝트 '문서에서 무대로Aus den Akten auf die Bühne'는 혁신적인 공공역사 세미나 수업의 사례로 꼽힌다. 지금 은 여러 대학에 공공역사 과정이 있어서 컨설팅이나 세미나 수업 을 제공한다. 2013/2014년 함부르크대학교에 개설된 공공역사 교 육 과정은 역사의 제시와 표현의 모든 것을 다루는 세미나 수업을 제공하는 학사 과정이다. 이와 비슷한 과정이 뮌스터대학교의 '역 사와 직업의 접속Schnittstelle Geschichte und Beruf'이다. 빌레펠트대 학교의 '직업으로서의 역사Arbeitsbereich Geschichte als Beruf'는 취업 정보를 제공하고 독자적인 실습 세미나를 진행한다. 그러나 이 사 례들은 독립적인 공공역사 전공 과정은 아니다. 취리히대학교 평 생교육원의 응용역사Applied History 석사 과정 역시 공공역사 학위 과정이 아니라 역사학 비전공자를 대상으로 고전적인 역사학 강 좌를 주로 제공한다.

2008년 베를린 자유대학교에 개설된 '공공역사Public History' 석사 과정은 다른 역사학 석사 과정과 분리되어 본격적으로 공공역사의 모든 것을 다루는 독일 최초의 교육 과정이다. 이 과정은 베를린 자 유대학의 근현대사 및 현대사 담당 정교수와 포츠담 현대사 연구센 터ZZF(Zentrum für Zeithistorische Forschung)가 공동으로 운영하며, 그 런 이유로 20세기 역사에 중점을 둔다. 이 학위 과정의 기본이념은 먼저 역사 매개의 기초이론과 방법론이며, 그리고 공중에 역사를 매 개하는 효과적 방법이다. 따라서 고전적인 역사학 세미나 수업 외에도 역사의 제시와 표현, 역사교육, 미디어의 역사Mediengeschichte, 문화 경영을 주제로 하는 학점 이수 단위로 이뤄져 있다. 학생들은 역사 연구 방법론 외에도 역사 학습Historisches Lernen, 구술사Oral History, 물질문화Material Culture(3장 1절 참조), 이미지 역사Visual History(3장 2절 참조), 소리 역사Sound History(3장 3절 참조)의 기초를 배운다. 그 위에서 자신의 창작품을 기획하고 기존 공공역사 작품을 분석한다. 학생들은 연구 보고서 대신 수행 과제를 통해, 그리고 현장 실무 경험이 있는 강사와 게스트의 참여와 인턴십을 통해 실무에 대한 통찰을 얻는다.

그 후로 독일에서는 더 많은 공공역사 교육 과정이 생겼다. 2012년 하이델베르크대학교에 응용역사 및 공공역사 정교수 직이 신설되었다. 2015년에는 독일에서 두 번째의 공공역사 학위 과정이 쾰른대학에 개설되었다. 보쿰대학교에서도 공공역사 과정을 만들 계획이다. 다루는 내용은 비슷한데 명칭은 완전히 다르게 운영되는 과정도 있다. 예를 들면 아우크스부르크대학교의 석사 과정인 '교수학적 매개 연구 – 문화 매개Fachdidaktische Vermittlungswissenschaften – mediating culture'*나, 힐데스하임대학교의 '문화 매개Kulturvermittlung', 브레멘대학교의 '예술·문화 매개Kunst- und Kulturvermittlung', 튀빙겐대학교의 '경험적 문화 연구Empirische Kulturwissenschaft' 석사 과정의 '박

---

* 교직 과정 학생들을 대상으로 교육학에 기초한 교수 방법의 이론과 실제 및 응용을 연마하는 것을 목표로 설립되었다. 학교 안팎의 모든 교육 및 매개 현장을 포괄하며, 구체적으로 다루는 중점 영역 가운데 하나가 박물관과 기타 역사문화 영역의 문화 매개이다.

물관과 소장품Museum & Sammlung' 전공 등이다. 다루는 영역을 '역사'에서 '문화'로 확대했을 뿐, 커리큘럼은 앞에서 언급한 공공역사 교육 과정과 비슷하다. 2017년 본대학교에 개설된 평생교육 과정 '정치·역사 연구Politische-Historische Studien'는 현대사와 정치교육에 종사하는 직장인들을 대상으로 하는 특수대학원이다.

이 교육 과정들은 서로 다르긴 하지만 공통적으로 공공 공간에서의 역사 제시를 다루며, 프로젝트 세미나와 인턴십이 필수 과정이다. 이 과정의 핵심은 직업 훈련과의 연계다. 그 외에도 전공 연구자들과 교육전문가들이 수업을 진행하기 때문에 기본지식 심화와 교수법 습득이 함께 이루어진다.

이처럼 주목할 만한 발전에도 불구하고 독일어권에서 공공역사 운동이나 공공역사 전공 학과가 대학에 생겼다는 이야기는 아직 없다. 공공역사 교육 과정은 단일 세미나와 실습부터 특수대학원 교육 과정과 석사 과정에 이르기까지 다양하게 존재한다. 기억문화를 주제로 하는 박사논문의 수가 뚜렷이 증가하고 있지만, 이를 전문적으로 다루는 학위 과정은 여전히 없다.

그러나 공공역사는 대학에서만 배울 수 있는 것이 아니고, 오히려 대학 바깥에서 더 많은 활동이 이뤄지고 있다. 그런 이유로 제도권 학계에 속해 있지 않은 역사가들에겐 예전부터 자신들의 이해를 대변하는 조직이 필요하게 되었다. 2012년 마인츠에서 열린 독일 역사학대회에서 독일역사가협회Verband der Historiker und Historikerinnen in Deutschland 안에 응용역사·공공역사 연구회

Arbeitsgruppe Angewandte Geschichte/Public History가 꾸려졌다.[13] 그 목표는 제도권 역사학계 안과 밖에 있는 역사가들 사이의 협력을 강화하는 것이다. 때문에 이 연구회는 상호소통을 위한 장으로 여겨진다. 여기서는 공공역사를 주제로 한 워크숍이 정기적으로 열리며, 회원뿐만 아니라 관심 있는 연구자라면 누구나 참가할 수 있다. 연구회 안에 2015년 3월 창설된 '학생과 신진연구자SYP(Studierende und Young Professionals)'[14]는 독일의 다양한 공공역사 과정 재학생과 졸업생들로 구성된 모임이다. 이 연구회는 자체 저널은 없지만 2013년부터 학술 블로그 저널인 《퍼블릭 히스토리 위클리Public History Weekly》[15]에서 역사교육에 초점을 둔 공공역사에 대한 짧은 글들을 매주 발행하며, 댓글 달기 기능도 있다.

독일에서 공공역사는 학문 분과가 되어 가고 있다. 독자적 분야로서 공공역사는 학술적 역사인식을 대중적 표현으로 풀어 내는 것을 고민할 뿐만 아니라, 역사의 제시를 통해 역사 연구를 자극한다. 이로써 공공역사는 역사의 재구성에 기여할 뿐만 아니라 역사문화의 일부가 된다. 이러한 자극의 고전적 사례는 텔레비전 시리즈인 〈홀로코스트〉인데, 1979년 독일에서 방영된 후 "민족사회주의Nationalsozialismus와 나치 범죄 논의의 패러다임 전환"[16]을 끌어냈다. 또 다른 사례는 1990년대 말 열렸던 '독일 국방군 범죄 Verbrechen der Wehrmacht' 전시회*로, 이미지 특히 사진을 통해서

---

* 폭력을 주제로 연구하는 함부르크 사회조사연구소Hamburger Institut fur Sozialforschung가 1995~1999년 개최한 순회 전시. 정식 명칭은 〈절멸전쟁. 1941~1944년 국방군 범죄Vernichtungskrieg, Verbrechen

역사를 다루는 새로운 방법을 보여 주었다. 대중적 역사 제시의 발전 과정을 살펴봄으로써 역사 전공자들은 직업 전망은 물론 역사학 특히 공공역사의 연구 분야에 관한 전망을 얻을 수 있다.

참고문헌 ....

Ashton, Paul/Kean, Hilda (편): People and their Pasts. Public History Today, Basingstoke 2009.

Horn, Sabine/Sauer, Michael (편): Geschichte und Öffentlichkeit. Orte-Medien-Institutionen, Göttingen 2009.

Kean, Hilda/Martin, Paul/Morgan, Sally J.: Seeing History. Public History in Britain Now, London 2000.

Korte, Barbara/Paletschek, Sylvia: History goes Pop. Zur Repräsentation von Geschichte in populären Medien und Genres, Bielefeld 2009.

Meringolo, Denise D.: Museums, Monuments, and National Parks. Toward a New Genealogy of Public History, Amherst 2012.

Rauthe, Simone: Public History in den USA und der Bundesrepublik Deutschland, Essen 2001.

der Wehrmacht 1941 bis 1944). 제2차 세계대전 당시 독일 국방군이 동부전선에서 소련군 및 유대인과 집시에 대해 자행한 야만행위와 학살의 실제를 공론화하여 충격과 논란을 불러일으켰다. 전시에 제기된 비판을 수용해 2001~2004년 열린 2차 순회 전시는 전시 내용을 수정하였으나 기본 메시지는 유지하였다.

2. 공공역사의 개념과 실제

'공공역사'는 미국에서 탄생한 개념이지만 당시에는 명확하게 정의되지 못했다. 이 개념을 만든 이는 산타바바라 캘리포니아대학교 교수인 로버트 켈리였다. 그가 1970년대에 내린 정의는 다음과 같다.

> "공공역사는 정부기관, 민간기업, 미디어, 역사 유관 단체, 박물관, 나아가 개인의 활동에 이르기까지 학계 외부에서의 역사학 방법론과 역사학자 고용에 관한 것이다."[17]

여기서 켈리는 공공역사가 대학 밖에서 특히 정치와 경제, 미디어, 박물관, 역사 유관 단체, 그리고 "개인의 영역", 특히 계보 연구Ahnenforschung에서 발생한다고 지적한다. 공공역사의 영역을 나열하고는 있지만, 내용과 방법론이라는 측면에서 여전히 모호한 개념 정의라 할 수 있다. 켈리의 공공역사 정의는 '대중적 역사 매개'를 뜻하기보다는 역사 연구자가 전문적인 연구, 분석, 해석 능력을 "학계 밖"에서 사용하는 것을 가리키는 데 그친다.[18]

　이를 비판하는 이들은 일터 특히 학계 안이냐 밖이냐를 기준으로 역사가 직업집단을 나누는 것은 지나치게 단순한 구분이라고 반대했다. 이들은 공공역사의 개념이 전문역사가와 기타 행위자들을 통합해야 하며, 또한 공공역사의 목표와 내용을 담아야 한다고 요구했다. 그리하여 1990년대에 역사학자 찰스 콜Charles Cole이 다음과 같이 정의 내렸다.

　　"공중public(公衆)을 위한, 공중에 관한, 공중에 의한 역사."[19]

　이는 공중이 공공역사가 지향하는 목표집단Zielgruppe일 뿐만 아니라 공공역사 표현의 주제Thema이며 생산자Produzent이기도 하다는 선언이다. 즉, 역사에 관심이 있는 사람들이 역사를 다루는 행위가 전부 공공역사에 속한다는 것이다. 그러나 비전문적 역사 서술의 모든 형태를 포함하는 것은 전반적인 동의를 얻지 못했다. 미국공공역사협회NCPH가 2007년 내놓은 정의는 다음과 같다.

　　"공공역사는 역사 연구와 실천을 장려하는 운동이자 방법론이며 접근법이다. 공공역사가들의 사명은 그들의 특별한 통찰력을 공중이 접근하기 쉽고 유용하게 만드는 것이다."[20]

공공역사란
무엇인가

그러나 이 개념 정의도 비판을 받았다. 당시에 공공역사는 운동이 아니라 이미 제도권에 안착한 상태였는데도 고유한 방법론이 없었기 때문이다. 그러나 적어도 공공역사가 역사가들의 학계 밖 활동 이상을 의미한다는 합의는 있었다. 이에 따라 개정된 미국공공역사협회의 개념 정의는 다음과 같다.

> "공공역사는 전 세계에서 역사를 작업하는 수많은 다양한 방법이다. 즉, 현실 세계의 문제에 적용되는 역사. 실제로, 응용역사applied history는 오랫동안 공공역사의 동의어 혹은 대체 가능한 용어였다. 최근 들어 공공역사가 학술용어로 학계에서 채택되었지만, 응용역사는 좀 더 직관적이고 자명한 용어로 남을 것이다."[21]

이 개념 정의도 역시 모호할 뿐만 아니라 응용역사와의 개념적 유사성을 언급한 것이 꼭 도움이 되는 것 같지도 않다. 그러나 응용역사와 공공역사 간에 별 차이가 없다는 주장은 독일에서만 나오는 것이 아니다. 양자의 두드러진 차이라고 해 봐야 응용역사[22]는 역사에 관심이 있는 모든 이를 포용하려 하고, 공공역사는 대학에서 훈련된 역사가에 더 의존한다는 정도다.[23] 예를 들어, 국제공공역사협회 이사인 토마스 코빈Thomas Cauvin은 공공역사가는 이류 역사가가 아니며 역사 연구 방법론의 질적 기준에 충실한 역사가라고 강조했다.[24]

중간 결산을 하면, 공공역사의 특성은 많이 나왔지만 정작 공공역사가들이 인정할 만한 구체적 개념 정의는 없다. 그래서 "공공역사는 정의하는 것보다 설명하는 것이 더 쉽고, 보면 이해할 수 있다"고 미국공공역사협회 전 회장이 말한 것이다.[25] 이처럼 도저히 불가피한 개념적 모호성에 대해 호주의 공공역사 대변인은 다음과 같이 말했다.

"탄력적이고 미묘하고 논쟁적인 용어. 공공역사의 의미는 시간에 따라 문화권에 따라 각 지역과 국가와 국제적 맥락에 따라 변해 왔다."[26]

이토록 다양한 개념 정의가 추구하는 목표는 가능한 한 많은 행위자와 다양한 형태의 역사 접근을 아우르고, 공공역사를 열린 개념으로 두는 것이다. 국제공공역사협회IFPH(International Federation for Public History)의 한 회원은 공공역사를 이렇게 정의했다.

"역사학계 바깥에서 과거의 현재성(과 역사의 구성적 특징)을 다루는 것."[27]

그러나 공공역사의 행위자Akteur*innen가 누구인지는 방법론만큼이나 모호하다. 독일어권에서도 이에 관한 명확한 정의는 없고 두루뭉술한 설명만 있다. 이 점에서 공공역사는 역사문화와 기억문화 등의 개념을 아우르는 일종의 우산 같은 용어라고 할 수 있다.[28] 좀 더 구체적인 정의를 프랑크 뵈쉬Frank Bösch와 콘스탄틴 고쉴러Constantin Goschler가 다음과 같이 내놓았다.

> "우선 대학과 연구소, 학회, 연구 논저 외에서 나오는 모든 형태의 공공역사 표현."[29]

그러나 이 진술은 공공역사의 광범위함은 잘 반영하지만, 공공역사 표현이 무엇인지는 말하지 않는다. 역사가 합보 크노흐Habbo Knoch는 공공역사를 더 좁게 정의한다.

> "역사학의 하위분과로, …… 학계와 학교 및 가족 외부에서 과거에 대한 공공의 표현 및 그와 관련된 해석을 행위자·미디어·수행 방식·물질자료 등과 함께 연구하며, '역사'가 과연 누구를 위해, 어떻게, 어떤 의미와 목적으로 구성되고 협상되는지에 주목한다."[30]

이 관점은 대학에서 다루는 공공역사를 다시금 강조한다. 다음의 정의는 이 두 입장을 하나로 통합한다.

> 공공역사는 전문연구자가 아닌 광범위한 공중公衆을
> 지향하는 공적 역사 표현의 모든 형태를 의미하며,
> 또한 역사 제시를 탐구하는 역사학 하위분과이기도 하다.[31]

이 정의는 역사학과 역사교육 간의 관계를 밝히고, 학계 밖에서 이뤄지는 역사 제시의 연구와 발전을 강조한다. 이로써 공공역사는 연구 분야이자 연구 대상이 된다. 독일 대학의 공공역사 교육과정은 바로 이 점에서 미국과 차별성을 가진다. 미국에서는 학생들이 졸업 후 대학 밖의 취업을 준비할 수 있도록 실무적 직업교육에 중점을 둔다. 그러나 독일에서 공공역사는 더 나아가 공공역사의 제시와 표현을 다루어 이를 분석하고 여기에 드러나는 역사상像을 해체함으로써 공공역사의 이용과 오용을 연구하는 것을 뜻한다.

이에 근거해 대학에서 수행되는 공공역사의 과제를 구체적으로 정리하면 이렇다. 공공역사는 역사의 구성적 특성에 대한 이해를 높이기 위해 역사서술과 담론 및 효과를 분석한다. 이때 미디어, 경제, 정치가 과거를 서술하는 데 미치는 영향에 관심을 기울여야 한다. 그리고 이와 같은 맥락에서 역사의 도구화를 성찰한다. 이러한 방식으로 역사서술에 들어 있는 역사상像의 기능을 해석하고, 그리하여 그 효과를 상대화할 수 있게 된다.[32] 이렇게 공공역사는 역사학뿐 아니라 기억문화와 역사문화에 기여한다(1장 3절 참조).

지금까지 독일 대학에 공공역사를 도입하고 제도화하는 일을 수행해 온 것은 주로 현대사 교수들이다. 그러나 최근에는 역사교육학과 교수들의 노력이 눈에 띈다. 또한 문화 연구와의 친연성도 강조되고 있다.[33] 궁극적으로 공공역사는 역사 연구, 역사교육, 문화 연구의 방법론과 아이디어가 결합된 것으로, 이 가운데 어느 하나만이 특별히 중요하다고 할 수 없다.

공공역사의 중심이 현대사에 있게 된 까닭은, "현대사의 무거움"[34]이 역사학계뿐만 아니라 사회적 관심사인 듯 여겨지기 때문이다. 이 시대는 홉스봄Eric Hobsbawm이 "극단의 시대"라 부른 20세기다. 사람들이 현대사에 특별한 관심을 가지는 이유는 "분쟁의 역사"[35]가 가진 갈등의 에너지에서 비롯한다. 또한 이 시대가 "동시대인들의 시대"(한스 로트펠스Hans Rothfels)여서 사람들이 자신이 경험한 시대에 대해 각자 나름의 역사적 관점을 가지기 때문이기도 하다. 그 밖에도 공공역사에서 현대사가 특별히 더 흥미를 끄는 이유는, 매개 수단으로 주목받는 오디오와 비디오 사료의 양이 방대하기 때문이다. 게다가 이렇듯 미디어를 통한 역사 표현은 거꾸로 현대사 매개 전략을 분석하는 사료가 되기도 한다. 최근에는 인터넷을 통한 역사 제시가 특별한 도전으로 부상하고 있지만, 이에 관한 연구는 아직 시작되지도 않았다.

공공역사의 역사 제시에는 특별한 요구가 따른다. 공중公衆을 위한, 공중公衆 속의 역사라는 것이다. 이런 의미에서 공공역사를 "대중적 역사popular history"[36]로 볼 수 있다. 이 말은, 공공역사는 비전문가 대중을 위해 역사를 대중적 방식으로 다듬는 일이라는 뜻이다. 그러기 위해서는 재미있어야 할 뿐 아니라 역사의 진행을 한눈에 보여 줘야 한다. 따라서 공공역사가들은 역사학 지식을 계속 따라잡아야 할 뿐 아니라, 때에 따라서는 직접 연구를 수행할 필요도 있다. 역사 연구 결과를 그다음 단계로 비전문가 대중을 위해 준비하려면 다양한 미디어를 활용해 생생하게 이해시킬 수 있어야 하기 때문이다. 이런 방식으로 공공역사는 역사 표현과 역사문화에 자신만의 기여를 하게 된다.

그러므로 공공역사가는 텍스트, 이미지, 영상, 소리 자료, 물체를 사료로 다루는 역사 연구 방법을 익혀야 한다. 또한 영상 미디어나 라디오 방송, 전시회, 책 또는 웹사이트 등에서 역사를 제시할 때 이런 사료들을 매개 요소로 능숙하게 활용하는 전문가여야 한다. 그러기 위해서는 텍스트 분석을 비롯해 구술사, 이미지 역사, 물질문화, 소리 역사를 다루는 연구 방법론이 필요하며, 이는 본서 3장에서 별도의 단원들로 나누어 각각 설명한다. 그리고 역사교육과 공공역사의 관계도 2장에서 구체적으로 다룰 것이다. 이렇게 해서 공공역사는 역사 연구 방법론과 새로운 방식의 역사 표현을 위한 매우 다양한 방법론들을 서로 연결한다.

적절한 역사 표현 방식을 개발하는 과정에서 공공역사가들은 종종 고객을 응대하는 서비스 제공자 역할을 맡는다. 이때 학문적 기준을 상업적 요구 및 주어진 내용과 맞추는 것이야말로 공공역사의 가장 큰 어려움이다. 이를 위한 규범은 6장 4절에서 상세히 설명한다.

공공이나 민간 고객의 주문에 따라 만들어지는 역사 표현은 공중Öffentlichkeit을 향해야 한다. 이 '공중'을 요르크 레크바테Jörg Requate는 의사소통Kommunikation을 통해 만들어지는 공간으로 본다.[37] 이는 보편적 관심사를 주제로 하는 열린 공간이며, 모든 사람이 능동적 또는 수동적으로 참여할 수 있다.

아르네 쉬르마허Arne Schirrmacher는 이곳의 행위자를 다음과 같이 분류했다. (1) 공중 일반, (2) 가끔 관심을 두는 공중, (3) 교양 공중, (4) 전문가 공중, (5) 인접 전공 분야 공중, (6) 전공 학계.[38] 앞서 설명한 바와 같이 공공역사의 주 대상은 대학 바깥의 대중Publikum이며 (1)번부터 (4)번 집단까지가 이에 해당한다. 다시 말해 해당 주제에 사전지식이 거의 없거나 전혀 없는 대중이다. 이들은 직업으로 역사를 다루는 전문가가 아니므로, 자유 시간에만 이 일을 추구할 수 있다. 그러나 많은 이들에게 이 시간은 매우 제한되어 있으며, 그러므로 정보 취득보다는 휴식과 오락을 우선시하게 된다. **오락**에 대한 욕구는 "인류학적 상수"[39]다. 베르너 파울스티히 Werner Faulstich는 오락을 이렇게 정의한다.

> "특정한 문화적·사회적 맥락에서 자유로이 처분할 수 있는 시간을 즐거움으로 채우기 위해, 역사적으로 다양한 형태의 체험 기회를, 힘들이지 않고 이용함."[40]

오락의 핵심 특징은 '힘들이지 않고'와 '즐거움으로'다. 카스파 마아제Kaspar Maase 역시 오락을 단조로움과 수고로움의 반대 개념으로 본다. "주의, 집중, 더불어 지적 노력"은 오락의 구성 요소에서 배제되지는 않지만 필수 요소도 아니다. 이에 더해 마아제는 여기에 "전문지식Kennerschaft"을 필수라고 보는데, 즐기기 위해서는 이해가 필요하기 때문이다.[41] 따라서 오락과 정보는 상호 배타적이지 않으며, 공공역사의 역사 제시에서 그렇듯이 함께 간다.

그렇기 때문에 공공역사 표현은 복잡한 역사적 맥락을 이해할 수 있도록 흥미롭게, 즉 재미있고 쉽게 처리해 사전지식이 별로 없어도 짧은 시간에 소비될 수 있도록 설계된다. 그러나 동시에 공공역사에는 계몽적 과제가 있다. 학술 연구 결과를 다른 미디어로 옮길 때 이를 단순화하거나 자료를 추가하면서도 진지함을 유지할 방법을 꾸준히 자문해야 한다. 사료를 신중하고 엄격하고 투명하고 편파적이지 않게 다루는 방법은 무엇인가? 참고한 자료의 저자들을 명시하는 확실한 방법은 무엇일까? 이런 모든 요구를 충족하는 역사 제시가 여전히 흥미롭고 재미있으려면 어떻게 해야 할까?

여기에서 제안하는 다양한 아이디어는 공공역사가 학술 연구 분야이면서 동시에 학계 밖의 활동 분야이며, 나아가 그 자체로 연구 대상이 될 수 있음을 보여 준다. 공공역사의 활동 영역으로는 정치, 기업, 대중매체(라디오, 영화와 텔레비전, 인터넷, 잡지), 기념물, 박물관과 기념관, 협회와 재단, 정치교육politische Bildung, 아카이브와 자료보관소, 가족사와 지역사, 관광업과 출판업이 있다. 직무는 끊임없이 변화한다. 전시 기획이나 교육 또는 저널리즘 같은 고전적 직종 외에도 연구 조사, 스마트폰 앱 개발, 여행가이드, 이벤트 기획 등의 일도 있다. 이 점에서 공공역사는 혁신적이다. 예를 들어, 공공역사 종사자는 역사 비디오 투어Videotouren* 또는 역사 보물찾기History-Geocaching**를 제공하고, 재단이나 정부 홍보팀에서 일하거나 정치가의 연설문을 쓰고 박물관, 기업, 공공기관의 각종 전시회를 기획한다.

학문 분과로서 공공역사는 "'실용적' 제품과 '이론적' 비판 사이의 생산적 의사소통 공간"을 제공한다.[42] 이 공간은 오랫동안 비어 있었다. 특히 독일어권에서는 대학과 연구소의 역사가들과 비학술 기관의 역사가들 사이에 경계가 비교적 엄격했고 지금도 그렇다. 공공역사가 둘의 중재자로 나설 수 있기를 기대하는 이유다. 왜냐하면, 이 책에서도 쓰고 있지만, 공공역사는 주제를 제시하고 새로운 사료를 발굴하며 방법론적 혁신을 모색함으로써 역사학 발전에 나름의 기여를 확실하게 하고 있기 때문이다.

---

* 말 그대로 영상 투어 또는 가상 둘러보기virtual tour. 관람자의 위치에서 일련의 동영상이나 정지된 이미지를 통해 제공되며 음향 효과, 음악, 내레이션 및 텍스트와 같은 다른 멀티미디어 요소도 사용된다.
** 금속탐지기 등으로 땅에 묻혀 있는 역사적 유물이나 동전 등을 찾는 활동. 특히 영국과 미국에는 아마추어 탐지 클럽이 다수 존재하며 고고학 관련 워크숍이 열리고 전문위원회까지 있다. 영국의 경우 1996년 '보물헌장Treasure act'이라는 금은 동전의 발견에 대한 법률이 제정되어 합법적인 틀을 마련하였고, 미국의 경우 전문잡지 《Western and Eastern treasures》가 발간되고 있다.

Bösch, Frank/Goschler, Constantin (편): Public History. Öffentliche Darstellungen des Nationalsozialismus jenseits der Geschichtswissenschaft, Frankfurt/M. 2009.

Cauvin, Thomas: Public History. A Textbook of Practice, New York 2016.

Rauthe, Simone: Public History in den USA und der Bundesrepublik Deutschland, Essen 2001.

Sayer, Faye: Public History. A practical guide, London 2015.

Zündorf, Irmgard: Zeitgeschichte und Public History, Version: 2.0, in: Docupedia-Zeitgeschichte, 2016년 9월 6일, URL: http://docupedia.de/zg/Zuendorf_public_history_v2_de_2016.

[웹 참조]

연구회 및 협회

국제공공역사협회 International Federation for Public History (IFPH), URL: http://ifph.hypotheses.org

미국공공역사협회 National Council on Public History (NCPH), URL: http://www.ncph.org

독일역사가협회 산하 응용역사·공공역사 연구회 AG Angewandte Geschichte im Verband der Historiker und Historikerinnen Deutschlands(AGAG), URL: http://www.historikerverband.de/arbeitsgruppen/ag-angewandte-geschicht.html

공공역사 전공 학생 및 신진연구자 Studierende und Young Professionals der Public History(SYP), URL: http://www.historikerverband.de/arbeitsgruppen/ag-

angewandte−geschichte/ueber−die−ag/studierende−und−young−professionals.
html

저널/메일링리스트/블로그

에이치 퍼블릭 H−Public 메일링리스트, URL: http://www.h−net.org/~public

더 퍼블릭 히스토리안 The Public Historian, URL: http://tph.ucpress.edu

퍼블릭 히스토리 뉴스 Public History News, URL: http://ncph.org/publications−
resources/publications/public−history−news

히스토리 앳 워크 History@Work, URL: http://ncph.org/history−at−work

퍼블릭 히스토리 위클리 Public History Weekly, URL: http://public−history−
weekly.oldenbourg−verlag.de

퍼블릭 히스토리 리뷰 Public History Review, URL: http://epress.lib.uts.edu.au/
journals/index.php/phrj/index

3. 공중 속의 역사:
   공공역사의 선도 개념인
   역사문화와 기억문화[43]

공중 속의 역사가 얼마나 다양한 기능을 갖는지, 그리고 이러한 기능을 어떻게 범주에 따라 기술하고 분석할 수 있는지를 체계적으로 정리할 때 만나게 되는 개념이 두 개 있다. 이 둘은 동의어로 쓰일 때도 있지만 경쟁 개념으로 등장하기도 한다. 그것은 '기억문화'와 '역사문화'다. 두 개념은 공중 속의 역사를 다루는 일을 각각 다른 행위자에 부여한다. 예를 들면, 역사와 씨름하면서 자신의 역사적 정체성을 만드는 개인에게, 또는 공중 속의 역사를 다룰 때 지켜야 하는 기준을 제시하는 역사학에.

두 개념이 서로 경쟁하는 상황이 된 것은 '역사'와 '기억'이 근본적으로 서로 달라서이기보다는(두 개념의 경쟁은 실제로도 '역사'와 '기억'의 차이에 고정돼 있다) 학술 담론장에서 각 개념을 열렬히 주장하는 투사가 누구냐와 훨씬 더 관련이 있다. '기억문화'가 특히 역사학자와 문화 연구자들 사이에서 분석 도구로 빈번하게 사용되는 반면, '역사문화'는 역사교육에서 발전시킨 용어이며 역사의식의 사회적·공적 장소의 표현을 안내하는 개념Leitkonzept이다.

역사이론가인 요른 뤼젠Jörn Rüsen은 '역사'와 '기억'의 관계를 규정하면서, 역사의식이 개인의 생애 너머에 있는 과거를 다루는 것이라면, 기억(과 기억하기)은 개인의 삶의 경험과 관련된 일상용어임을 강조하였다. 기억은 물론 역사적일 수도 있지만, 이는 기억이 "시간의 관점에서, 기억하는 주체의 생애 시간의 경계를 근본적으로 넘어서, 다시 말해 깊숙이 과거로 돌아가 그 과거로부터 펼쳐진 미래 전망을 구상할 수 있을" 때에만 그렇다.[44] 나아가 뤼젠은 이렇게 말한다.

"그러나, 인간의 개별성과 사회적 소속감의 정신적 토대가 되는 개인의 기억과, 자신의 생애 시간의 경계를 넘어 과거로 건너가는 것은, 같은 동전의 양면이다. 사람들은 자신의 정체성을 시간을 초월하는 정신적 구성물 위에 '올리고' 싶어 한다. 민족이나 문화가 그 예다. 이는 그들이 살아온 삶의 시간적 방향과 자긍심에서 스스로의 생애가 펼쳐지는 시간의 경계를 넘기 위해서다."[45]

기억이란 것이 인간의 생애를 넘어설 수 있다는 생각은 크리스토프 코르넬리센Christoph Cornelißen이 **기억문화**Erinnerungskultur

를 정의하며 다룬 바 있다. 그는 이렇게 규정한다.

"'기억문화' 개념은 1990년대에 와서야 비로소 학술용어로 사용
되기 시작했지만, 이제는 현대 문화사 연구의 핵심 개념이 되었
다. 좁은 의미에서 이는 '다양한 수단과 목적에 따라 공중 속에
서 행해지는 역사의 비학문적 사용의 총칭'으로 정의할 수 있는
느슨한 집합 개념이다. 그러나 지난 20년간의 연구를 통해 전체
적으로 의미가 깊어진 '기억문화'는 역사적 사건과 인물 및 과정
에 대한 의식적 기억의 모든 가능한 형태를 가리키는 공식 상위
개념으로 미학적이거나 정치적 또는 인지적 본질을 갖는다.
그러므로 이 개념은 탈역사적이거나 심지어 반역사적인 집단기
억의 형태들 외에도 역사 제시의 다른 모든 양식들, 예컨대 역사
학 담론들과 어떤 식으로든 흔적을 남긴 '개인'의 기억들을 포괄
한다. 이러한 문화의 담지자는 개인 또는 사회집단 심지어는 국
가이며, 이들은 때로는 같이 합의하고 때로는 서로 투쟁한다."[46]

현실에 의미를 부여하기 위해 의미를 만들려는 사람들 공동의
노력에서 문화가 생겨난다. 코르넬리센에 따르면, 이러한 과정에
서 협상의 담지자는 "개인 또는 사회집단 심지어 민족인데, ……
이들은 때로는 같이 합의하고 때로는 서로 투쟁한다."[47] 그러므로
개인이나 집단이 현재에서 과거의 현실을 기억하고 의미를 부여
할 때 갈등은 얼마든지 야기될 수 있다. 이때 *분할된 기억*divided

memories 또는 공유된 *기억*shared memories과 마찬가지로 기억문화 개념에 항상 수반되는 *상충하는 기억*conflicting memories이 나타날 수 있다.

기억문화 개념에는 기억의 사회적·제도적 다원성이 충분히 들어가 있다. 관심의 초점은 이러한 기억의 담지자가 누구냐이다. 역사교육 연구자들 사이에서 '기억문화' 개념은 근본적 비판의 대상이 되기도 한다. 예컨대 볼프강 하스베르크Wolfgang Hasberg는 기억문화가 기억담론을 개인 차원으로 축소할 위험이 있고 또한 기억문화의 미래 지향이 너무 편협하다고 강조한다.[48]

그 대안으로 역사교육에서 내놓은 것이 역사문화 개념이다. 이는 집단적 역사의식, 즉 '역사문화'가 개인들의 역사적 '의식'의 총합이 아니라는 전제에서 출발한다.[49]

역사의식Geschichtsbewußtsein은 역사교육의 주요 범주이며 그 의미는 다음과 같다.

> "인간과 인간이 창조한 모든 장치 및 인간의 공생共生은 시간 속에 존재한다는, 다시 말해 기원과 미래가 있다는, 그리고 이들은 고정되어 있지 않고 변화하며 전제가 있다는, 지식의 항구적 현재성."[50]

역사의식의 이와 같은 개념화는 이에 상응하는 역사문화의 정의로 이어진다. 예컨대 요른 뤼젠에 의하면:

"역사문화는 사회적 삶에서 역사의식의 실질적이고 효과적인 표명表明으로 …… 정의된다."[51]

뤼젠에 따르면 역사문화의 "특징"은 "역사의식의 활동 영역 전체"이며 "세계를 경험하고 해석하는 특별한 방법을 갖는 고유의 문화 영역으로 설명하고 분석"할 수 있고 역사교육의 범주로서 "삶에서 역사의식의 자리"를 표시한다.[52] 한스-위르겐 판델Hans-Jürgen Pandel은 이 개념화를 원칙적으로 따른다.

"역사문화는 사회가 과거와 역사를 다루는 방식을 나타내는 것이다. 해당 사회에 사는 이들의 역사의식을 실질적으로 드러내며, 이는 다양한 문화적 발현으로 나타난다."[53]

베른트 쇠네만Bernd Schönemann 역시 개인의 역사의식과 집단적 역사문화의 관계를 끌어온다.

"사회가 과거를 개인적–집단적이라는 이원양식bimodal으로 구성한다는 점을 이해한다면, 역사의식과 역사문화의 두 범주는 '사회적 역사의식'이라는 핵심 범주의 '지붕' 밑으로 모순 없이 들어올 수 있다. 그러면 역사의식과 역사문화는 동전의 양면으로 이해할 수 있다. 한쪽 면의 역사의식은 개인의 구성물로서 내재화와 사회화 과정에서 밖에서부터 안으로 구축되고, 다른 편의 역사문화는 집단적 구성물로 외화外化라는 반대 경로로 형성되며 객관의 형태를 취한다."[54]

볼프강 하스베르크는 요른 뤼젠에 근거해 이는 명백히 "역사의식에서 역사문화로의 조그만 진전일 뿐"이라고 보완했다.

"전자는 역사교육의 내부이고 후자는 외부다."[55]

개인적/집합적, 동전의 양면, 내부와 외부, 이 가운데 어떤 비유를 선택하느냐는 중요치 않다. 다만 역사교육에서 내재화—사회화 과정이나 또는 개인에서 집단으로의 (아니면 안에서 밖으로의) 외화 과정을 법칙적으로 설명할 이론이 이제까지 없었다고 여긴다는 점이 중요하다.[56] 이는 물론 기억문화 개념에서도 마찬가지다. 개인의 기억이 끝내는 집단기억이 되거나 심지어 시간과 문화를 초월하는 기억이 되는 방식을 가리키는 용어로 집단기억 또는 문화기억이 있기는 하지만, 법칙으로 정리된 바는 없다. 역사문화 이론에 대신해 역사교육은 포괄적 **현상학**Phänomenologie을 내놓고, 이로써 역사문화가 현재 우리 사회에서 어느 정도로 나타나는지를 설명한다. 요른 뤼젠에 따르면:

"현대인의 삶에서는 역사문화의 서로 다른 영역과 차원을 구분할 수 있다. 그것은 미학적·정치적·인지적 영역과 차원이다.

그 내적 기반은 인류학의 요소인 감정, 의지, 사고와 같은 정신 작용이다."[57]

역사문화의 미학적 차원이란 "미학의 역사가 아니라 역사의 미학"[58]을 말한다. 전자의 분석은 예술사의 과제일 것이다. 후자는 역사가 현재에서 미학적으로 경험되는 방식을 설명한다. 뤼젠은 우리 시대 역사의 영향력과 관련해 감정의 정신적 작용의 표현인 미학에 대단히 큰 의미를 부여한다. 이것은 좀 더 살펴볼 필요가 있다.

"무엇이 역사적 기억을 알기 쉽게 만드는가? 역사적 기억을 고립된 비현실적 과거로부터 현재의 압도적 현실로 옮겨 생기를 주는 것은 무엇인가? 이 질문은 과거의 역사적 제시가 갖는 미학을 빼고는 답할 수 없다. 전통적으로 '아름다움'이라고 불리는, 형식의 조화가 지배하지 않았더라면, 역사의 작품들은 감각적 인식에 도달하는 힘을 발휘하지 못했을 것이다. 인식이라는 창백한 사상은 상상력이라는 불을 얻지 못했을 것이며, 상상력을 통해 역사적 기억은 행위를 인도하는 목표를 설정하는데 필요한 관점으로 기능한다. 역사를 통해 표명된 정치적 의도들도 마찬가지다. 이들도 실행을 위해서는 감각적 직관의 창조적 힘과 자매가 되어야 한다."[59]

여기에는 너무 많은 개념이 동시에 등장한다. 그러나 '미학'의 차원과 그에 속하는 "감각적 지각" 능력의 연관성, 그리고 이것이 다시금 감정이라는 기본적 정신 작용에서 표현된다는 것은 바로 알 수 있을 것이다.[60] 여하튼 여기서 핵심은 감정의 역할이다. 감각적 지각이야말로 역사적 기억을 "상상력의 불"을 통해 실질적이고 효과적으로 만든다. 더 분명히 말하면, 감정이 없다면 역사문화의 정치적·인지적 차원은 헛것이 되고, 창백하고 쓸모없는 것에 머물며, 역사는 방향을 제시하는 기능을 할 수 없을 것이다.

역사문화의 세 차원인 미학 (감각), 정치 (의지), 인지 (지식)을 뤼젠은 '자매가 된다'는 표현으로 소개한다. 왜냐하면 이들은 "각각 다른 방식으로 역사적 의미를 형성하고 매개"하면서 "실제로 상호 의존적으로" 존재하기 때문이다.[61] 실제 자매관계와 마찬가지로, "각 차원들 사이의 결합은 …… 하나의 차원이 다른 차원을 각각 도구화함으로써 역사문화의 제한과 왜곡을 초래하는 것을 특징으로 한다."[62]

세 자매의 관계는 복합적이다. 이때 역사문화는 "세 차원에 상대적 자율성을 허락하고 동시에 서로 비판적으로 관계 맺는" 경우에만 비로소 그 역사적 방향 제시 기능을 가장 잘 충족시킬 수 있고, 이는 가족 내 자매들의 상호작용과 마찬가지다.[63] 따라서 역사문화의 차원들은 동등한 위상을 지니는 것이 최선이며, 이로써 처음에 인용한 한스-위르겐 판델로 돌아간다.

이와 같은 구조화를 통해 적어도 "역사문화를 우선 경험적으로 규명"할 수 있게 되고,[64] 이로써 공중 속의 역사를 다룰 때 정치, 학문, 감정의 중요성에 체계적으로 자리가 할당된다. 그러므로 이와 같은 현상학의 기능은 무엇보다도 그 발견적 가치에 있으며, 역사문화의 구체적 특징을 다듬는 데 도움이 된다. 볼프강 하스베르크는 이 구조 모델을 표로 제시한다.

〈표 1〉 역사문화의 정치적·인지적·미학적 차원[65]

인간 심성의 기본 양상	인간 심성의 원리	인간 심성이 응축된 분야	기억문화의 차원
감정	미美	예술	미학적 차원
의지	권력	정치	정치적 차원
이성	진실	학문	인지적 차원

참고문헌

Hasberg, Wolfgang: Erinnerungs- oder Geschichtskultur? Überlegungen zu zwei (un)vereinbaren Konzeptionen zum Umgang mit Gedächtnis und Geschichte, in: Hartung, Olaf (편): Museum und Geschichtskultur. Ästhetik-Politik-Wissenschaft, Bielefeld 2006, pp. 32~59.

Lücke, Martin: Fühlen-Wollen-Wissen. Geschichtskulturen als emotionale Gemeinschaften, in: Brauer, Juliane/Lücke, Martin (편): Emotionen, Geschichte und historisches Lernen. Geschichtsdidaktische und geschichtskulturelle Perspektiven, Göttingen 2013, pp. 11~26.

Schönemann, Bernd: Geschichtsdidaktik, Geschichtskultur, Geschichtswissenschaft, in: Günther-Arndt, Hilke (편): Geschichtsdidaktik. Praxishandbuch für die Sekundarstufe I und II, Berlin 2003, pp. 11~22.

2장
역사교육과
공공역사

1. 공중의 역사 전유[1]

1장에서는 역사문화와 기억문화를 설명하면서 공공역사의 사회적 차원과 집단적 차원을 서술하고 분석하였다. 이것은 공공역사의 공공성에 해당한다. 그러나 공공역사의 핵심은 공공의 역사가 무엇인지에 대한 단순한 설명을 넘어 "역사학 지식을 공중 일반에 매개하는 일에 관한 교의와 분석"이다.[2] 역사의 매개를 다루는 전문 분야가 역사교육이다. 역사교육에서 '**매개**Vermittlung'란 역사학자들의 전문지식을 무지한 대중집단에 일방적으로 전하는 밋밋한 과정이 아니라, 개인이 저마다의 삶에서 과거를 역사로서 사용할 수 있도록 폭넓은 전문지식을 제공하는 것을 말한다. 역사교육의 주요 관심사는 학교에서 이루어지는 역사 전유Aneignung(專有)이지만, 최근에는 활동의 중심을 학교 밖 영역들로 넓히고 있다.

역사교육의 기본 전제는, 지나간 과거는 *기준을 따라*kriteriengeleitet 전유됨으로써 역사가 되고, 또한 이와 같은 전유 과정을 거쳐서 비로소 역사가 탄생한다는 것이다. 이를 위해 역사교육은 역사 학습

historisches Lernen 개념을 중점적으로 다룬다. 이 장에서는 먼저 '역사 학습'이 무엇을 의미하는지 소개한다. 역사교육의 초점을 학교에서 보편적 공공 영역으로 옮기고, 이를 통해 역사 학습에 적용되는 기준을 공공의 역사 형성과 활용 과정에 적용할 수 있도록 하기 위해서다. 이를 위해 먼저 역사교육의 기본 개념들을 익혀야 한다. 공중의 역사 전유는 가치판단이라는 정치적 행위이기도 하다. 따라서 이 장의 끝부분에서는 역사 전유에서 다양성과 포용성의 중요함을 다룰 것이다.

역사교육의 기본 전제인 역사 연구는 세계의 시간성을 근본적으로 사고하는 성찰의 공간을 열어 준다. 역사 학습의 본질은 과거에 일어난 변화의 경험을 역사적으로 설명함으로써 생산적으로 전유하는 것이다. 과거에 있었던 변화에 관한 이야기, 즉 역사는 공공의 역사 학습자와 수용자로 하여금 그와 같은 일이 실제로 일어났고 거기에는 원인과 결과가 있음을 분명하게 보여 준다. 요른 뤼젠에 따르면, 역사 학습은 "역사서술 양식에서 시간 경험Zeiterfahrung에 대한 의미 형성Sinnbildung"이다.[3] 언어적으로 조밀한 이 정의는 적확하지만 요령부득이다. 그래서 우리는 베를린 자유대학교의 역사학부 교직 과정 및 공공역사 석사 과정 학생들과 함께 뤼젠의 공인된 교수 공식[4]을 토대로 다음과 같이 이해하기 쉬운 정의를 만들었다.

"역사 학습이란 지나간 과거의 실재vergangene Wirklichkeiten를

각자 이야기하거나 상상하는 역사로 만드는 생산적이고 자의
적eigen−sinnig인 전유 과정이다."

역사 학습에는 생산 지향과 행위 지향Produktions− und Handlungs-
orientierung*5의 절차가 적용되어야 하고, 이때 역사를 수용하는 사
람의 자의Eigen−Sinn6가 대단히 중요하며, 또한 지나간 과거의 실재
를 바라보는 관점은 언제나 여럿일 수밖에 없다는 것은 이미 상식
에 속한다. 이때 '학습'은 옛날 사람의 이름과 날짜와 사실을 단순히
외우는 것이 아니라 익히고 자기 것으로 만드는 전유Aneignung의
과정을 뜻한다. 전유 개념은 뒤에서 다시 설명하겠지만, 이는 공공
차원에서 이루어지는 미디어를 통한 역사 매개에서 특히 핵심적인
개념이다.

여기에서 강조하는 역사 학습의 기본이 되는 주요 원리들은 역
사에 대한 공공의 논의, 즉 공공역사에도 적용된다. 그 원리란 **내
러티브**Narativität, **다원적 관점**Multiperspektivität, **상상**Imagination이
다. 왜냐하면, 이는 스스로의 역사서술에 관한 것이며, 항상 복수
의 관점이 유효하며, 역사는 그림처럼 펼쳐지는 공공 연출을 통해
비로소 살아 숨쉬기 때문이다.

* 행위 지향Handlungsorientierung은 독일의 학교 역사교육 과정에서 역사 수업을 통해 달성되
어야 하는 주요 역량 가운데 하나로, 학생들이 지식을 익혀 성찰하고 그것을 다른 맥락에
응용하는 능력을 키우도록 하는 것이다. 이를 위한 역사 수업은 학생 중심으로 이루어지
며, 학생들은 스스로의 역사서술을 생산하거나, 공개 발표를 통해 자기의 견해를 역사 속
인물의 관점에 입각해 주장한다.

〈도판 1〉 역사 학습의 정의와 역사교육 핵심 개념 관계도[7]

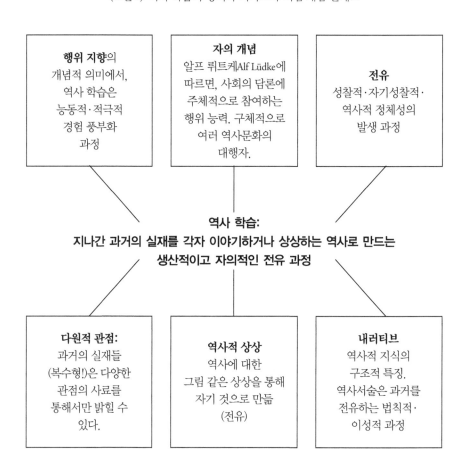

행위 지향의
개념적 의미에서,
역사 학습은
능동적·적극적
경험 풍부화
과정

자의 개념
알프 뤼트케Alf Lüdke에
따르면, 사회의 담론에
주체적으로 참여하는
행위 능력. 구체적으로
여러 역사문화의
대행자.

전유
성찰적·자기성찰적·
역사적 정체성의
발생 과정

역사 학습:
지나간 과거의 실재를 각자 이야기하거나 상상하는 역사로 만드는
생산적이고 자의적인 전유 과정

다원적 관점:
과거의 실재들
(복수형!)은 다양한
관점의 사료를
통해서만 밝힐 수
있다.

역사적 상상
역사에 대한
그림 같은 상상을 통해
자기 것으로 만듦
(전유)

내러티브
역사적 지식의
구조적 특징.
역사서술은 과거를
전유하는 법칙적·
이성적 과정

이 원리들의 뒤에 무엇이 있는지, 그리고 이것이 공공의 역사 매개에 갖는 의미가 무엇인지를 이제부터 설명할 것이다.

2. 역사교육의 원리:
내러티브, 역사적 상상, 다원적 관점

1—내러티브[8]

역사교육에서는 역사를 서술하는 활동을 구성적인 것으로 본다. 이는 학교 역사 과목이든 역사 그 자체로서든 마찬가지다.

역사이론에서 내러티브는 소설이나 다른 문학작품의 서술 형식과는 다른 역사학적 서술을 말한다. 이 구체적 서술 형태야말로 역사학을 사회과학, 문화 연구, 기타 인문학과 구별해 주는데, 역사의 내러티브는 묘사beschreiben가 아니라 서사erzählen이기 때문이다.[9] 이와 같은 역사의 특징을 강조한 이는 역사철학자 아서 C. 단토Arthur C. Danto다. 그는 역사가들의 활동이란 정해진 방식으로 설명되고 연결되는 두 개의 다른 시간적·상황적 시점 중 하나를 선택하는 것이라고 썼다. 이는 무슨 뜻인가?

역사는 이제는 존재하지 않는 것을 다루는 일이다. 남겨진 것은 과거의 조각이고, 일어난 일들 가운데 대부분은 전해지지 못했거나 전해지다 사라졌다.[10] 학문으로서의 역사와 교과목으로서의 역사는 이 과거의 조각들을 의미의 맥락으로 가져오는데, 이때 역사 서사historische Narration라는 형식을 취한다. 이러한 서사의 특징은 과거의 조각들을 이치에 맞게 정렬하는 데 그치지 않고 어떤 사실관계는 포함하고 어떤 것은 생략한다는 점이다. 사실관계들은 서사의 중심을 향해 자리 잡는다. 이 서사 구조를 만드는 것은 과거의 조각에 내재된 고유성이 아니라 역사가이다.[11]

역사 학습이란 *개별적인 전유 과정*이다. 과거의 변화와 기타 등등을 자기 스스로 역사로 서사화할 수 있게 됨을 뜻한다.

서사를 통한 이 같은 현재화를 통해 과거의 특별함을 경험할 수 있게 되는데, 개인이 실제로 직접 과거를 이야기하기 때문이다. 이때 경험되는 두 가지 핵심 요소가 '역사성*Historizität*'과 '타자성*Alterität*'이다. 역사서술 양식의 **타자성**을 경험함으로써 과거의 사회적 차별과 불평등, 정의와 불의의 모습은 오늘날과는 달랐다는, 진부해 보이지만 진부하지 않은 깨달음을 얻는다. 이런 식으로 역사서술은 권력의 지배와 사회적 차별과 불평등을 대안적으로 사고할 수 있는, 경험적으로 풍부하고 삶에도 쓸모 있는 효과적인 체험을 선사한다. 역사서술 양식에서 **역사성**을 경험한다는 것은 곧 지배 권력의 근본적 전복성, 과거의 사회적 차별과 사회 불평등, 정의와 불의를 경험하는 것이다. 이와 같은 경험을 통해 지배 권력은 우리 시대에도 그리고 미래에도 근본적으로 변할 수 있다

는 방향 감각을 얻는다.[12]

역사의 서사에는 따라야 하는 규칙이 있으니 이는 경험적·서술적·규범적 **타당성**Triftigkeit이다. 그 의미는, 역사 서사는 사료에 의해 뒷받침되어야 하고(경험적 타당성) 우리의 문화에서 수용할 수 있는 서술 형태를 따라야 한다는 것이다(서술적·규범적 타당성).

2—역사적 상상

역사 학습이란 무엇인가를 정의할 때 그 원리로서 역사적 상상을 역사 서사와 같은 위치에 놓으려는 시도는 발칙하게 여겨질 수도 있다. 역사교육학자인 롤프 쇠르켄Rolf Schörken[13]은 볼프강 이저Wolfgang Iser의 수용미학과 폴 리쾨르Paul Ricoeur의 《시간과 이야기Zeit und Erzählung》를 바탕으로 역사적 상상의 이론을 제시했다.[14] 쇠르켄은 과거의 실재에 대한 관심이 역사적 상상을 불러일으킨다고 가정한다. 그러한 수용은 결코 볼프강 이저가 언급한 것 같은 수동적 노력이 아니며, 오히려 "상상 이미지의 연상"이라는 적극적 사고다.[15]

역사적 상상은 절차적 개념으로, 과거에 대해 이미 존재하는 상상의 이미지가 새로운 정보와 투쟁하며 변화하는 변증법적 과정을 말한다. 이에 따르면 역사 학습의 목표는 처음부터 그러한 상상을 일깨우거나 기존의 상상을 변화시키는 것이며, 이는 역사서술에서 타당한 사료를 제시하고 대안적 그림을 제공하고 이미 일

깨워진 상상 이미지들을 경합시키는 것을 통해 이뤄진다. 크리스티네 플뤼거Christine Pflüger는 특히 역사적 상상과 내러티브의 연관성을 강조한다.

> "역사적 상상이란 역사가 현재의 관찰과 어긋나는 순간이다. 언어(역사에 대해 읽거나 듣거나 이야기하기)가 자극한 상상은 환상의 산물이지만 경험적 대상의 복사판은 아니며 '성찰의 한계 안에서 정신의 창조물'(쇠르켄)인 '내적 이미지'를 만들어 낸다. 독자 또는 청자는 상상력으로 이에 참여하고 자신이 수신한 방대한 신호를 생생한 형상과 활동 공간과 현실로 변환시킨다. 상상 이미지는 비어 있는 의미 공간을 필요로 하며 또한 수신자의 경험과 선험에 의해 조형된다. 그리고 계속해서 수정된다."[16]

공공역사에서 역사적 상상의 고찰이 중요한 이유는 우선 공공역사를 만드는 일이 대중의 역사적 상상과 연결되어야 하기 때문이다. 만약 그렇지 못하게 되면, 수용자들이 동의할 수 있는 또는 상업적으로 성공적인 생산품을 수용자의 시각적 익숙함(말 그대로의 뜻으로)에 맞출 수 있겠는가? 또 다른 이유는 공공역사의 과제인 비판적 실천이란 '내면의 상상화들'이 갖는 이미지성을 가리켜 보여 주고 그러한 내면의 이미지를 고치거나 바꾸도록 제안하는 일이기 때문이다.

3—다원적 관점[17]

역사교육 전문용어 중에서도 특히 '다원적 관점'은 클라우스 베르크만Klaus Bergmann(1938~2002)이라는 이름과 떼려야 뗄 수 없는 관계에 있다. 베르크만은 다원적 관점을 특별한 "역사서술의 형식"[18]으로서 역사교육의 기본원리 중 하나로 올렸고, 이에 대한 역사이론과 역사교육적 근거를 마련했으며,[19] 수많은 사례를 통해 다원적 관점의 역사 매개가 실무에서도 행해질 수 있음을 증명했다.[20]

베르크만에 의하면 다원적 관점 개념의 기초는 **관점**Perspektivität이야말로 "실재에서의 태도와 실재에 맞서는 행위 의도에서, 실재에 대한 인간의 인식과 해석의 기본 사실"이라는 것이다.[21] 학술용어로서 관점 개념은 회화의 원근법에서 왔고[22] 문학 연구에서는 서술 텍스트에 대한 분석 도구로 사용된다.

베르크만 이론에서 관점은 항상 "사회적 관점soziale Perspektivität"[23]을 의미한다. 중요한 것은, 관점이란 서로 다른 사회적 화자話者의 위치를 표시하고 역사적 지배 구도에서 서로 다른 권력의 위치를 나타낸다는 것이다. 그러므로 이는 내용상 상충하는 진술들이 맞서는 것, 예컨대 의회 토론에서 반대되는 두 입장이 대립하는 것 이상을 뜻한다.[24]

역사 학습에서 다원적 관점은 다음과 같은 "역사적 사고와 인식을 위한 적어도 다섯 개의 근본적 실천"[25]을 장려하거나 길을 열어 줄 수 있다.

"이해*Verstehen*와 공감*Empathie*의 연습. 특히 관점을 취하는 방식으로 과거의 관점을 복제할 때.

기본조건을 서술*Erzählen*하는 연습. 과거의 관점을 역사적 맥락에 위치시킬 때.

과거의 실재의 재구성은 하나의 해석*Deutung*이며 또 다른 견해로 이어질 수 있다는 경험.

그러한 해석은 자신의 주관적인 관점*eigene subjektive Perspektve*과 직접 연관되어 있다는 경험.

각 시대의 인간의 행위와 고통을 사실판단*Sachurteil*과 가치판단 *Werteurteil*을 통해 평가할 수 있는 능력인 성찰적 판단력*Urteils-vermögen*의 연습."26

이것으로 다원적 관점이 역사교육의 원리로 올라설 수 있는 이유가 분명해진다. 모든 역사의식은 관점을 지닌다는 역사이론의 전제는 역사 학습의 개념화에 통합된다. 이러한 통합을 기반으로 역사적 사고와 역사의식의 작동이 명료해지고, 이는 동시에 교육 일반에도 유효하다고 말할 수 있다. 그 결과 특히 공감과 타자 이해의 연습과 성찰적 판단력을 훈련할 수 있게 된다. 이 목표는 학교 역사교육의 요구와 매우 가까워 보인다. 이러한 목표를 공공의 역사를 다루는 데 적용하는 것은 대단히 까다로워 보일 수 있다. 여기서도 마찬가지로 해석의 주관성에 대한 질문이 필요하며, 또는 그러한 결과물의 수용이 공감 기준을 지향해야 한다.

다원적 관점의 원리를 따른다면 공공역사 작업은 서로 다른 관점의 사료들을 통합하는 것은 물론 연구 논저와 2차 문헌을 사용하고 역사 논쟁 차원까지도 고려해야 한다.

베르크만은 이와 같은 "관점의 세 가지 표현 형식"[27]이 구체적으로 무엇인지를 다음과 같이 요약했다.

> "1. 역사적 사실에 연루되어 사고하고 행위하고 고통받은 인간들에 관해 과거로부터 얻은 사료를 대할 때의 *다원적 관점Multiperspektivität*.
> 2. 역사적 사실에 관해 후대의 관찰자와 연구자들이 제시한 서술이 갖는 *논쟁성Kontroversität*.
> 3. 논쟁적이고 다원적 관점의 표현들을 학생들이 다룰 때 형성되는 역사적 사실에 대한 견해와 판단의 *복수성Pluralität*."[28]

이 '복수성'이라는 단어는 학교 역사 수업에서뿐만 아니라 공공의 역사를 다룰 때 정말 중요하다는 것은 두말할 필요가 없다. 논쟁성은 역사 연구뿐만 아니라 공공역사의 생산에도 존재한다. 예컨대 '독일 국방군 전시'*나 베를린 티어가르텐의 동성애자 기

---

* "깨끗한 독일 국방군 신화"를 무너뜨린 1990년대 후반의 첫 번째 국방군 전시회(본서 27쪽 옮긴이 주 참조)는 대체로 호평을 받았지만, 구체적 전시 내용, 형식, 정치적 입장, 해석과 관련한 비판과 논쟁이 잇따랐으며, 특히 우익세력은 이에 맞서 〈반反전시〉를 열었다. 이때 제기된 비판을 수용하여 2001년에 두 번째 전시가 열렸다. 일부 보완과 수정에도 동부전선에서 독일 국방군이 소련군에 대해 절멸전쟁을 수행하였으며, 야만과 학살행위에 국방군

넘물[*]을 둘러싼 논란이 명백한 사례다.

　다원적 관점의 역사서술을 구현하기 위해 수용자에게는 다원적 관점의 증언을 도출할 수 있도록 역사적 맥락에 대한 정보가 필요하다. 이러한 맥락의 서술을 '**배경 서사**Hintergrundnarration'라고 한다.

　다원적 관점의 증언을 이해하고 수용하기 위해서는 그것을 초래한 사회적 배경에 대한 지식이 필요하다. 학습자들은 과거 사회에서 화자가 무엇을 할 수 있는 처지였는지, 그리고 그 위상에 어떤 권력관계가 교차하였는지 알아야 한다. 베르크만은 이렇게 표현한다.

> "이러한 조건의 경중을 따지고 평가하기 위한 전제조건이 역사적 '배경 서사'이며, 그 준거 틀의 개요는 생산관계, 권력관계, 젠더관계, 망탈리테의 형성과 구조다. …… 배경 서사에 의해서만 비로소 당대인들의 사고와 행동을 역사적으로 맥락화할

도 책임이 있다는 핵심 주장을 고수하였다. 이번에도 보수 우익에 의해 반전시가 열렸지만, 도르트문트에서는 관람자용 화장실에 산이 뿌려지는 등의 저항에 부딪치며 조기 철수했다.

* 나치 박해에 희생된 동성애자를 기억하기 위해 2008년 설치된 조형물로 2006년 공모를 통해 선정되었다. 그러나 이 기념물이 남성 동성애자의 피해에 집중하고 여성 동성애자를 배제한다는 비판이 당시에도 이미 나왔으며, 조형물 설치 이후에도 이어졌다. 나치의 형사처벌 대상은 남성 동성애였지만, 여성 동성애 역시 다양한 형태로 박해를 받았기 때문이다. 또한 조형물이 설치되고 석 달 만에 고의적인 훼손 사건이 발생함으로써 동성애에 대한 사회적 불관용과 폭력이 여전히 존재함을 보여 주었다.

수 있고 이를 바탕으로 이해할 수 있게 된다."[29]

그러나 배경 서사도 하나의 서사이며 따라서 견해와 의미로 가득 찬 역사적 설명이 제시되고 응축되어 있는, 과거에 대한 정보를 담은 텍스트라는 점을 무시해서는 안 된다. 베르크만 역시 "어려운 문제는 …… 이 역시 관점이 들어간 해석이거나 그러한 해석의 맥락에 속한다는 것"[30]이라고 인정한다. 그러나 이 난관에 대한 대처법으로 그가 제시하는 것은 "개별 사실의 최소화"[31] 또는 과거 사건들을 연대기적으로 연결할 때 다원적 관점의 화자들의 사회적 위상을 알 수 있도록 사회 구조에 대한 정보도 같이 제공해야 한다는 메모가 전부다.

이 같은 배경 서사를 여기서 이야기하는 역사적 맥락과 논쟁적 지식의 교집합으로 볼 수 있는지 따져 볼 필요가 있다. 그렇다면 이 배경 서사가 과거를 해석할 때 어떤 관점을 거드는지 명백히 드러내야 하며, 동시에 이때 역사적 지식의 어떤 요소가 논쟁의 여지가 없는 분명한 것인지도 증명해야 한다. 따라서 공공역사에서 제기되는 질문은 다음과 같다. 역사영화나 전시 설명 텍스트가 단호한 역사적 배경지식을 원하는 대중의 욕구에 부응하지 않고 열린 텍스트로 보일 때, 과연 이것이 역사에 관심 있는 공중에게 진지하게 받아들여질 수 있겠느냐는 것이다.

4—공공역사 생산을 위한 역사교육의 표준

여기에서 설명하는 역사교육의 원리 또는 핵심 개념은 공공역사 생산이 역사문화의 인지적·미학적·정치적 차원과 맞물리도록 돕기 위한 표준이다.

내러티브 패러다임을 전제로 하여 공공역사 결과물을 서사 Erzählung로 간주한다면 서사의 **타당성**을 판단 기준으로 삼을 수 있다. 공공역사 제품의 품질을 인정받으려면 그것의 생산과 추후 분석에서 경험적·서술적·규범적 타당성이 지켜져야 한다. 경험적 타당성, 즉 사료의 진실성과 사료 인용의 질적 수준에 있어서, 공공역사가는 학계의 연구 현황을 공공역사 생산에 반영할 수 있도록 튼튼한 학문적 지식을 갖춰야 한다. 여기서 역사문화의 인지적 차원이 특별한 방식으로 드러난다.

공공역사 생산을 통해 대중의 역사적 상상을 자극하는 것이 목표라면, 이 역사적 상상을 미학적으로 충족되게 자극하는 방법이 궁금해질 것이다. 여기서 특히 역사문화의 미학적 차원의 진가가 드러난다. 역사서술의 미학적 차원의 효과에 대한 요른 뤼젠의 해설을 상기해 보자(1장 3절 참조). "인식이라는 창백한 사상은 상상력이라는 불을 얻지 못했을 것이며, 상상력을 통해 역사적 기억은 행위를 인도하는 목표를 설정하는 데 필요한 관점으로 기능한다."[32] 그러므로 공공역사가는 고객의 역사적 상상을 미학적으로 충족시키기 위해 먼저 그들의 역사적 상상의 이미지를 알아야 한다. 그 외에도 역사적 상상의 자극을 고려해 미디어의 효과를 감정할 수 있는 방법, 즉 미디어를 통한 전유 과정이 미학적 전유 과정이 될 수 있는 방법을 그때그때 생각해 내는 전문 역량도 필요하다.

다원적 관점이 공공역사 생산과 분석의 표준이 될 때 역사문화의 정치적 차원이 등장한다. 역사는 원래 다원적 관점의 사료를 통해서만 구성된다는 사실을 받아들였다고 해서 끝이 아니다. 역사 이야기꾼들의 고민은 이런 것이다. 학문적 역사 연구와 역사 교과서도 마찬가지지만 공공역사 생산에서 어떤 관점들을 어느 정도로 관철할 것인가, 그리고 어떤 관점들을 그러니까 어떤 사회적·문화적·정치적 입장들을 특별히 고려할 만하다고 판단할 것이며 어떤 것들을 포기할 것인가. 이 경우 역사 서사의 품질을 결정하는 것은 다원적 관점을 취했는지가 아니라, 각각의 관점을 선택한 이유 및 그로 인해 서사 능력이 얼마만큼 제한되는지에 대한 정보를 제시할 수 있느냐다.

3. 사회적 차원 I:
다양성

지금까지 역사교육의 원리를 안내하며 공공역사의 생산과 분석 작업에 쓸모가 있는 공식 기준을 설명했다. 다원적 관점 원리를 안내한 앞부분에서 공공의 역사를 다루는 것이 전적으로 정치적인 일임을 보여 주었지만, 이것만으로는 공공역사를 역사의 사회성 논의에 온전히 끼워 넣을 수 없다. 왜냐하면 이를 위해서는 역사 연구와 역사교육의 학문 내적 기준에 대한 지식이 필요할 뿐만 아니라, 역사 전유의 사회적 장소를 논할 수 있는 이론지식도 필요하기 때문이다.

이 논의는 현대 역사교육에서 **다양성**Diversität/diversity과 **포용성** Inklusion 논쟁을 따라 이뤄지고 있다. 따라서 이 단원에서는 역사의 사회성을 이 두 원리에 기초해 체계적으로 고찰할 것이다. 10년 후에는 아마도 공공의 역사가 행해지는 장소에 대한 사회적 논쟁이 지금과는 다르게 펼쳐질 거라고들 이야기한다. 이제부터 안내할 내용은 미래에 언제 일어난다고 확실히 말할 수는 없지만, 전적으로 역사의식의 관념적 의미에서 이러한 방향으로의 변화를 피할 수는 없을 것이다.

1—다양성, 사회, 역사[33]

독일에서, 그리고 아마도 세계 곳곳에서, 역사와의 대면은 이질성과 사회적 불평등이 존재하는 사회에서 행해진다. **인종**, **계급**, **젠더** 같은 사회적 범주 및 나이나 성 정체성 또는 몸을 비롯한 다수의 매개 변수가 우리의 사회적 위상을 결정한다. 그 위상은 스스로 또는 타인에 의해 묘사되는 정체성 개념을 확정한다. 이때 배제, 통합, 참여라는 강력한 장치를 갖춘 '사회'는 공공역사의 배경 무대, 다시 말해 나름의 방식으로 역사를 배우는 장소의 역할을 훌쩍 뛰어넘는다. 사회는 삶의 세계를 포괄하며, 공공의 역사를 수용하는 사람들은 이 세계에서 출발해 역사의 경험 공간에 입장하고, 현재의 사회를 그것이 이루어져 온 과정을 통해 이해하고, 그리하여 개별적 미래와 사회적 미래를 위한 방향을 구할 수 있게 된다.

이미 1979년에 역사교육학자인 울리히 마이어Ulrich Mayer와 한스-위르겐 판델은 역사 학습의 범주를 설명하면서 "사회적 실천의 진보 과정에서 인간의 행위"[34]를 포착하는 범주의 사용을 제안했다. 마이어와 판델에 따르면 이 "집단 범주"는 "역사학과 체계적 사회과학의 접점에 존재"한다.[35] 공중이 사회의 정치적 장소임을 인정한다면, 이 생각은 공공의 역사를 다루는 일에도 무리 없이 적용된다.

다양성 및 **교차성 연구**는 역사학과 체계적 사회과학의 접점에 위치하며, 이질적 사회들을 그 다양함에 입각해 묘사하고 권력 비판적으로 분석하는 방법을 탐구한다. 이 논쟁은 정치학, 사회학, 사회과학 전공들의 문화에서는 이미 예전부터 자극제 역할을 해왔고 현재 "호황"[36]을 누리고 있다. 특히 상호교차성 연구의 방법은 "단 몇 년 만에 여러 분야의 연구와 출판에서 붐을 일으켰."[37] 이는 "사회적 차별의 맥락과 상호작용"에 관한 것이며 또한 그것들의 "얽힘Verflechtungen을 규명하는 것"이다.[38] 이 분석의 도구는 대개 인종, 계급, 성별과 같은 사회적 범주다.

다양성 및 교차성 연구는 역사학과 체계화된 사회과학의 접점에 위치할 뿐만 아니라, 과거와 현재의 사회에 대한 분석을 구조적으로 연결하고 서로 관계 맺을 수 있도록 하는 고리 역할을 한다. 역사교육 원리인 현재와 미래의 관련성에 입각하면 역사적 사고는 "기억행위Sich-Erinnern로서, 이는 현재의 고난에 의해 촉발되고, 인식 가능한 과거를 향하며, 행위할 때 기억을 고려하는 것"[39]이라고 대략 정리할 수 있으며, 그리하여 공공의 역사 표현이 어떻게 현재 사회와 관련되는지에 대한 귀중한 발견적heuristisch 자극을 준다.

2―인종, *계급*, 젠더: 다양성과 교차성 연구의 사회적 범주

다양성 및 교차성 연구의 사회적 불평등 분석에 사용되는 유명한 세 개념인 인종, *계급*, 젠더는 미국의 특정한 정치와 학문 전통에서 나온 것으로, 미국의 정치적 해방운동의 역사와 밀접한 관련이 있다. 이 세 개념이 사회적 범주의 지위에 오를 수 있었던 것은 "그것이 발생한 미국의 사회 구조적 맥락을 상당히 반영"[40]하며 아마도 그 때문에 독일어권 환경에서는 늦게 그것도 주저하며 수용되었다. 이 셋은 대체로 사회에서 배척되는 것들의 묶음을 뜻한다. 물론 예컨대 종교, 연령, 섹슈얼리티, 몸, 장애 같은 사회적 차별의 또 다른 매개 변수도 있다.

이 세 범주의 의미와 내용은 무엇이며, 이들은 어떤 방법으로 사회를 구성하는가? 여기서는 세 범주에 대한 개념적 접근만 시도할 것이며, 이로부터 그 근본적이면서도 각기 다른 사회적 지배 논리와 차별화 논리를 인식할 수 있다.

예를 들어 영국의 인종주의 이론가 로버트 마일즈Robert Miles를 토대로 **인종 구성 과정** 또는 **인종화*racialisation***를 정의하면 다음과 같다.

"사회집단을 은밀하고 특수한 자가증식 인구집단으로 구성하는 이데올로기적 의미 형성 사례. 실재하거나 이미 주어진 특수한 생물학적 특성을 근거삼아 부정적으로 평가되는 다른 생물학적 그리고/또는 문화적 특성과 연결하는 방식으로 이뤄진다."[41]

현재 독일에서 사회적 불평등 연구와 분석을 위한 인종 개념의 일관적 사용은 대단히 문제가 있어 보인다. *비판적 백인 연구* Critical Whiteness Studies 라벨을 붙인 거리낌 없는 권력 비판인 "인종을 이야기하기Let's talk about Race"[42]는 독일 밖 학계에서는 사회적 불평등 분석의 상식이 된 지 오래지만, 이 주제의 변방인 독일 연구자들은 여전히 겁을 먹는다. 독일에서 인종을 연구의 주요 범주로 사용하는 것은 식민주의와 나치의 "인종학Rassenlehre"이라는 특별한 역사적 유산을 들먹이며 거의 항상 거부당한다. 역설적이게도 독일에서는 인종주의 과거 때문에 비판적 인종주의 연구 확립이 방해받는 것처럼 보인다. 예컨대 로버트 마일즈가 "인종 구조"라고 부를 만한 사회적 배제와 포용을 설명할 때 독일에서는 "민족 정체성 …… 또는 혼종성 개념으로 도피"[43]하는데, 그 이유는 "인종주의 논리에 봉사하고 구체화하는"[44] 그러한 개념 사용을 피하기 위해서다.

계급 범주는 비교적 다루기 쉬운 것처럼 보인다. 비록 헬무트 셸스키Helmut Schelsky의 평준화된 중산층 사회nivellierte Mittelstandsgesellschaft*

---

* 서독의 사회학자 헬무트 셸스키(1912~1984)가 서독의 사회 구조를 설명하기 위해 1953년 제시한 개념. 높은 이동성으로 사회계층에 급격한 변화가 일어났고, 하류층과 상류층이 모두 중간층Mittelschicht으로 이동하며 그 중요성이 커졌으며, 대부분의 사람이 스스로 '중산층

의 신화나 라인 자본주의Rheinischer Kapitalismus*의 소위 안락함 운운은 과거와 현재의 물질적 불평등에 대한 활발한 토론을 너무나 방해하는 것 같고, '구서독'의 사회 문제는 어떻든 1970년대까지는 해소된 것으로 여겨졌지만 말이다.[45] 그럼에도 마르크스주의 계급 패러다임이나 경제적·문화적·사회적 자본의 부르디외적 구별 짓기Ausdifferenzierung, 또는 헬무트 셸스키가 유행시킨 **계층 개념**Schichtungsbegriff 등 토론이 필요한 계급 개념은 아직 많다.[46] 계급 개념은 막스 베버Max Weber에 의해 사후 조형된 것으로, 그에 따르면 "계급 상태Klassenlage"는 "재화와 능력의 처분 권능(또는 결핍)의 정도와 방법, 그리고 주어진 경제 질서 안에서 수입과 소득 획득에 사용할 수 있는 방법의 양태로부터 나오는 가능성의 전형"으로 정의된다.[47]

　젠더 범주의 명료화를 위해서는 호주의 젠더 연구자 래원 코넬Raewyn Connell의 다음과 같은 정의를 취하는 것이 생산적이다.

Mittelstand' 이라고 여기게 되었다는 내용이다. 잔존하는 사회적 특권과 신분의식을 셸스키는 '평준화된 중산층 사회'로 가는 과도기적 유물이라고 보았다. 기존의 계급사회 개념에 도전해 계급모델을 계층모델로 대체한 것이 특징이다.

* 프랑스의 경제학자인 미셸 알베르Michel Albert가 저서 《反자본주의의 자본주의Capitalisme contre Capitalisme》(1991)에서 제시한 개념. 하이예크와 프리드먼의 이론에 기반하여 1980년대에 레이건 정부와 대처 정부가 추구한 자본주의 시장경제의 대안 모델로 독일식 사회적 시장경제와 복지국가를 '라인 자본주의'로 명명하였다. 알베르에 의하면 '라인 모델'은 '신자유주의' 모델과 달리 증시와 금융보다는 경제 활동 주체인 기업, 노동자, 정부 간의 힘의 균형과 협력을 추구함으로써 더 정의롭고 효율적이며 덜 폭력적인 자본주의를 추구하는 것으로 특징지어진다.

"젠더란 사회적 관계의 구조로서, 재생산 무대 및 재생산에서의 몸의 차이를 사회적 과정으로 만드는, 이 구조에 의해 통치되는, 일련의 실행을 중심으로 한다. 비공식적으로는 젠더의 관심은 인간 사회가 인간의 몸을 다루는 방법과, 그 '다루는 방법'이 우리들 개인의 삶과 집단적 운명에 가져오는 다수의 결과다."[48]

코넬에 따르면, 젠더는 "사회적 관계의 구조"이며 "한 사회가 생물학적 재생산 현상에 사회적·문화적 의미를 부여하는 방식"[49]을 말한다. 이러한 젠더의 정의는 젠더의 차이를 결정적으로 구분하는 단일한 기준을 포기하는데, 다시 말해 남자와 여자의 구분은 성별의 선험적 구성 요소로 파악된다. 코넬의 정의는 "스스로 본질주의에 빠지지 않으면서도, 전 세계의 담론에서 다양한 지역에서 중요하게 여기는 것을 모두 포용하기에 적합하므로" 유효하다.[50]

이 세 개념이 "속성과 관계의 본질에 관한 사고의 목록"[51]을 총괄하는 "기본적·보편적 학문 개념"인 이유는 무엇인가? 인종, 계급, 젠더는 근본적으로 다양한 차별화 과정에 대한 정보를 준다. 인종화가 한 집단의 사람들을 근본적인 '타자'로 낙인찍고, 그들을 "신중하고 특수한 자가증식 인구집단"[52]으로 설정하고, 그들을 '자신들의' 집단에서 영구히 배제함으로써 이를 통해 비로소 '자신의' 사회를 구성하는 과정이라면, 계급과 젠더는 사회 내부의 차별화 양식으로 작용한다. *계급*은 일차적으로 넓은 의미에서 주요 경제 자원의 분배에 관한 것이며, *젠더*는 해당 사회가 이른바 생물학적 재생산 과제를 수행하는 방식에 따라 발생하는 사회적 차별화다.

그러나 중요한 것은, 이 세 사회적 범주가 분리되지 않고 서로 연결되어 있으며, 사회적 차별화 과정에서 끊임없이 새롭게 얽히며 다양한 권력 차원에 영향을 미친다는 점이다.

첫째, **"사회 구조의 거시 차원과 중간 차원"**[53]에서 사회적 범주는 사회 조직과 제도, 즉 가족, 노동 시장, 국가 등과 같은 사회 현상뿐만 아니라 법체제 같은 국가의 하부 시스템을 가로지른다.

둘째, **"사회적으로 구성된 정체성의 미시 차원"**[54]은 인종, 계급, 젠더와 같은 범주를 통해 인간의 정체성이 만들어지는 방식을 보여 준다. 이는 상위 사회 구조의 거시적 권력 차원이 아니다. 개인이 인종, 계급, 젠더에 관해 확립된 지식의 각축장에서 상호작용을 통해 각자의 정체성을 어떻게 형성하느냐의 문제다.

셋째, 마지막으로 **상징적 표현 차원**이 있다. 사회는 공동의 가치, 문화 규칙, 신념을 통해 유의미하게 통합된다. 사회에는 "집단, 공동체, 사회 구성원들이 집단적으로 공유하는 상像, 관념, 사고, 표상, 지식 요소"가 있다.[55] 이러한 상, 관념, 사고, 표상, 지식 요소, 예컨대 성별 구분에 대한 일상적 지식이나 사회의 역사문화와 같은 것이 상징적 표현이며, 여기서 인종, 계급, 젠더 범주가 작동한다.

이 세 차원은 **인종**, **계급**, **젠더**가 작동하는 권력의 장소이며 다양성과 불평등이 발생하고 삶의 기회가 분배되는 곳으로서, 마찬가지로 서로 맞물려 상호의존적으로 작동한다. 여기서 인식적 관심이 집중되는 곳은 사회 범주들과 권력 차원들이 교차하는 지점이다. 예컨대 자본주의(*계급*이 작동)와 가부장제(*젠더*가 작동)가 서로 얽히면서 나타나는 구조적 권력관계, 그리고 이와 같은 상호관계가 '노동자', '주부', '매춘부', '남창' 같은 자본주의적 성 정체성에 미치는 영향 같은 것이다. "네이션nation"이라는 주제 역시 지배적 권력 구조로서의 국민국가로, 그리고 정체성 형성의 상징적 표현 차원에서 *국민 형성*nation building 과정으로 모두 분석할 수 있다. 이로써 네이션이라는 구조물은 이 세 권력 차원 모두에서 인종적·젠더적·사회경제적 범주화의 강력한 포함과 배제 장치로 역사적으로 만들어져 온 것이며 지금도 그러함을 알 수 있다.[56]

이로부터 다양성 및 교차성 연구의 내용이 원칙적으로 명명된다. 다양하게 나타나는 사회적 차별은 현재 사용되는 확립된 사회적 범주인 인종, *계급*, 젠더의 상호작용을 통해 설명된다. 사회적 차별이 사회적 불평등으로 이어지는 방식은 거시적·중간적 차원, 정체성, 상징적 표현의 권력 차원들과 사회적 범주들이 맞부딪치는 *교차점*intersections에서 고찰되며, 여기에서 사회적 불평등의 기원이 드러난다. 이렇게 해서 사회적 범주들의 상호작용이 어떻게 사회적 불평등의 강화나 약화로 이어지는지 알 수 있다.

이는 공공역사에 어떤 의미를 갖는가? 공공의 역사 제시는 언제나 사회적 범주에 따라 참여 기회가 합의되는 이질적 사회에서 행해진다. 거시적·중간적 차원을 구성하는 공공역사 제도들, 상징적 정체성 표현의 양식으로서 역사문화, 공공의 역사 수용자와 생산자의 역사적 정체성은 그러한 사회적 범주들의 간섭을 영속적으로 받으며, 그 생산과 재생산에 끊임없이 기여하며, 공공의 역사를 합의하는 일에 권력과 의미를 부여한다. 이것이 공공역사가 전문직이 되는 데 갖는 의미는, 현실 사회 분석에 큰 도움이 되는 것으로 보이는 그러한 권력 구조에 대한 지식이 역사를 통해 드러난다는 것이다.

4. 사회적 차원 II:
포용[57]

포용의 중요성 논의는 지금까지 주로 학교 역사교육에 중점을 두어 왔고, 실제로도 이것이 중심인 듯하다. 2006년 12월 13일 *장애인 권리협약*Convention on the Rights of Persons with Disabilities에 서명한 나라들은, 독일연방공화국도 마찬가지인데, 교실에서 장애인과 비장애인 학생들을 원칙적으로 분리하지 않는 *포용적 교육시스템*inclusive education system의 확립 의무를 진다. 다시 말해 "평등 원칙에 기초하여, 장애인 권리에 관한 UN협약은 각급 학교와 평생교육에 걸친 포용적 교육제도를 보장한다."[58]

여기서 포용 요구를 진지하게 수용하는 포용적 기억문화와 역사문화가 직면한 어려움을 훑어보는 것이 좋겠다. 학교 교육이라는 실용 분야를 당연히 우선하는 역사교육이 포용성 논쟁으로 시야를 넓히기는 했지만, 앞에서 언급한 UN협약은 "완전하고 효과적인 사회적 참여와 포용"을 요구한다.[59]

특히 역사와 공적 기억 의례를 지향하는 공적 연설은 여전히 대부분 국가적 필요성에만 맞춰져 있으며, 국가적 전환점이나 이른바 위인남성들의 삶과 업적을 경축하고 애도한다. 이는 국가적인 것을 지배적 사고 틀로 만들고 현대의 이주 사회에서 배제의 효과를 발휘한다. 보통 고정적인 것으로 인식되는 민족체體Nationalkörpers의 역사적 경험은 이런 방식으로 기억의 척도가 된다. 독일연방 대통령을 지낸 요아힘 가우크Joachim Gauck가 국가 지도자로서 2015년 3월 21일 리마Lima에 있는 페루의 주요 기념관인 루가 데라 메모리아 LUM(Lugar de la Memoria)에서 했던 연설을 살펴보는 것이 도움이된다. 그는 이 연설에서 독일 국민의 역사적 경험을 반추했다.

"우리의 경험은 우리나라를 파괴하기는커녕 더 강하게 했음을 여러분께 알려드리고 싶습니다. 이 문제에서 페루와 독일 사이에 더 많은 교류가 있기를 소망합니다. 먼저 사실과 진실을 논할 방법을 같이 생각해 봅시다. 그리고 그 사실에 근거하여, 때로는 가혹하지만 결국은 만족하게 될 대화를 시작해 봅시다.
우리 독일인들은 여러분의 편에 설 것입니다. 사회 기반시설을 강화하거나 국가를 개선하거나 법체제를 안정시키는 일에서도 똑같이 여러분의 편에 설 것입니다. 이 모든 것이 제가 중요하고 아름답게 여기는 만남입니다. 그러나 불에 덴 아이들*의 만

---

* 화상 입은 아이. 부정적 경험으로 조심성이 몸에 밴 사람이라는 뜻.

남도 있습니다. 그들이 실제적 현실에 머무른다면, 진실에서 비롯되는 미래가 있습니다."[60]

이 연설을 지배적 기억문화의 표현으로 본다면(여기서 연방 대통령은 지배적 기억문화의 가장 중요한 표현자의 위치에 있다) 이 짧은 발췌문은 대단히 다양한 것을 보여 준다. 한편으로 독일은 현재 스스로가 기억하는 방식에 대해, 특히 자신의 역사가 기억되는 방식에 매우 흐뭇해하는 것 같다. 여기서 독일의 역사는 이 나라에서 고통받고 행위했던 고집 세고 완고한 사람들의 역사가 아닌, 여전히 국가의 역사로 이야기되고 있다. 그뿐만 아니라 '우리'가 보기에 이 나라는 역사로부터, 특히 나치즘의 역사로부터 긍정적인 교훈까지 얻은 듯하다. 여기서 역사적 경험과 기억은 정치담론의 강력한 자원이 되기까지 하는 것 같으니, 법체제를 수출하고 경제적으로 유망한 사회 기반시설 프로젝트를 문화라는 접착제로 이어 붙인다. 나아가 이런 진술 뒤에는 역사에 대한 실증주의적 이해가 숨어 있으니, 해석과 협상이 아닌 "진실"과 "사실"을 말한다. 연설의 핵심은 첫 문장인데, 자신의 역사에 대한 기억으로서의 역사적 경험은 "우리나라를 파괴하기는커녕 더 강하게 했다."

이런 표현에는 포용에 관한 생각이 거의 담겨 있지 않다. 그러나 우리는 포용의 방법과 주장을 기억문화와 역사문화에 구성적으로 끼워 넣을 수 있다. 여기에는 광의의 **포용 개념**이 사용되는데, 이는 소위 신체적·정신적 장애 범주에만 해당하는 것이 아니다. 안

드레아스 힌츠Andreas Hinz에 따르면, 여기서 포용은 "시민적 권리를 기반으로 주장되는, 어떤 사회적 소외에도 반대함으로써 모든 사람에게 각자의 결핍에 상관없이 개인의 발전과 사회 참여를 위한 평등하고 완벽한 권리를 보장하려는, 교육 일반의 접근이다. …… 이로써 모든 인간이 공동체의 당연한 구성원이라는 포용의 이해가 인정된다."[61]

케르스텐 라이히Kersten Reich는 이러한 광범위한 포용 개념의 배경을 다섯 항목으로 요약했다.

"포용성의 표준:
민족문화의 정의正義를 행하고 반反인종주의를 강화하고,
젠더 정의를 세우고 성차별을 거부하고,
사회적 삶의 다양한 형태를 허용하고, 성적 지향의 차별을 막고,
사회경제적 기회의 평등을 확대하고,
장애가 있는 이들에게 기회의 평등을 이룬다."[62]

이것은 물론 큰 도전이다. 특히 학문으로서의 역사를 추구하는 기억의 행위자들에게 가장 큰 어려움을 던진다. 왜냐하면, 이는 다음과 같은 것을 의미하기 때문이다.

첫째, 포용적 기억문화는 누가 누구를, 어떤 정치적 목적으로 기억하는지를 보여 준다. 이렇게 해서 기억은 지배의 수단임이 드러나며, 기억문화는 권력 비판이 된다.

둘째, 포용적 기억문화는 기억에서 소외된 사람, 정확하게 말하면 누가 잊히는지를 보여 준다. 그러므로 역사가 홍수를 이루는 현재 우리 사회에서 역사의 자원을 마음대로 처분하면 안 된다는 것도 보여 준다. 문제는 **망각된 것을 드러내는 일**이다.

셋째, 가우크의 연설에서 알 수 있듯이, 역사는 우리의 권력 구조물을 강화하는 문화적인 접착제로서 강력한 자원이 되었다. 그러므로 포용적 기억문화는 역사에의 참여가 모두에게 열려 있어야 한다고 요구한다. 기억과 역사를 통해 **권력 없는 자들**을 위한 *힘의 배분*Empowerment을 요구한다.

포용적 역사문화와 기억문화는(1장 3절의 개념 작업을 참조) 이제까지의 역사서술에 자신의 방식대로 모든 것을 통합시키는 작업이 아니다. 이런 것은 *분할된 기억*divided memories으로부터 공유된 *기억*shared memorie을 만들겠다는 목표에 몰두하는 통합적 역사문화와 기억문화일 뿐이다. 반면에 포용적 기억문화의 목표는 *상충하는 기억들*conflicting memories도 협상될 수 있게 하고, 충돌 속에서 그들이 병존할 수 있는 기억 경관을 허용하는 것이다. 포용적 역사문화와 기억문화는 또한 새로운 복수複數의 역사를 요구하는데, 이는 소외된 사람들 이른바 서발턴Subaltern*도 역사의 주체로

---

* 지배계층의 헤게모니에 종속되어 있는 하층계급으로 노동자, 농민, 여성, 피식민지인 등 주변부적 존재를 의미한다. 원래 이탈리아의 마르크스주의자인 안토니오 그람시가 사회 하층계급을 가리키기 위해 사용한 단어였으나, 1980년대에 인도 공산주의 운동에 참여했던 라나지트 구하를 비롯한 인도의 역사학자들이 19세기 후반 인도 농민 봉기를 연구하면서 이 용어를 일반화하여 엘리트 집단 이외의 모든 인도인을 가리키는 명칭으로 사용하였

만들고 그럼으로써 국민국가라는 준거 틀에 맞지 않는 그들의 공동체 집단과 사회운동에 역사적 제도로서의 효력을 부여하기 위해서다. 또한 포용적 역사문화와 기억문화는 이러한 역사를 요구하는 것에 그치지 않고, 이와 같은 역사를 이야기함으로써 이를 강력한 사회담론으로 밀어올린다.

구체적 사례를 통해 지금까지 말한 것을 일목요연하게 제시하는 동시에 포용적 기억문화의 한계를 보이도록 하겠다.

1─사례 1: 20세기 초 아르메니아인 제노사이드

2015년 봄과 여름에 터키에서도 아르메니아인 제노사이드를 기억해야 한다는 요구가 나왔다. 독일의 정치인들이 이런 맥락에서 "제노사이드" 단어를 입에 올리기까지 꽤 오랜 시간이 걸렸다. 결국 2015년 4월 23일 연방 대통령이 그렇게 했을 때, ARD의 뉴스 프로그램인 타게스샤우Tagesschau 저널리스트 모니카 바그너 Monika Wagner는 이렇게 논평했다.

"이상한 게 하나 있다. 독일의 식민지 지배 역사에 관해 말하자면, 우리는 터키인들과 다르지 않았다. 아르메니아인 대량학살 10년 전에 헤레로족 대량학살이 있었다. …… 연방 정부는 지

다. 이들이 추구한 서발턴 역사학은 역사에 등장하지 않을 뿐만 아니라 자신의 기록도 남기지 못한 민초의 역사를 쓰려는 급진적인 역사학 기획으로 이해되었다.

금까지도 이를 집단학살로 명명하기를 거부한다."[63]

아르메니아인 제노사이드에 대해 말하는 것은 독일의 기억문화에서 점차 합의된 표현으로 자리 잡고 있지만, 1904년부터 1908년까지 독일인이 헤레로족과 나마족에게 저지른 범죄에 대해서는 여전히 입을 닫고 있다. 당시 연방 경제협력부 장관이었던 하이데마리 비조렉-조일Heidemarie Wieczorek-Zeul이 100주년을 맞는 추도식에서 "독일 식민 지배의 폭력행위를 기억으로 소환"[64]하려 시도한 것은 사실이다. 독일 연방의회 하원의원인 노베르트 라머르트Norbert Lammert는 2015년에 헤레로족 학살을 "집단학살Völkermord"[65]로 명명했다. 그러나 독일을 대표하는 지도적 인사들의 의견 표명은 더는 없었다. 헤레로족 제노사이드에 대한 추모가 포용적 기억문화의 일부라면, 독일제국 식민지 정책의 잊힌 희생자들부터 *가시화sichtbar*될 수 있었을 것이다. 그러한 기억의 포용을 통해 희생자들의 후손에게 실제로 *힘의 분배*Empowerment 가능성이, 단지 겉보기에만 진부한 물질적 방식으로 피해배상 요구를 통해, 주어질 수도 있었을 것이다. 나아가, 유대인 제노사이드에 앞서 일어난 헤레로족 제노사이드의 후손들은 문화적 자원으로서 역사의 수혜자가 되었을 것이고 독일 기억문화의 강력한 역사적 주체로 떠올랐을 것이다. 그랬다면 박물관과 교과서에서 제노사이드의 역사가 더 많이 다뤄졌을 것이다.

헤레로족 제노사이드에 대한 침묵과 망각이 현재 우리 사회의 인종주의와 어떻게 관련되는지 독일 사회가 끊임없이 질문함으로 써, 그러한 포용적 기억문화는 권력 비판적인 것이 된다.

2—사례 2: 동성애의 역사

2015년 6월, 베를린의 독일역사박물관DHM(Deutsche Historische Museum)과 게이박물관SMU(Schwules Museum Berlin)이 공동 전시회 〈동성애(들)Homosexualität_en〉을 열었다. 전시 관람은 양쪽 박물관에서 동시에 이루어졌다.

전시회 관련 기자간담회에서, 주 정부 문화부 장관인 모니카 그 뤼터스Monika Grütters는 전시회 포스터를 두고 "불편하다verstörend" 며 이렇게 말했다.[66]

"이 전시회는 박물관이 수집과 보존을 위한 장소에 그치지 않고 우리가 원하는 삶이 어떤 것인지를 알려 주는 일을 하는 훌륭한 사례다. 이 전시는 동성애자의 평등한 권리에 관한 현재의 논의를, 그들에 대한 차별과 낙인으로 점철된 역사적 맥락속에 배치한다. 그리하여, 자유 속에서만 꽃피는 다양성이 모두를 풍요롭게 함을 똑똑히 보여 준다. 이것을 우리는 지금 베를린에서 경험하고 있다. 이 도시의 삶의 질과 매력의 비밀은 그 개방성, 자신의 삶과 타인의 삶에 대한 애정이다."[67]

〈도판 2〉〈동성애(들)Homosexualität_en〉전시회 포스터

장관의 해석에는 동성애자의 삶과 고난의 역사를 독일연방공화
국의 성공 서사라는 거대 서사에 통합하려는 시도가 들어 있다.
이 견해는 자유와 다양성을 누리는 현재에 도달하는 기억에 관해
말하며, 현재 세계에서 가장 훌륭한 장소 중 하나로 "자유 속에서
만 꽃피는 다양성"의 도시 베를린을 내세운다. 한 발 더 나아가 모
니카 그뤼터스의 연설은 동성애의 역사가 이제 독일의 기억문화

일부로 통합되었으며, 이로써 독일 사회가 관용의 현재적 표준을 마침내 성취한 것을 독일연방공화국 역사의 성공으로 볼 수 있다고 말한다.

그러나 포용적 기억문화의 특징은 이와는 반대되는 것에 있다. 나치 치하에서 동성애자들이 겪은 박해와 고통만 기억되는 것이 아니라, 독일연방공화국 역시 스스로가 1994년까지도 핍박하고 차별하고 소외시켰던 동성애자들을 마침내 기억하게 되었다. 독일역사박물관과 게이박물관의 공동 전시는 이 주제를 결코 침묵하지 않았지만, 문화부 장관의 개회식 연설에서는 언급되지 않았다.

베를린 티어가르텐에 있는 나치의 동성애 희생자 기념물도 이 문제만큼은 똑같이 침묵한다.

> "나치의 동성애 희생자들은 독일연방공화국BRD이나 독일민주주의공화국DDR 양쪽의 기념문화에서 오랫동안 배제되어 왔다. 서독과 동독 할 것 없이 동성애자는 계속해서 형사처벌 대상이었다. 독일연방공화국의 기본법 제175조[*]는 1969년까지도 바뀌

---

[*] 동성애의 범죄화를 내용으로 하는 독일의 형법 조항이다. 1871년 독일제국에서 동성애자를 처벌하는 내용의 형법 제175조(Paragraph 175)로 제정되었다. 바이마르 공화국 시기인 1920년대에는 이를 반대하는 활동이 일어나며 약화하였다. 그러나 나치는 동성애를 다시 강력히 탄압했고, 1935년부터 남성 동성애자는 최대 10년의 강제노역형을 받고 수용소로 보내졌다. 이후에 이 법은 서독의 경우 1950년대에 약화되었지만 1969년에 이르러서야 남성 동성애가 합법화되었고, 동독에서는 1968년 사실상 폐기되었다. 이 조항이 기본법(헌법)에서 완전히 삭제된 것은 통일된 후인 1994년의 일이다.

지 않았다. 독일은 게이와 레즈비언에 대한 인권 침해에 단호히 맞설 특별한 역사적 책임이 있다. 오늘날에도 세계의 많은 지역에서 성 정체성을 이유로 박해받는 사람들이 있고, 동성애는 처벌 대상이며 키스만으로도 위험에 처할 수 있다."[68]

이 비문의 작성자인 독일연방공화국은 피해자에 대한 상충하는 기억을 자신의 책임으로부터 최소한 밀어 내려는 시도를 하고 있으며, 이를 지배적 기억문화라는 기본합의로 통합하려 한다. 자신의 체제에 의해 핍박당한 자들의 존재는 여기서 여전히 보이지 않고 호명되지도 않는다. 이들의 공식적 복권과 피해배상이 이뤄진 것은 2017년에 이르러서의 일이다.

참고문헌

Pandel, Hans−Jürgen: Historisches Erzählen. Narrativität im Geschichtsunterricht, Schwalbach/Ts. 2010.

Schörken, Rolf: Historische Imagination und Geschichtsdidaktik, Paderborn 1994.

Winker, Gabriele/ Degele, Nina: Intersektionalität. Zur Analyse sozialer Ungleichheiten, Bielefeld 2009.

3장

공공역사
방법론

● ● ●

공공역사는 독자적인 방법론을 가지고 있지 않지만, 역사학과 문화 연구의 다양한 접근법을 쓴다. 여기에는 문서 사료의 전문적 취급 외에도 사물, 이미지, 영상, 소리 자료, 그리고 시대 증인 인터뷰가 있다. 역사학과의 밀접한 관련성 때문에, 이러한 사료의 분석은 물론이고 이것이 전시, 영화, 잡지, 웹사이트 등의 역사 표현에 어떻게 사용되는지 논하는 것 역시 중요하다. 이 장에서는 사료의 형태를 사물, 이미지, 소리, 시대 증인으로 나누어 각각의 접근법을 구체적으로 소개한다. 이어서 역사를 재연하고 이를 통해 역사를 "체험"으로 매개하는 방법인 리빙 히스토리Living History를 소개한다.

1. 물질문화

물질문화Metrielle Kultur 연구는 "인간에 의해 만들어지거나 변형된" 대상을 다룬다.[1] 즉 이 연구 분야가 포괄하는 범위는 다음과 같다.

"인간 사회에서 사용하거나 특별한 의미를 갖는 것. 해당 사회가 과거와 현재에 만들어 냈거나 사용하거나 소비한 것 전부."[2]

해당 대상물은 인간과 사회에 의해 조형된 것이며 그렇기 때문에 논의 대상이 될 수 있다. 이들은 특정 목적을 위해 만들어지거나 사용되거나 다뤄지거나 변형되며, 상징이나 고유한 표지의 역할을 한다. 이들은 물적 가치와 사용가치를 지니며, 의미가치 또한 부여받는다. 그럼으로써 이들은 역사 연구의 자료로 편입된다.

고고학과 인류학은 이를 일찌감치 인식했고, 예술사, 민속학, 혹은 경험적 문화 연구와 사회학도 일찍부터 '사물'을 연구했지만,

이에 비해 역사학의 관심은 늦게야 시작되었다. 역사학은 **물건**Ding을 박물관에서의 재현을 위한 객체 정도로 보았을 뿐 역사 연구의 사료로는 여기지 않았다. 그러나 1980년대 이래 일상사, 소비사, 과학사 연구자들이 물질문화와 사물에 눈을 돌렸다.[3] 기술사는 사물과 그 기능을 연구하는 분야다. 그러나 물질문화는 역사학 전반에서 여전히 덜 중요하게 취급된다. 그렇지만 공공역사에서 사물은 역사 매개의 중심 요소이며 따라서 연구를 위한 사료가 된다.

연구 문헌들은 "대상물Gegenstand", "물건Ding", "사물Sache", "유물Objekt", "인공물Artefakt" 개념을 대체로 동의어로 사용한다. '유물'과 '인공물'은 인간의 영향을 뚜렷이 내세우는 용어다. 물질문화 연구는 비범한 예술작품이 아니라 다수로 존재하는 일상적 **유물**에 집중한다는 점에서 미술사와 다르다.

'유물'과 '인공물'은 박물관에서도 흔히 쓰는 개념이다. 물건을 수집하고 보관하고 연구하고 전시하는 박물관은 곧잘 '사물 증거 아카이브Sachzeugenarchive'로 불린다. 문화사박물관과 기술사박물관이 유물을 다루는 역사가들에게 가장 중요한 장소가 되어 온 이유다. 여기서 반드시 알아 둘 것은, 유물은 박물관에 들어가면 기능 변경을 거친다는 점이다. 이전까지의 기능을 완전히 상실하고 문화적 유물이 된다. 예컨대 박물관 소장품이 된 의자는 이제 앉는 용도가 아니다. 이 의자가 전시되는 이유는 "과거에 대한 지식을 우리에게 알려 주는" 의미 운반자로 여겨지기 때문이다.[4] 따라서 크쥐슈토프 포미안Krzysztof Pomian은 박물관의 전시물을 의미 운반자Zeichenträger라는 뜻을 담아 '의미 나르기Semiophore'*로 정의한다.[5]

유물은 스스로 "말하지" 않으며 그 역사와 의미에 대한 탐구가 필요하다는 것이 물질문화 연구의 출발점이다. 주디 앳필드Judy Attfield는 사료로서의 유물은 "다중적polyvalent"임을 강조하면서 그 다의성多義性을 "야생성wild things"[6]으로 개념화한다.

물질문화에 대한 접근은 **유물 분석**Objektanalyse을 통해 이루어지며, 이는 사용 가능한 모든 정보를 기록하는 것으로 시작된다. 먼저 물성Materialität과 형태를 묘사하고, 만들어진 목적과 날짜와 장소를 명명하고, 유물 자체의 관찰이나 부수적 정보를 이용해 용도와 출처를 확정한다. 이렇게 해서 유물의 역사 혹은 이력의 기초가 되는 주요 자료가 만들어진다. 다음 단계는 역사적 맥락의 조사로, 유물의 생성 및 사용 시기는 물론 기능까지 포괄한다. 마지막으로 유물에 부여되었던 의미를 질문한다. 이를 위해 유물이 발견된 곳과 보존된 맥락, 누가 언제 소유했는지 알아야 한다. 이를 바탕으로 유물에 기입된 개별적 의미와 어쩌면 사회적 의미까지도 귀납적 추론이 가능하다. 이런 맥락에서 안드레아스 루드비

* 1988년 크쥐슈토프 포미안이 제시한 박물관 용어. 전시된 물체는 원래의 용도를 잃고 특별한 의미를 전달하는 역할을 하게 되며, 그 의미는 박물관 전시를 통해 발생한다. 예컨대 가령 시골 농가에서 물건을 보관하는 데 쓰인 궤짝이 박물관에 전시되면 해당 민중미술의 표현이 되는데, 이것이 유물의 의미가 일상적 물건에서 세미오포르, 즉 의미 운반자로 되는 과정이다.

히Andreas Ludwig가 제시한 삼원 분석Analyse-Dreischnitt의 내용은
다음과 같다.

> "물건의 물성, 물건이 사용된 방식, 의미 나르기로서 물건에 대
> 한 분석을 포괄한다."[7]

유물의 역사는 질문하기에 따라 물건의 재료, 형태, 생산, 판매,
소비 또는 사용, 폐기 또는 재활용에 초점을 둘 수 있다. 또 다른
접근법으로 예를 들어 광고의 역사를 통한 접근은 유물에 부여되
는 의미 및 그 의미가 관점에 따라 크게 달라짐에 주목한다. 이것
이야말로 박물관이 유물에 특별히 관심을 두는 이유다. 다른 맥락
에서 여러 번 전시할 수 있고 그러면서 다양한 의미를 매번 새로
이 드러낼 수 있기 때문이다.

지금까지 간략히 소개한 물질문화 연구의 분석법의 기반은 영
어권 학계에서 나온 물질문화 연구material culture studies이다. 이 분
야는 학제 간 연구로 고고학, 인류학, 문화인류학과 협업한다. 물
질문화 연구는 어느 한 시기에만 집중하지 않는 문화 연구를 지향
하며, 그 연구 대상은 석기시대부터 현재까지를 아우른다. 이 분
야의 연구 방법과 개별 연구를 훑어보는 데 도움이 되는 단행본
출판물이 다수 있고 그 외에도 1996년 창간된 정기학술지《물질
문화 저널Journal of Material Culture》이 훌륭하다.

그러나 공공역사에서 중요한 것은 일상적 삶의 물건들이 어떻

게 역사 연구의 사료가 되는가이기도 하지만, 또한 그것을 역사 매개에 어떻게 활용할 것인가이다. '야생성' 개념에 의하면 이 물건들이 표현하는 것은 단수로서의 역사가 아니라 관점과 분석법에 따라 달라지는 복수로서의 역사다. 이는 물건을 역사 매개에 사용할 때 주의할 점이다.

이 점에서 박물관에 전시된 물건의 역할은 끊임없이 변화해 왔다.[8] "사악한 유물böse Objekte"이라는 딱지가 붙은 물건도 있는데, 예컨대 갈고리 십자 문양이 있는 나치시대의 유물이나 나치 관련 인물의 소유로 알려진 유물이 그렇다. 오염된 걸로 여겨지는 이런 물건들을 전시할 경우 잘못된 숭배의 대상이 되지 않도록 주의해야 한다.[9]

이밖에 "까다로운 유물schwierige Objekte"도 있는데, 그 물건의 진술 능력이 너무 명백하고 단호해서 혹여 내포되어 있을 수 있는 다른 의미를 모두 압도해 버리는 경우다.[10] 데틀레프 호프만Detlef Hoffmann이 말한 "제멋대로인 유물eigenwillige Objekte"은 하나의 맥락에서만 전시되면 안 되는 물건이다.[11] 그러므로 유물은 너무나 단호하게 묘사할 수 있는 단 하나의 역사를 갖지 않으며 다수의 의미를 부여받는다. 이들은 무언가를 투사하는 객체이며, 이는 유물을 규명할 때 반드시 함께 살펴야 하는 점이다.

물질적 유물의 광범위한 진술 능력은 사고 실험의 도움을 받아 숙고해 볼 수 있다.

첫 번째 연습은 자신의 가방을 한 번 보고, 뒷시대의 역사가들이 이 물체를 현장에서 발견한다면 이를 근거로 우리에 대해 무엇을 말할 수 있을지 질문하는 것이다. 가방 소유자의 성별, 연령, 취향, 활동, 나아가 해당 시대의 유행과 일상적 기술, 경제체제, 정치와 행정 구조, 또는 사회체제에 대해 어떤 결론을 끌어낼 수 있을까? 이어서 이와 같은 물건들을 근거로 서로 다른 복수의 역사가 이야기되는 방법을 질문해 본다. 어떤 물건을 중심에 놓고 다른 물건들을 제외하고, 그리고 또 다른 물건들을 다시 서로 연관시켜 배열해 제시하는 식이다.

또 다른 과제는 일상의 물체 하나를 분석하는 것이다. 커피전문점의 일회용 종이컵을 예로 들어 보자. 이런 것이 우리가 내놓는 쓰레기에 수없이 많다는 사실을 두고 미래세대는 다음과 같이 생각할 수 있겠다. 왜 어떤 사회는 어떤 시점에서 뚜껑 달린 컵으로 커피를 마시기 시작했을까? 왜 집에서가 아니라 로고가 인쇄된 컵을 쓰는 가게에서 커피를 만들었을까? 로고의 의미는 뭘까? 커피를 왜 일회용 컵에 담아 마셨을까? 똑같은 컵이 전 세계에 퍼진 이유는 무엇일까? 이런 질문에 답함으로써 특정 시대의 사회, 경제체제, 소비 습관에 대한 결론을 도출할 수 있다. 이처럼 우리의 일상에 존재하는 다른 물체들에 대해서도 그것을 통해 어떤 역사를 이야기할 수 있을지 생각해 본다.

〈도판 3〉 일회용 종이컵, 2017.

유물을 통해 이야기하는 다양한 역사의 사례로 닐 맥그리거Neil MacGregor가 진행하는 라디오 방송과 이를 바탕으로 나온 책 《100개의 유물로 보는 세계의 역사》[12]가 있다. 이제는 많은 박물관이 이 아이디어를 따른다. 유물들을 각각의 역사들과 함께 제시할 뿐, 개별 서술들을 모아서 하나의 맥락으로 엮지 않는다. 박물관은 이와 같은 기록을 인터넷에서도 제공하는데, 이는 자체 소장품 데이터베이스를 발췌한 것에 그치지 않는다. 유물의 다의성多義性에 중점을 두고, 유물을 통해 역사들을 들려주고, 더 많은 역사들을 탐구하도록 자극한다.

요약하면 다음과 같다. 유물은 의미를 나르고 그렇게 해서 역사 연구의 사료가 되는 동시에 역사를 매개하는 미디어가 되기도 한다. 그러므로 유물은 공공역사의 핵심 요소이며, 물질문화 방법론을 사용해 유물을 해독할 수 있다. 물질문화 활용의 선두주자는 박물관이며, 오랜 시간에 걸쳐 유물을 제시하는 다양한 형태를 개발해 왔다. 더 자세한 내용을 본서 5장에서 안내한다.

참고문헌

Attfield, Judy: Wild Things. The Material Culture of Everyday Life, New York 외
    2000.

Ludwig, Andreas: Materielle Kultur, Version: 1.0, in: Docupedia-Zeitgeschichte,
    2011년 5월 30일, URL: http://docupedia.de/zg/Materielle_Kultur

Hahn, Hans Peter: Materielle Kultur. Eine Einführung, 개정판 Berlin 2014.

Ortlepp, Anke/Ribbat, Christoph (편): Mit den Dingen leben. Zur Geschichte der
    Alltagsgegenstände, Stuttgart 2010.

Samida, Stefanie/Eggert, Manfred K.H./Hahn, Hans Peter (편): Handbuch
    Materielle Kultur. Bedeutungen, Konzepte, Disziplinen, Stuttgart 2014.

2. 이미지 역사

이미지는 역사 연구의 사료로 사용된다는 것, 그리고 역사서술 역시 언제나 이미지를 통해 또렷해진다는 것은 진부한 지식에 가깝다. 그러나 이미지 역사Visual History라는 하위분야는 그 너머를 추구한다. 독일어권 학계에서 이미지 역사를 대표하는 주요 연구자 가운데 한 사람인 게르하르트 파울Gerhard Paul은 이미지 역사를 다음과 같이 설명한다.

"넓은 의미에서 이미지를 역사 연구의 사료이자 동시에 독립적 연구 대상으로 간주하며, 역사의 이미지성과 이미지의 역사성을 같은 정도로 포괄한다. 연구자들의 관심사는 이미지를 그것이 가진 상징적 모사 기능을 넘어 미디어로서 독자적 미학이라는 자산으로서 이해하는 것이다. 이미지는 사람들의 보는 방식을 조절하고, 인식 패턴을 만들고, 해석 방식을 전달하며, 역사 주체들이 그들의 사회적·정치적 실재와 맺는 미학적 관계를

조직하고, 스스로의 현실을 창출하는 능력이 있다. 그러므로
이런 의미에서 이미지 역사는 역사 연구를 위한 규범 사료의
확장이나 시각 미디어의 역사가 아니라 그 이상을 의미한다.
이미지 역사는 이미지 실천, 그리고 경험과 역사의 이미지성을
두루 포괄하는 영역을 다룬다."[13]

미디어와 자산으로서의 이미지는 공공역사에서 중요한 역할을
한다. 집단적·문화적 이미지 기억의 구성에서 갖는 중요성 때문
이다. 그러므로 공공역사가의 전문 역량에는 그런 집단적·역사적
이미지 기억에 대한 지식과 공공역사 생산을 위한 기획에 이를 성
찰적으로 다루는 능력이 속한다 할 것이다.

바르샤바 게토 소년의 이 유명한 사진을 두고 제바스티안 쇠네만

〈도판 4〉 바르샤바 게토의 한 소년, 1943.

Sebastian Schönemann은 어떤 "이미지 레퍼토리의 규범화와 그로 인한 도상적 이미지 지식의 통속화"[14]를 통해 이미지 문화기억의 특징이 드러난다고 지적했다. 여기서 중요한 것은 "원래의 이미지가 그 후에 이어지는 문화의 역사에서 수시로 재생산되고 규범화되느냐의 문제가 아니다. 그보다는 오히려 이미지 생산자들이 원본 이미지에서 떼어낸 이미지 요소들을 과거에 대한 소통에 어떻게 사용하고, 그럼으로써 통속화하고 그런 방식으로 전하느냐."[15] 그는 또한 과거에 대한 우리의 이미지는 현재의 시각적 기억으로부터 그렇게 보이고 느껴지는 것이며, 이미지는 역사를 표현할 뿐만 아니라 스스로의 미디어 역사를 갖는다고 강조한다.[16] 나아가 쇠네만에 따르면, "역사적 사건을 보는 관점들은 전승된 가시성Sichtbarkeit 법칙에 따라 결정된다. 기억문화와 역사문화의 수용자인 우리는 이 법칙을 …… 미디어 전기라는 방식으로mediabiografisch 경험하였다."[17]

이는 한편으로는 사료로서의 이미지라는 차원과 이미지 수용의 역사부터 다른 한편으로는 의식적으로 연출하는 공공역사 제품에 이미지의 현재적 사용이 가능한지에 걸쳐 있는, 맥락이 복잡한 이야기다. 그 때문에 게르하르트 파울은 역사학자뿐만 아니라 공공역사가들에게도 "비판적 도상학적 해석과 관찰을 다루는 수업"[18]이 필요하다고 본다.

이미지 역사의 발전 과정을 보면 **역사적 도상학**Historische Bild-kunde은 1990년대에 들어서도 역사학의 독자적 연구 방법론이 아니라 역사 보조학으로만 인식되었음을 알 수 있다. 이 분야의 발전을 연구한 게르하르트 파울에 따르면, 역사적 도상학의 관심사는 이미지를 1차 사료로 사용해 당대인들의 사고방식에 접근하는 통로를 얻는 것이었다.[19] 이미지가 생산된 조건, 이미지의 사용, 이미지를 어떻게 수용했는지는 주요 관심사가 아니었다. 1992년 하이케 탈켄베르거Heike Talkenberger는 역사학자들이 이미지를 사료로 다루는 방법을 다섯 가지로 분류했다.

"1. 실물지實物誌Realienkunde적* 이미지 해석 …… 2. 도상학적 ikonografisch/ikonoloisch** 이미지 고찰 …… 3. 기능 분석적 이미지 고찰 …… 4. …… 기호학적Semiotischer 접근 …… 5. 표현 미학적Repräsentationsästhetischer 접근."[20]

라이너 볼파일Rainer Wohlfeil과 하이케 탈켄베르거가 에르빈 파노프스키Erwin Panowsky를 따라 제안한 "역사적 도상학"은 역사교육에서 두루 호응을 얻고 있다. 특히 전前도상학적 묘사, 도상학적 분석 그리고 도상학적 해석으로 이루어진 세 단계는 역사 수업을 위한 미디어 보조 자료로 활용되고 있다.[21]

* 역사 보조학의 하위분과로서 실물지는 역사 연구 사료로서의 물체, 예컨대 왕관, 예술품 등을 다루거나 일상의 물건에 관심을 두고 과거의 물질문화를 연구한다.
** 도상학은 이미지의 내용을 확인, 서술, 해석하는 학문이다. 미술사에서 아이코노그래피는 그림에 나타난 인물의 숫자, 위치, 자세 등을 자세히 설명하는 학문으로 '도상해석학'이라 불리기도 한다. Iconography와 iconology의 의미 차이는 대체로 명확하지 않다.

좁게만 해석되곤 했던 미술사의 이미지 개념은 공공역사의 자극을 받으며 확장되었다.[22] 게르하르트 파울에 따르면 이는 특히 역사에서 이미지의 독자적 영향력에 대한 이해를 촉진했다.[23]

"1990년대 말까지도 역사학은 대체로 축소된 이미지 개념을 따랐다. 그리하여 이미지를 일차적으로 운반자 역할을 하는 축소된 개념으로 이해했다. 이미지는 무언가를 반영할 뿐이라는 이론적 매너리즘에 빠져 시간의 흐름을 수동적으로 비추는 거울로 이해했다. 이미지가 스스로 태도와 멘털리티, 역사상 등을 생성하는 미디어이자 이미지 행위로서 연구 대상이 된 적은 거의 없었다."[24]

이어서 파울은 다음과 같이 덧붙인다.

"의미를 부여하는 역할을 미학에 맡기지 않아도, 이미지는 대부분 '내용주의적으로inhaltistisch' 독해된다."[25]

그런데 여기에 시각적 전환Visual Turn 또는 도상적 전환Iconic Turn[26]은 무엇을 가져왔으며 이미지 역사의 현재는 어떤 상태인가?[27] 역사적 이미지 연구에 따르면 "새로운 연구가 우선적으로 추구하는 방향은, 지금까지 이미지 연구를 꺼려 온 현대사 연구에 종종 문화 연구의 자극으로 제기되는 새로운 연구 문제를 위한 사료로 이미지를 추가하고, 또한 당대의 관점과 사회적·문화적으로 형성된 시각을 탐구하는 사료로, 해석 매체로, 그리하여 기억의 역사를 위한 사료로 이용할 수 있게 하는 것이다."[28] 파울은 또 이렇게 덧붙인다.

> "이미지가 일어난 일을 표현하거나 그것을 비추는 거울에 머물지 않고, 역사를 수동적으로 반영하는 것이 아니라 스스로 영향을 미치고 부분적으로는 애초에 역사를 만들어 낸다는 것은, 역사학의 이해 밖에 존재해 왔다."[29]

이 결핍이야말로 이미지 역사를 통해 해소되어야 한다. 학제 간 연구 방법의 시대에 어디나 그렇듯 여기에도 단일한 방법론적 도구가 확립되어 있지 않다. 이미지 역사에서는 오히려 연구 주제들 및 관심 대상인 이미지들을 다루는 데 적절한 방법론을 다양하게 활용하며, 대상물에 따라 도상학, 기호학, 사회학의 접근법이 동원된다.[30]

호르스트 브레데캄프Horst Bredekamp는 이로부터 영감을 받아 "능동 이미지das aktive Bild" 개념을 만들었다. 이는 이미지가 "부수현상Ephiphenomenon"이 아니고, 복제하지 않으며 오히려 자기가 보여 주는 것을 생산한다는 전제에서 출발한다.[31] 그리하여 브레데캄프는 이미지가 "미학이라는 고유한 자치권"을 가지므로 이를 "역사를 만드는 데 참여하는 요소로 인정"하고 "이미지의 완강함"

을 고려해야 한다고 선언한다.[32] 이런 독법에 따르면 이미지는 결과적으로 "이미지 밖에 존재하는 실상이나 사건을 참조하도록 지시하는 생성 사료generative Quelle로서 …… 단지 미디어로 머물지 않고 미학적 잠재력을 사용해 해석을 나르거나 의미를 생성한다. 또한 이미지에는 현실을 가장 먼저 만들어 내는 능력이 있다."[33]

이 설명이 왜 공공역사가들의 관심을 끌고 그들의 추후 작업을 이끄는 통찰이 되는가? 게르하르트 파울은 2013년 《역사교육 저널Zeitschrift für Geschichtsdidaktik》에서 이미지 역사의 3대 기둥을 다음과 같이 명명했다.

"심상Visualität에 대한 역사문화적 이해. 개별적 이미지보다는 가시 세계 전체에 관심을 두며, 특히 사회적 사용 방식을 주제로 다룬다.

미디어 연구의 이미지 개념. 정지한 이미지와 움직이는 이미지, 예술적 이미지와 기술적 이미지, 아날로그 이미지와 디지털 이미지, 사적 이미지와 상업적 이미지들을 원칙적으로 동등하게 취급한다.

미술 연구에 대한 이해. 이에 의하면 이미지는 더는 관조의 수동태로만 머물지 않고 지식 생성, 권력 행사, 현실 생성 과정에서 활약한다."[34]

이 세 기둥을 공공역사가들의 전문화를 위한 받침대로 진지하게 수용하려면 브레데캄프의 "능동 이미지 개념"에서 출발해야 한다. 또한 공공의 역사를 제시할 때 해당 세계 전체를 표현하는 적절한 이미지를 골라 낼 수 있도록 개별 이미지와 "가시적 세계 전체" 사이의 상호관계를 재구성하는 능력이 필요하다. 각각의 이미지를 이해하고 이를 대중에게 설명하려면 미디어 연구와 미술 연구의 지식도 필요하다. 그러나 공공역사가들이 능동 이미지 개념을 정말로 진지하게 받아들이려 할 때 알아야 하는 중요한 사실은 따로 있다. 역사서술에 시각 요소를 선택하는 것은 과거를 가능한 한 시각적으로 표현해 거울상을 보여 주기 위한 것이 아니라, 역사적 실상을 아예 처음부터 만드는 것이며 그런 방식으로 대중의 역사적 상상에 중대한 영향을 미치는 일이라는 것이다.

참고문헌

Bannasch, Bettina/Hammer, Almuth (편): Verbot der Bilder – Gebot der Erinnerung. Mediale Repräsentationen der Schoah, Frankfurt/M. 2004.

Hamann, Christoph: Visual History und Geschichtsdidaktik. Bildkompetenz in der historisch-politischen Bildung, Herbolzheim 2007.

Jäger, Jens: Fotografie und Geschichte, Frankfurt/M. 2009.

Paul, Gerhard (편): Visual History ein Studienbuch, Göttingen 2006.

Paul, Gerhard (편): Das Jahrhundert der Bilder, 2. Bd. (I: 1900 bis 1949, II: 1949 bis heute), Göttingen 2008/2009.

[이미지 역사. 역사적 이미지 연구를 위한 온라인 참고문헌]

Visual History. Online−Nachschlagewerk für die historische Bildforschung, URL:

https://www.visual−history.de

3. 소리 역사

이미지 역사에 유효한 것은 대부분 소리 역사Sound History에도 적용된다. 이와 관련해 역사학 내에서 독자적 연구 분야가 확립되었다. 그 시작은 특별한 (여기서는 듣는) 미디어였지만, 그 귀결은 근본적으로는 과거를 표현하는 방식이다. 또한 '소리Sound'라는 역사 연구 범주의 분석에는 학제를 넘는 접근법들이 동원된다. 게다가 '소리'는 공공역사의 제시에 거의 언제나 사용되는 것이다.

이는 특히 현대사에서 그렇다. 다니엘 모라트Daniel Morat에 따르면 "영화, 텔레비전, 라디오의 대중적 역사서술은 …… 음Klänge과 소음Geräusch이라는 역사적 지표성historische Indexikalität 및 이로부터 나오는 역逆인지 효과를 증폭해 이용한다."[35] 이 맥락에서 기호학 이론용어인 지표성이 갖는 의미는 다음과 같다. 그러한 대중적 역사 표현의 수용자는 특정한 소리, 음, 소음을 특정한 과거의 현실과 인과적으로 연결하며, 그러므로 대중적 역사 표현에서 소리의 사용은 미학적 만족을 위한 중요한 수단이 된다.

얀–프리드리히 미스펠더Jan–Friedrich Missfelder에 의하면, 영어의 소리Sound 개념은 "'음Klang', '톤Ton', '음악Musik', '소음' 사이에 출몰하는 의미론적 구덩이들을 연결"[36]하며 이와 같은 방식으로 들리는 것Hörbare의 주요 목록을 완벽하게 망라한다.

이에 따라 소리 역사는 과거의 소리Hörbare에 대한 포괄적인 역사학적 의미 분석에 전념한다. 이때 "음과 소리, 톤, 음악, 소음 Geräusch und Lärm"은 과거에 들을 수 있었던 것을 지금 들을 수 있다는 의미에서 과거의 현실을 가리키는 명백해 보이는 지표에 그치지 않는다. 그보다 오히려 "듣기의 역사Hörgeschichte"의 대상으로 이해된다. 미스펠더에 의하면 그 이유는 다음과 같다.

> "소리 역사에서 음에 대한 정보를 제공하는 사료는 일반적으로 듣는 과정의 결과다. 이 경우 듣기Hören를 음의 역사성을 가장 먼저 산출하는 사회적 실천으로 파악하는 것이 특히 중요하다."[37]

이러한 사회적 실천은 독자적으로 존재할 수 없고, 그러므로 복합적인 '소리 경관Soundscapes'으로 표현된다. 소리 경관은 사회적 실천이 "그 음향 및 사회적 연결망에서 분석되어야 하는", 그러므로 "특수한 역사적·지리적·사회적 상태를 위한 음의 조화"[38]로 자리 잡는 곳이다. 현대사의 맥락을 고려할 때 이러한 소리 경관은 포괄적인 소리의 망Netz des Hörbaren을 포함한다. 다니엘 모라트가 규정한 바에 따르면 "정치 연설과 시위 외에도 음악이 확실

공공역사란
무엇인가

히 가장 중요한 음향 동원 수단 가운데 하나였음은 20세기에만 그랬던 것이 아니다. …… 19세기 중반 이후 산업시대 내내 있었던, 소음 공해에 대한 공공의 논란도 소리 역사의 정치적 차원에 속한다."[39]

여기서 역사가들은 더더구나 20세기 역사에서는 진본성Authentizität이라는 함정에 빠지지 말아야 한다. 미스펠더는 소리의 보존과 재현이 가능한 시대에서는 항상 "미디어 고유의 논리"[40]를 고려해야 한다고 특별히 강조한다. 예컨대 특히 20세기 전반기에 녹음된 소리를 재생할 때 잡음과 찌지직거리는 소음이 종종 나는데, 이는 물론 당시의 기술력 때문에 생기는 문제이며 그러므로 이것을 "어설픔이 주는 증거 효과unterkomplexe Evidenzeffekt("그땐 그런 소리였어!")"로 쓰는 것은 금물이다.[41] 물론 공공역사에서 소리를 사용할 때는 (예컨대 단골로 사용되는 필립 샤이데만의 1918년 11월 9일 공화국 선포 연설처럼) 이런 잡음과 찌지직거리는 소음이 문제가 되는 경우는 거의 없으며, 오히려 이질감을 불러일으키기 위해 낡아 보이는 효과Patina-Effekt를 내는 데 자주 쓰인다. 그렇지만 이것은 소리 역사의 접근 방식에 역행한다.

그러나 과거의 소리를 당대인들이 들었던 것과 똑같이 재구성할 수 있다 하더라도 (곰곰이 생각해 보면 이런 시도는 실패할 수밖에 없음이 너무 당연하다), 이런 식으로 과거의 소리를 직접 들려주는 사료를 만들 수는 없다. 왜냐하면, 미스펠더에 따르면 소리 역사의 의미상 항상 필요한 "이 소리 경험의 사회적·문화적·정치적 맥락의 정교한 재구성은 그에 내재된 초복합성Überkomplexität 때문에 실패할 수밖에 없기" 때문이다.[42] 더 정교하게 설명된 이유가 미스펠더의 다른 글에 나온다. "원래 어떻게 들렸는지 우리는 결코 알 수 없다. 알 수 있는 것은 단지 인간이 자기 주변의 음을 어떻게 인식했으며 그 안에서 행위했는지 하는 것뿐이다."[43]

그러나 소리 역사를 구성하는 본질적 요소는 그나마 온건한 구성주의적 연구 자세로 과거의 사람들이 무엇을 들었으며 그 소리들이 어떻게 해서 완성됐는지를 다루는 데에만 있지 않다. 소리 역사 연구의 본질은 듣기의 역사와 그 사회적·문화적·역사적 함의를 자기 것으로 만드는 능동적 수용 과정으로 다루는 것이다. 위르겐 뮐러Jürgen Müller는 문화적 시각에서 '듣기das Hören'가 갖는 다양한 차원과 기능을 다음과 같이 명명했다.

"듣기는 정보Imformation를 준다.
듣기는 지향Orientierung을 만든다. 개인과 집단은 듣기를 통해 물리적 공간과 정치적·사회적·문화적 공간에서 방향을 찾는다. 이들 각각의 공간에는 역사적 변화에 귀속되는 특정 음역이 있다.
듣기는 경험Erfahrung을 만들고, 이 경험은 때로는 행위를 인도한다.
듣기는 소통Kommunikation을 가능케 한다. 인간의 소통과 사회적·정치적 상호작용을 오랜 시간 지배해 온 것은 문어가 아니라 구어였다."[44]

뮐러의 고찰을 다니엘 모라트가 다음과 같이 훌륭하게 요약하였다.

"듣기는 단지 신체적·물리적 현상이 아니라 문화적 능력이기도 하며, 그러므로 다른 모든 감각적 지각과 마찬가지로 역사적 변화에 종속된다."[45]

이는 공공역사가들에게 이중의 도전을 의미한다. 역사 연구의 주제로 소리를 다룬다면 (그리고 삐거덕거리고 부스럭거리고 딱딱거리는 소리의 진본화 함정에 빠지지 않으려면), 과거의 소리 세계를 재건하기 위한 단순한 미디어로 소리를 사용하려는 유혹을 물리쳐야 한다. 그보다는 듣기의 역사성 그 자체야말로 소리 역사의 연구 대상인 사회적 실행의 핵심임을 항상 유의해야 한다. 이것이 의미하는 바는, 공공역사를 생산한다는 것은 과거에 들렸던 소리를 사회적·문화적·역사적으로 존재했던 각각의 듣기 공간에 집어넣는 일이라는 것이다. 두 번째 어려움은, 공공역사가들이 지나간 과거의 역사 행위자들뿐만 아니라 우리의 현재에서 공공역사 생산품을 적극적 청취자로 수용하는 사람들도 똑같이 듣는 주체로 진지하게 고려할 때 발생한다.

여기서 고찰하는 것은 우선적으로 현대사 또는 최소한 보존된 형태의 소리가 남아 있는 과거의 시대이다. 이에 따르면 소리 역사는 "현대사의 소리"에 치중하며, 그 현대사란 "동시대인들의 시대를 의미할 뿐만 아니라, 이러한 동시대적 삶이 대중매체적으로 존재함으로써 이미지와 소리로 기록되고 재생될 수 있는 시대 역시 의미한다."[46] 그러나 이 고찰은 소리 역사가 구체적인 소리를 보존하고 전수한 시대만을 연구한다는 의미는 결코 아니다. 그런 것을 요구한다면 앞에서 말한 진본 증거라는 함정에 곧장 빠지게 된다. 그러나 보존된 소리를 이용할 수 없다면 소리 역사의 연구는 비할 바 없이 어려워진다는 점은 확실하다.

보존된 소리가 존재하지 않는 시대라고 해서 소리 역사 연구를 반드시 포기해야 하는 것은 아니다. 다니엘라 하케Daniela Hacke는 근대 초기 농민전쟁*의 역사를 통해 원래의 연구 대상이 사라지고 없는 근대 초기 소리의 역사를 어떻게 연구할 수 있는지를 보여주었다.[47] 그는 방어와 공격의 의사소통, 예컨대 불침번의 외침, 밧줄에 달린 방울 소리, 휘파람 신호를 활용한 약정된 소리 신호를 통해 이와 같은 통신체제가 작동했던 단순한 방법을 증명할 수 있었다. 이 통신체계는 원래 방어를 위한 것이었지만, 단지 음량을 변화시키는 것만으로 "공격 나팔로" 전환되었다. 이 규칙을 아는 사람만이 듣는 자들의 음향 공동체에 속한 구성원이었다.

---

* 1618~1648년의 독일농민전쟁 또는 30년전쟁을 의미한다.

Morat, Daniel (편): Sound of Modern History. Auditory Cultures in 19th and 20th Century Europe, New York/Oxford 2014.

Paul, Gerhard/Schock, Ralph (편): Sound des Jahrhunderts. Geräusche, Töne, Stimmen 1889 bis heute, Bonn 2013.

Themenheft: Politik und Kultur des Klangs im 20. Jahrhundert, Zeithistorische Forschungen, 8 (2011).

Themenheft: Sound History, Geschichte in Wissenschaft und Unterricht, 66 (2015), 11/12.

4. 역사 매개에서 구술사와 시대 증인

구술사는 인간의 경험을 역사 연구의 중심에 두는 방법론이다. 구술로 이야기한 것을 오디오로 녹음하거나 비디오로 녹화하여 옮기고 분석한다. 이런 기획이 대규모로 실행된 것은 녹음과 촬영 기술이 발전하고 개선된 1970년대부터다. 그 후에는 좀 더 사용하기 쉬운 녹음과 녹화 장치가 대중화되었다. 최초의 구술사 인터뷰는 미국에서 특히 아메리카 원주민이나 아프리카계 미국인처럼 문서 사료를 거의 남기지 않은 특정 인구집단의 역사를 쓰기 위해 시작되었다.

유럽에서 구술사의 성장은 1980년대 역사 작업장의 발전과 밀접한 관련이 있다. 역사 작업장은 "네가 서 있는 곳을 파라"[48]는 표어 아래 지역의 역사에 주목하고 관습적 문서 사료만으로는 연구하기 어려운 사회사와 일상사 측면에 초점을 맞추었다. 연구자들은 루르 지역Ruhrgebiet[*]과 같은 특정 지역의 사람들에게 개인의 경험을 듣고자 했다.[49] 그러나 이런 질문을 통해 얻어 낸 결과가 과거의 단순한 복사본이 아니며 학문적 분석을 요한다는 사실도 분명해졌다. 이렇게 해서 구술사라는 학문이 등장했다. 1987년 창간된 《BIOS-전기 연구, 구술사, 생애 분석을 위한 저널BIOS-Zeitschrift für Biographieforschung, Oral History und Lebensverlaufsanalysen》은 관련 연구와 방법론적 문제, 그리고 인터뷰 수집에 대한 정보를 제공한다.

자신의 경험을 주관적 관점에서 보고하는 사람들과의 인터뷰가 담긴 오디오 녹음이나 비디오 녹화는 새로운 사료였고 지금도 그렇다. 인터뷰 분석은 개인이 과거의 사건을 어떻게 기억하고 처리했는지에 대한 단서를 준다. 이로부터 도출되는 구술사 방법론은 역사가인 도로테 비얼링Dorothee Wierling이 확언한 대로 사료의 구성성에 집중한다.

> "역사가들의 관심은 확실한 사실이라는 의미에서 이야기의 진실이 아니라 화자 스스로가 진실이라고 믿는 진실성에 있다."[50]

별다른 사료가 없는 경우에는 인터뷰를 통해 역사적 사실을 밝히려는 시도를 할 수 있지만, 이때 다음을 항상 명심해야 한다.

---

* 19세기 후반부터 20세기 후반까지 독일 산업화와 공업의 중심지였던 서부 독일의 석탄철강 중공업 노동자 지역.

"구성적 체제로서의 기억은 현실을 그대로 그려내는 것이 아니라 다양한 방법으로 다양한 기능에 의해 현실을 걸러 내고 해석한다."[51]

또한 기억은 그 후의 경험을 통해, 무엇보다도 미디어를 통해 매개 과정에서 영향을 받고 중첩된다는 점을 알고 있어야 한다. 따라서 인터뷰 대상자가 자신의 이야기를 들려준 적이 얼마만큼 있는지, 시간이 지나며 자신의 이야기를 계속해서 발전시켜 온 '선수'인지, 아니면 아직 인터뷰 준비가 되어 있지 않은 화자인지 반드시 점검해야 한다.

역사학에서 구술사 인터뷰가 갖는 특수성 가운데 하나는 역사가들 스스로가 사료 생산에 참여하고 영향을 미친다는 것이다. 역사가의 영향은 인터뷰 대상자를 선정할 때 이미 시작되고, 질문할 때에도 특정 표현이나 내용상의 의도에 나타난다. 그러므로 인터뷰 진행자는 가능한 한 뒤로 물러나 이야기에 되도록 관여하지 않는 것이 규칙이다. 그럼에도 그 영향을 완전히 차단할 수는 없다. 그런 이유로 구술사에 대한 비판은 인터뷰 대상자의 주관적 기억과 인터뷰 진행자의 영향에 집중된다. 다음 단원에서 간단히 소개하는 인터뷰 방법과 분석법은 바로 이런 비판에 대응하기 위해 개발된 것이다.

1—구술사 인터뷰

보통 몇 시간씩 걸리는 구술사 인터뷰는 경험적 사회 연구에서 개발한 이른바 내러티브 모델 혹은 열린 생애사 인터뷰 모델을 따라 행해진다. 이는 인터뷰 대상자가 스스로에 대해 되도록 자유롭게 이야기하도록 돕는다. 특정 시기 개인의 경험을 생애사적 맥락에 통합하는 것이 목표다.

알렉산더 폰 플라토Alexander von Plato가 만든 구술사 인터뷰의 준비, 실행, 활용에 대한 지침을 자세히 설명하면 다음과 같다.[52] 우선 인터뷰 진행자는 인터뷰를 준비할 때 대상 시대에 대해 최대한 광범위한 역사적 배경지식을 익혀야 한다. 또한 알아 내려고 하는 것이 무엇인지 정확히 알고 있어야 한다. 이를 위해 자신을 위한 질문 목록을 작성할 수 있는데, 이는 인터뷰할 때 직접 사용하기 위해서가 아니라 인터뷰할 때 기억을 되살리기 위해서다. 또한 인터뷰 진행자는 이야기를 듣고 정돈할 수 있도록 사전에 가능한 한 많은 정보를 모으는 것이 중요하다. 이를 위해 짧은 일대기를 만들면 좋다. 이는 대상자에 적응하는 것을 도와주고, 트라우마 경험의 이야기를 듣는 것에 대비하도록 해 준다.

인터뷰 자체는 3단계 또는 4단계로 나뉜다. 첫 단계로 인터뷰 대상자의 개인사에 대해 최대한 열린 "독려 질문Reiz- und Impulsfrage"[53]을 던짐으로써 이야기를 시작하도록 한다. 잘 진행되면 인터뷰 대상자는 솔직하고 자세한 이야기로 나아가지만, 잘 안 되면 이야기가 막히면서 진행자가 추가 질문을 거듭하며 대화를 밀고 나가야 한다. 이야기가 일단 완료되었다고 판단되면, 두 번째 단계에서는 애매한 점이나 사실관계를 밝히기 위해 생애사에 관한 구체적 질문을 추가한다. 이야기 안에서나 역사학 지식과 관련해 모순이 있는 경우 이를 추가 질문을 통해 확인하는 것은 대화가 일단 끝난 후에 시도해야 한다. 인터뷰 대상자의 이야기가 질문으로 중단되거나 수정되어서는 안 된다는 것은 대화 전체에서 지켜야 하는 기본원칙이다. 세 번째 단계에서 진행자는 사전에 준비한 질문 목록에 의지해서 인터뷰 대상자가 빠뜨린 정보를 얻는데, 이 단계가 특히 까다롭다고 알려져 있다. 이 지점에서 대화의 내용과 진행은 한층 더 외부의 영향을 받을 수밖에 없다. 마지막으로, 기회가 된다면 이야기와 관련된 개인 사진, 편지, 또는 기타 자료를 요청한다.

인터뷰 후에는 되도록 빨리 인터뷰 기록을 작성해야 한다. 여기에는 전사前史와 분위기가 기재된다. 시간, 장소, 참여자 혹은 동석자 관련 정보 외에도 진행자가 대화에서 받은 인상을 온전히 주관적으로 고수해야 한다. 인터뷰를 준비할 때 만들었던 인터뷰 대상자의 일대기를 새로운 정보를 기반으로 업데이트한다.

인터뷰 녹취를 푸는 최종 작업 역시 학술 연구를 위해 중요하다. 이는 오디오 녹음본과 비디오 녹화본, 그리고 인터뷰 기록과 함께 새로이 생산된 사료로 이해되며, 역사적 방법론으로 분석될 수 있다. 이 분석을 통해 서두에 언급했듯이 개인의 주관적 관점 및 그들이 이해한 역사를 알 수 있다.

2—'시대 증인'이라는 존재

시대 증인이라 불리는 사람들과의 인터뷰는 역사 연구뿐만 아니라 역사 제시와 역사교육에도 사용된다. 그러므로 인터뷰는 공공역사의 도구 가운데 하나다. '시대 증인Zeitzeuge' 개념은 1970년대 중반부터 간혹 보이다가 1980년대 후반부터 나치시대를 다루는 문헌에서 많이 나왔다. 이에 따라 독일의 텔레비전, 기념관과 박물관, 정치교육politische Bildung에 점점 더 많은 증언자들이 등장하였다.[54] 반면 소련군 점령기와 그 뒤의 구舊동독에서는 시대 증인이 그런 이름으로 명명되지 않은 채 훨씬 일찍부터 정치교육 영역에 합류했다. 예컨대 나치의 정치범 박해 피해자로 강제수용소에 수감되었던 사람들은 전쟁이 끝난 지 얼마 되지 않았을 때부터 이미 자신들의 나치시대 경험을 초중등 학생들에게 들려주었다.

그러나 시대 증인이 본격적으로 활약하기 시작한 것은 1990년대 통일 독일에서였다. 이때부터 증언자들은 독일 기억문화의 확고한 일부가 되었다. 그럼에도 시대 증인이 무엇인지에 대한 명백한 정의는 존재하지 않는다. 두 개의 독일어 단어로 이루어진 '시대 증인'의 앞 단어인 '시대Zeit'는 이 개념이 시대사Zeitgeschichte, 즉 현대사와 관련됨을 알려 주며, 이는 "동시대인들의 시대Epoche der Mitlebenden"로 정의할 수 있다.[55] 이런 의미에서 현대사는 아직 생존해 있는 사람들이 공동으로 경험한 수십 년의 시기를 아우른다. 뒷단어인 '증인Zeuge'은 수사 과정에서 자신도 경험한 사건

을 증언하는 사람을 가리킨다. 따라서 시대 증인은 넓은 의미에서
는 과거의 경험에 대한 기억을 보고하는 사람이라 할 수 있다.

이런 기능을 고려할 때 시대 증인은 범행의 증인 또는 목격자
Tat- oder Augenzeug*innen이기도 하며, "함께 체험했으나 직접 연
루되지 않은 사건을, 정치적 또는 법적 조사를 목적으로 하는 진
술을 통해, 가능한 한 자세히 추체험하고 판단할 수 있게 해 주는"
사람이다. 그래서 역사가 마르틴 사브로우Martin Sabrow는 목격자
와 구분하기 위해 **"협의의 시대 증인"**이라는 보완적 정의를 내놨
다. 그는 일어난 일을 인증하기보다는 "오히려 일어난 일에 관해
이야기함으로써 그 일에 대한 자신의 세계를 구성한다." 따라서
그는 "인지하는 관찰자"라기보다는 "경험의 운반자"의 기능을 한
다.[56]

역사 제시에서 시대 증인은 현재와 과거를 매개한다. 그들이 맡
는 역할은 키워드 제시부터 삽화의 "보조 단역", 그 외에도 감정
전달자, 심지어 전문역사가 수준의 역사 해설자까지 광범위하다.
이러한 다양한 역할을 분석하기 위해서는 시대 증인의 매개가 직
접적인지 간접적인지 구분할 필요가 있다. 예컨대 전시회, 웹사이
트, 기록영화에서 이들의 진술은 짧은 비디오 클립 형태를 취한
다. 그러나 시대 증인은 직접 매개 작업에 참여하기도 한다.

기념관의 경우 두 형태가 같이 있는 경우가 많다. 시대 증인이
방문객과 직접 대화하는 형태로 교육 작업에 참여할 뿐만 아니라
시대 증인 인터뷰가 담긴 오디오나 비디오 클립이 전시된다. 매개

작업 전체에서, 특히 관람자를 직접 만날 때 시대 증인은 '해설자'이기보다는 관람자를 익숙하게 대할 줄 아는 '프로' 역할을 요구받는다. 관람자는 시대 증인을 특별히 흥미로운 역사 매개자로 평가하는데, 그 이유는 그들의 진본성을 믿고 그들의 이야기가 개인적이고 정서적이기 때문이다.

문제는 이 때문에 그들의 이야기를 따지거나 논평하거나 비판하게 되지 않는다는 점이다. 그러나 이는 전시를 통해 논쟁성과 다원적 관점을 매개하고 역사 학습을 촉진한다는 기념관의 목적에 반한다. 그 목적을 달성하기 위해서는 관람자와 시대 증인의 대화를 주재하고 토론으로 이어지도록 하는 것이 바람직해 보인다.[57] 이렇게 하면 시대 증인의 특별한 아우라를 펼치면서도 역사에 대한 그들의 관점과 역사 전시에서 제시된 것을 토론에 부칠 수 있다.

텔레비전의 이른바 역사 다큐멘터리에도 시대 증인은 간접적으로 존재한다. 그들의 역할은 시간이 흐르며 변해 왔다. 1970년대에 이미 그들은 진술을 낭독하는 형태로 구체적인 사실을 설명하는 전문가로 참여했다. 그러나 오늘날의 다큐멘터리에서 볼 수 있는, 시대 증인이 자연스럽게 말하고 감정을 드러내는 연출은 1980년대에 나타난 것이다.

이와 같은 연출의 종류로 긴 대화와 짧은 인터뷰 비디오 클립이 있다. 시대 증인이 자세하게 증언하는 대표 사례인 클로드 란즈만 Claude Lanzmann 감독의 〈쇼아Shoah〉(1985)는 러닝 타임이 9시간을 넘는다. 그러나 다큐멘터리에서는 시대 증인의 이야기가 짤막한 장면으로 제시되는 것이 더 일반적이다. 1990년대부터 독일 ZDF 방송이 귀도 크노프Guido Knopp를 중심으로 제작한 현대사 시리즈는 어두운 배경으로 시대 증인의 머리와 어깨만 드러내는 포맷을 썼다. 이렇게 하면 "시대 증인에게는 어떤 의미에서는 역사도 장소도 없는" 것처럼 보인다.[58] 이렇게 촬영된 인터뷰는 편집해서 다른 여러 영화 제작, 웹사이트, 박물관이나 기념관에 사용할 수 있다. 그래서 이 포맷은 시청자와 관람객이 익숙해진 일반적 형식이 되었다. 그러나 어두운 배경을 쓰는 초상화 촬영 기법의 비개성적 표현은 문제로 지적된다. 역사가이며 박물관 전문가인 로즈

〈도판 5〉 마리온 그래핀 된호프와의 시대 증인 인터뷰(독일의 기억).

마리 바이어-드 한Rosmarie Beier-de Haan이 제시하는 대안에 따르면 박물관의 표현은 "말하는 머리talking heads"가 아니라 "온전한 인간의 제시"를 추구해야 한다. 시대 증인을 자세히 보여 주고 그들의 이야기를 맥락화해야 한다는 것이다.[59]

그런데 시대 증인 인터뷰를 수행한 것은 연구자나 전시 또는 다큐멘터리 영화제작자뿐만은 아니었다. 이러한 인터뷰를 수집하고 보존해 이용할 수 있도록 한 것은 오히려 기념관과 민간단체들이었다. 그 과정에서 수많은 구술사 아카이브Oral History-Archive 혹은 **시대 증인 아카이브**Zeitzeugenarchive가 탄생했다. 홀로코스트 생존자 증언 분야에서 최대의 아카이브는 예루살렘의 야드 바셈에 있다. 그 외에도 뉴헤이븐의 예일대학교에 있는 포툰오프Fortunoff 영상 아카이브와 로스앤젤레스의 남캘리포니아대학교USC에 있는 USC 쇼아 재단의 나치 피해자 인터뷰와 제노사이드 피해자 인터뷰 수집이 대표적이다. 독일에서는 특히 기념관들이 많은 자료를 보관하고 있다. 특히 귀도 크노프가 주창한 '우리의 역사. 독일의 기억Unsere Geschichte. Das Gedächtnis der Nation' 협회가 참여한 민간기관이 모든 종류의 시대 증인 천 명과 자유 주제로 인터뷰했고, 영상 자료 클립을 온라인에 올렸다. 이 광범위한 '기억'의 존재는 2017년 여름에 독일 역사의 집 재단Stiftung Haus der Geschichte으로 이관되어 시대 증인 포털에서 제공되고 있다. 이 포털의 목표는 연방 문화·미디어 위원회Bundesbeauftragte für Kultur und Medien의 자금으로 수행된 시대 증인 인터뷰 전체를 중앙에서 관리하고 보존하고 개방하고 이용하도록 하는 것이다. 개별 박물관과 기념관들이 자체적 사용 허가 정도를 보장받은 상태에서 자신들의 인터뷰를 얼마만큼 제공할 것인지는 아직 논의 중이다.

　이러한 민간단체들의 작업은 정도의 차이는 있지만 앞에서 말한 구술사 방법론을 따른다. 그러나 핵심 관심사는 대부분 시대 증인이 생존해 있는 동안 되도록 많은 이야기를 모으는 것이다. 여기서 방법적 기준의 준수는 밀려나곤 한다. 이외에도 이른바 '시대 증인 포털'이나 '시대 증인 거래소' 같은 곳이 있어서 역사·정치교육을 위한 행사에 적합한 인물의 '예약'을 도와준다. 일견 수상쩍은 느낌을 주지만, 예컨대 교사들에게는 근방의 시대 증인을 검색해 초대할 수 있어서 유용하다. 이 경우에도 기념관 작업에서와 마찬가지로 대화의 통제와 평가가 이뤄져야 한다.

　나치 역사의 수많은 시대 증인이 이미 작고했다는 사실은 특히 기념관이 이 사람들 없이도 역사를 계속해서 감명 깊게 매개할 수 있을까 의문을 품게 한다. 오디오와 비디오 인터뷰를 제공하는 것은 확실히 하나의 답이다. 그러나 관람자 입장에서는 기록된 증언을 듣거나 보는 것은 역사의 살아 있는 시대 증인을 직접 만나 실제로 대화하는 것과 비교가 되지 않는다. 쇼아 재단은 다양한 질문에 답변하는 시대 증인의 영상을 관람객이 선택한 질문에 따라 홀로그램으로 띄우는 방식으로 직접 대화를 모방하는 아이디어를 선보였지만,[*] 아직은 보조적일 뿐이다.[60] 막대한 비용과 시대 증인을 준비시키기 위한 기술과 시간 소모는 차치하더라도, 이런 홀로그램이 과연 과거와 현재를 매개할 수 있느냐는 문제가 남는다. 주연 배우가 이제는 우리와 함께 존재하지 않기 때문이다.

끝으로, 시대 증인이 역사 매개에 참여하는 이유는 역사에 대한 개인적 관계와 그들에게 부여된 가교 기능 때문만은 아니다. 기억 문화에서 시대 증인이 중요한 이유는 그들의 주관적 관점, 개인적 이야기, 지식에 물들지 않은 언어, 풍부한 감정에 있다. 그러므로 제시된 역사를 인증하고, 개인화하고, 정서화하는 것이 그들의 특별한 역할이다. 시대 증인과 작업하는 공공역사가들은 특히 이 기능을 다양한 역사 표현에 구현할 때 시대 증인의 존엄을 침해해서는 안 된다. 사료 분석이라는 역사학 전문 능력 외에도, 시대 증인과 협력하려면 그들에 대한 공감이 필요하다.

---

* 쇼아 재단이 홀로코스트 박물관과 공동 개발한 '증언의 차원들Dimensions in Testimony' 프로그램을 활용한 홀로그램 전시. 7명의 홀로코스트 생존자들이 수천 개의 질문에 답변하는 인터뷰를 촬영해 놓고, 이를 쌍방향 소통으로 입체감 있게 매개하기 위해 3차원 홀로그램과 자연어 처리 기술 그리고 음성 인식 기술을 사용하여 생존자 홀로그램으로 구현했다. 관람객이 직접 질문을 던지면, 데이터베이스에서 선택된 가장 적합한 답변이 3차원 홀로그램 생존자를 통해 이뤄짐으로써 그들과 직접 대화하는 느낌을 받을 수 있게 만들어졌다.

Ernst, Christian (편): Geschichte im Dialog? ‚DDR-Zeitzeugen ' in Geschichtskultur und Bildungspraxis, Schwalbach/Ts. 2014.

Obertreis, Julia (편): Oral history. Stuttgart 2012.

Sabrow, Martin/Frei, Norbert (편): Die Geburt des Zeitzeugen nach 1945, Göttingen 2012.

Taubitz, Jan: Holocaust Oral History und das lange Ende der Zeitzeugenschaft, Göttingen 2016.

Welzer, Harald/ Moller, Sabine/ Tschuggnall, Karoline: „Opa war kein Nazi". Nationalsozialismus und Holocaust im Familiengedächtnis, 6. Aufl. Frankfurt/M. 2008.

[웹 링크]

야드 바셈 아카이브Yad Vashe, Archiv, 시대 증인 보고, URL: http://www.yadvashem.org/de/archive/about/administrative-archive

쇼아 재단 Shoah Foundation, URL: http://sfi.usc.edu

포툰오프 비디오 아카이브 Fortunoff Video Archive, URL: http://web.library.yale.edu/testimonies

쇼아 증인 Zeugen der Shoah, URL: http://www.zeugendershoah.de

강제노동 Zwangsarbeiter 1939~1945, URL: http://www.zwangsarbeit-archiv.de

시대 증인 사무소 Das Zeitzeugenbüro, URL: http://www.zeitzeugenbuero.de

동독 시대 증인 DDR-Zeitzeuge, URL: http://www.ddr-zeitzeuge.de

시대 증인 거래소 Die Zeitzeugenbörse, URL: http://www.zeitzeugenboerse.de

구술사 Oral History, URL: https://userblogs.fu-berlin.de/oralhistory

시대 증인 포털 Zeitzeugen-Portal: URL: http://www.zeitzeugen-portal.de

5. 리빙 히스토리

리빙 히스토리는 역사학 방법론이 아니라 역사 재연 혹은 "다른 시대의 삶을 깨우는" 일체의 시도를 말한다.[61] 이 개념 자체가 논란인 이유는 "살아 있는 역사lebendige Geschichte"라는 말이 명백히 모순적이기 때문이다. 그래서 독일어권에서는 이 표현을 "역사 연극Geschichtstheater"으로 대체해 역사를 다루는 일의 유희성과 구성성을 강조하려 한다.[62] 그러나 문헌에서는 영어 단어인 '리빙 히스토리'를 일반적으로 사용해 왔다. 이 개념은 실천과 응용 분야를 모두 나타낸다. '리빙 히스토리'의 의미는 한편으로는 이렇다.

> "원래의 무대 또는 재구성된 무대에서 원본에 충실한 의상을 입은 배우들과 제조 기술 및 일상 기술의 실증을 통해 역사를 일상적으로 '살아 있는 듯lebensecht' 제시하려는 시도."[63]

리빙 히스토리는 다른 한편으로 다음과 같이 이해되기도 한다.

"과거를 적극적으로 전유하려는 시도. 현재에서 과거의 실질적/정서적/신체적 경험을 하는 것."[64]

둘 다 리빙 히스토리를 '시도'라고 정의하는 것은 역사를 정말로 추체험하는 것이 불가능함을 나타낸다. 그럼에도 리빙 히스토리 배우들은 관람자를 위해 역사를 표현하는 동시에 역사를 재연함으로써 규명하려고 노력한다. 이들은 보통 잘 알려진 역사적 사건들이 아니라 과거 시대의 일상적 삶을 다룬다. 다만 리빙 히스토리의 특수한 종류인 **역사 재현**Reenactment은 과거의 특정 사건을 재연하며 그 내용은 다음과 같다.

"'역사적 의상'을 입고 과거의 사건을 그대로 느끼거나 재연하거나 반복함."[65]

이 경우에는 대단히 구체적인 역사적 장면이 재연된다. 역사 재현은 역사적 장소에서 재연되는 군사 전투 등에서 특히 활발하게 이뤄진다. 예컨대 1960년대에 미국에서는 남북전쟁시대의 역사적 의상을 갖춰 입고 몇몇 전투 장면을 역사 현장의 무대에서 공연하는 것이 개인의 취미였다. 그러나 역사 재현의 시초는 더 이전으로 거슬러 올라가는데, 예컨대 중세의 종교적 열정을 연기하는 것이나 프랑스혁명 이후에 정치적 사건을 재연한 사례들이 있다. 독일의 경우 역사 재현은 주로 20세기 이전의 시대에 집중되며 특정 사건의 기념일에 곧잘 행해진다. 이런 종류의 대규모 이벤트로 2009년에 재연된 서기 9년의 바루스 전투Varusschlacht*나 2013년 재연된 라이프치히 전투Völkerschlacht bei Leipzig**가 있다. 반면 제2차 세계대전의 재현은 독일에서는 아직 없고, 프랑스에서 연합군의 노르망디 상륙을 기억하기 위해 행해졌다. 이 역사 재현은 이곳을 포함한 주변 지역에 널리 방문객과 배우들을 끌어들이는 인기 관광상품이 되었다.

리빙 히스토리와 역사 재현의 참여자는 개인이며, 클럽이나 집단을 조직해 여가 활동으로 "역사를 재연한다." 그들의 목표는 역사 이해와 같은 개인적 자아성취, 극한의 경험 추구와 같은 유쾌한 소일거리일 수 있다. 참가자들은 묘사된 역사를 매우 진지하게 받아들이며 의상이나 소품, 언어, 행동을 되도록 역사적 전형에 맞춤으로써 진본성을 최대한 추구한다.[66] 실험고고학Experimentelle Archäologie은 학문적 질문의 답을 탐구하기 위해 리빙 히스토리를 다양한 방식으로 이용한다. 예컨대 특정 도구를 어떻게 사용했는

---

* 로마의 게르마니아 속주 총독 바루스Publius Quinctilius Varus 장군의 3개 로마 군단이 아르미니우스Arminius(또는 헤르만Hermann)가 지휘하는 게르만 군대에 패배한 사건. 로마의 작가들은 '바루스의 패배Clades Variana'라고 불렀다. 독일에서는 토이토부르크 숲의 전투 Schlacht im Teutoburger Wald 또는 헤르만 전투Hermannsschlacht로도 불린다.
** 나폴레옹 보나파르트가 이끄는 프랑스 군대가 프로이센-오스트리아 연합군과 싸워 대패한 사건(1813년 10월 16일~19일). 나폴레옹 전쟁 중 가장 규모가 컸지만 나폴레옹 보나파르트에게 결정적인 패배를 안기고 몰락의 전초가 되었다. 국민전투Battle of the Nations라고도 불린다. 독일제국 시기인 19세기 말과 20세기 초에 민족정체성 고양 차원에서 기념물 사업이 진행되었다.

지 알아 내기 위해 역사적 상황을 재연한다. 그러나 실험고고학은 학문적 방법론이며, 이를 추구하는 것은 구체적 질문에 답하기 위해서이고 반복될 수 있어야 한다. 이 점에서 실험고고학과 리빙 히스토리는 서로 구분되는데, 후자는 유희적인 특징을 지니며 역사 매개를 목표로 한다.

리빙 히스토리는 예컨대 박물관이나 영화의 역사 매개에 활용된다. 일상사와 역사적 유물을 사용해 일상적 상황의 재연에 집중하는 리빙 히스토리는 "신사회사New Social History 연구의 박물관 교육적 전환으로 명명"될 수 있다.[67] 역사 매개를 위한 활용은 1970년대 초 미국의 이른바 **리빙 히스토리 박물관**Living History-Museen에서 시작되었다. 이는 박물관을 더 많은 사람에게 매력적인 곳으로 만들고자 했던 당시의 노력을 반영한다. 박물관은 그때까지 특히 역사교육을 받은 공중公衆을 지향하는 듯 보였다(5장 참조). 뿐만 아니라 문서 사료를 그다지 남기지 않은 계층의 역사를 다뤄야 했다.

유서 깊은 리빙 히스토리 박물관 가운데 가장 유명한 사례가 매사추세츠 플리머스에 있는 플리머스 농장Plimoth Plantation이다. 이곳은 17세기 초 북미에 정착한 유럽인들이 최초로 건설한 정착촌을 재구성해 보여 준다. 이 박물관은 1947년 건립되었는데, 1969년부터 개장 시간 동안 시대 의상을 입은 사람들이 마을에 실제로 '거주하고' 농사를 지었다. 1978년부터는 정착촌에 살았던 것으로 역사적으로 입증된 인물을 대신해 배우들이 이를 연기한다. 배우들은 초기 정착민의 방언으로 자기들끼리 그리고 관람자와도 대화를 나누며, 자신들이 연기하는 시대에 관해 광범위한 지식을 갖추고 있다. 그리고 그런 위상을 기반으로 관람객들의 질문이 자신이 연기하는 역사적 지식의 지평에 있는 한 답을 한다. 제공되는 그림은 되도록 온전해야 한다. 17세기의 실제 모습을 추정해서 유럽인 이주민 마을 옆에 만든 북미 원주민 거주지가 그 사례. 이곳의 배우들은 시대 의상을 입고 있지만 자신이 연기하는 인물을 3인칭으로 이야기한다. 유럽인들의 이주가 가져온 결과를 밝히기 위해 현재의 관점으로 역사적 상황을 설명하는 것이다.

〈도판 6〉 플리머스 농장, 2009.

플리머스 농장은 1인칭 해석과 3인칭 해석을 구분하는 미국의 리빙 히스토리 박물관들의 시범 사례다. 그러나 이런 종류의 시설 대부분은 플리머스 농장과는 다르게 두 가지 표현 형태 중 하나를 선택하였다. 배우는 역사적 인물 연기에 몰입해 1인칭 화법으로 말하거나, 시대 의상을 입고는 있지만 3인칭 화법으로 역사적 장비를 다루는 법 같은 것을 설명한다. 박물관들은 또 다르게도 구분된다. 플리머스 농장처럼 리빙 히스토리 재현 예술가의 도움만으로 역사를 매개하는 박물관이 있는가 하면, 몇몇 사람이 시대 의상을 입고 박물관을 안내하거나 박물관에서 보통 하는 식으로 특별한 리빙 히스토리 가이드를 해 주는 박물관이 있다.

리빙 히스토리 박물관의 관심은 방문자들이 재연된 역사에 참여하도록 하는 것이다. 공간과 유물뿐만 아니라 역사를 제시하고 표현하는 사람들도 역사적으로 인식되어야 한다. 만지고 사용하는 유물도 실은 당연히 복제품이며 보통은 참가자들이 직접 만든 것들이다. 원본은 박물관 소장품이나 다른 고전적 전시장의 유리 진열장에 안전하게 들어가 있다.

리빙 히스토리 박물관 아이디어는 재빨리 확산되었다. 유럽에서는 특히 영국과 네덜란드 그리고 스웨덴에 있다. 독일에는 리빙 히스토리 박물관이 아직 없지만, 다양한 유형의 박물관이 그 개별 요소들을 채용한다. 예컨대 야외박물관과 기술박물관은 리빙 히스토리 배우를 고용하여 특정 유물의 사용법을 보여 준다. 다른 역사박물관과 민속박물관에도 그런 배우가 등장한다. 이와 관련해, 폐업한 공장에 들어선 산업박물관은 그 공장에서 일했던 사람의 도움으로 전시된 기계를 설명하는 것 등을 특징으로 한다. 이 배우들은 자신이 예전에 했던 노동을 재연하며 전시된 유물을 설명한다. 그럼으로써 이들은 박물관 직원, 리빙 히스토리 배우, 시대 증인의 기능을 동시에 한다.

박물관은 리빙 히스토리 배우와 어떻게 어느 정도로 협업할지, 그리고 이를 박물관 전시와 매개 작업에 어떻게 어느 정도로 집어넣을지 결정해야 한다. 독일에는 박물관이 직접 개발하고 구현한 리빙 히스토리 포맷이 아직은 드물다. 리빙 히스토리 전문 배우의 일거리는 오히려 대체로 특별행사나 정기적 관람 안내에서 나온다. 이는 일종의 일인극 또는 시대 의상을 입은 해설사가 3인칭 화법으로 전시를 설명하는 식으로 이뤄진다. 이러한 상연의 질적 수준은 역사적 내용, 교육학적 형태, 박물관 및 현장의 유물과의 관계에 따라 제각각이다. 리빙 히스토리 배우들과 박물관 전문가들의 긴밀한 동조만이 역사 매개를 위한 의미 있는 재연을 만들어 낼 수 있다. 그러나 리빙 히스토리를 통한 역사 제시가 교육보다 유희에 더 이바지하더라도 박물관에는 도움이 된다. 박물관 근처에 이른바 중세 시장 이벤트 같은 행사가 열리면 박물관 전시 내용과 딱히 관계가 없어도 시장에 구경 온 사람들이 박물관에도 들를 가능성을 기대할 수 있다.[68]

리빙 히스토리는 관람자들에게는 매력적이지만, 박물관 전문가가 역사적 장면을 재연함으로써 역사를 매개하는 것은 논란의 대상이다. 재연된 장면은 비교적 간명한 역사상을 매개하는데, 이를 보는 관람자들은 과거가 재연된 것과 똑같았을 것이라는 인상을 받는다. 가능한 한 진짜처럼 보이려는 배우의 노력은 역사의 구성적 특징을 은폐하는 결과를 낳는다. 이는 오늘날 박물관에 요구되는 다원적 관점에 역행하고 재연된 역사에 대한 비판적 검토를 제한한다. 게다가 역사의 재연은 질병, 사망, 폭력을 표현하는 데는 한계가 있고, 그 결과 과거의 아름답지 못한 면은 감춰지고 "좋았던 세상"만 제시되곤 한다.

리빙 히스토리가 역사를 얼마나 진지하게 매개할 수 있는지도 의심의 대상이지만, 박물관에서 리빙 히스토리 공연의 이벤트성은 특히 비판의 대상이다. 이 경우 박물관은 디즈니랜드와 비교되는데, 이것이 무조건 깎아내리는 의미만은 아닌 것이, 관람객을 끌어들이는 데는 놀이공원만한 것이 없기 때문이다.[69] 긍정적으로 본다면 리빙 히스토리에는 새로운 유형의 관람자들을 박물관으로 유인하고 역사에 대한 흥미를 깨울 잠재력이 있다.

역사 다큐멘터리 영상에서 리빙 히스토리는 원본 이미지가 존재하지 않는 역사적 사건의 시각적 연출에 특히 즐겨 사용된다. 독일에서는 1990년대부터 역사의 극적 재연이 이른바 **다큐드라마** Doku-Dramen로 발전했는데, 이는 "연출된 재연과 다큐멘터리적 표현의 혼합"을 특징으로 한다.[70] 재연된 장면은, 박물관에서와 마찬가지로, 이미지가 남아 있지 않은 특정한 역사적 상황을 입체적으로 표현하고, 특정 물체들을 맥락에 따라 배치하여 진본성을

부여한다.[71]

리빙 히스토리의 요소는 텔레비전의 이른바 **리얼리티 쇼**에서도 찾아볼 수 있는데, 말하자면 사람들이 과거 시대의 기술적·물질적 상황을 헤쳐 나가는 시도를 보여 주는 식이다. 배경은 석기시대, 아니면 중세시대, 또는 1950년대의 서독이 될 수도 있다. 사례로 〈슈바르츠발트의 집, 1902 Schwarzwaldhaus 1902〉[*], 〈신부학교, 1958 Die Bräuteschule 1958〉[**], 〈석기시대 실험Steinzeit – das Experiment〉[***] 등의 방송 프로그램이 있다. 진지한 역사 매개는 아니지만, 공공역사 입장에서는 연구할 만한 역사상이 구성된 것은 사실이다.[72]

끝으로, 리빙 히스토리는 과거를 "되살리는" 것이 아니라 생생히 보여 주고 매개하는 것을 돕는다. 리빙 히스토리는 추상적 제시보다는 역사적으로 진지하든 아니든 시각적 표현을 선호하는 사람들의 관심을 촉진한다. 그러므로 리빙 히스토리가 역사교육에 더 많이 들어올 필요가 있고, 그러기 위해서는 리빙 히스토리

---

[*] 독일의 남서 지역 공영방송 SWR에서 2001년부터 2002년까지 방영된 다큐 리얼리티 쇼. 200여 지원자 중에서 선발된 베를린 출신의 5인 가족이 100년 전 독일 남서부 슈바르츠발트(흑림)에 당시 모습 그대로 고증된 농장에서 일상적 삶을 영위하는 모습을 보여 주었다.

[**] 독일 제1공영방송 ARD에서 2007년부터 2009년까지 방영한 다큐드라마. '신부학교'란 1950년대의 젊은 미혼 여성들을 위한 가사관리학교Hauswirtschaftsschule의 대중적 명칭이다. 이 프로그램의 출연자들은 세계대전의 폐허로부터 경제 복구가 이루어진 시기인 1950년대의 일상적 삶의 조건을 헤쳐 나가는 실험에 참가한다.

[***] '5천 년 전의 삶'이라는 부제가 붙어 있는, 알프스를 무대로 하는 이 다큐멘터리 시리즈는 2007년 ARD를 비롯한 여러 채널에서 방영되었다. 〈슈바르츠발트의 집, 1902〉과 〈신부학교, 1958〉을 제작한 방송팀의 리빙 히스토리 시리즈 후속 기획이다.

의 역사교육적 전문성을 높여야 한다. 진지한 리빙 히스토리 행사
는 다원적 관점이라는 측면을 보장해야 하며, 진본성 시도에 맞서
역사 재연의 구성적 특징에 열려 있어야 한다. 참고할 만한 사례
로 브레멘대학교의 연극 프로젝트인 '문서에서 무대로Aus den
Akten auf die Bühne'가 있으며, 다른 대학들도 이를 유사한 형태로
모방하고 있다. 이 프로젝트는 역사를 연극 공연의 형태로 나타내
는 방법을 구체적으로 다룬다.

참고문헌

Carstensen, Jan/Meiners, Uwe/Mohrmann, Ruth (편): Living History im Museum.
    Möglichkeiten und Grenzen einer populären Vermittlungsform, Münster 2008.

Duisberg, Heike (편): Living History in Freilichtmuseen: Neue Wege der
    Geschichtsvermittlung, Rosengarten-Ehestorf 2008.

Hochbruck, Wolfgang: Geschichtstheater. Formen der „Living History". Eine
    Typologie, Bielefeld 2013.

Roselt, Jens/Otto, Ulf (편): Theater als Zeitmaschine. Zur performativen Praxis des
    Reenactments. Theater- und kulturwissenschaftliche Perspektiven, Bielefeld 2012.

Schindler, Sabine: Authentizität und Inszenierung. Die Vermittlung von Geschichte
    in amerikanischen historic sites, Heidelberg 2003.

Senecheau, Miriam/Samida, Stefanie: Living History als Gegenstand Historischen
    Lernens. Begriffe-Problemfelder-Materialien, Stuttgart 2015.

Willner, Sarah/Koch, Georg/Samida, Stefanie (편): Doing History. Performative
    Praktiken in der Geschichtskultur, Münster 2016.

4장
공공역사와
미디어

● ● ●

역사는, 이 책에서도 누누이 이야기하는 것처럼, 갖가지 방식으로 우리의 일상에 들어와 다음과 같은 다양한 욕구를 만족시켜 준다.

> "역사적 교양과 즐거움, 이완과 휴식, 정체성과 지향성, 모험과 엑조티즘(회고 취미), 새로운 경험과 체험의 세계, 일상을 벗어나 현재보다 단순해 보이는 과거로 도피하고 싶음."[1]

특히 역사 콘텐츠를 대중매체의 포맷에 집어넣는 것은 순수하게 인지적인 정보 획득을 넘는 일이다. 바바라 코르테Barbara Korte와 실비아 팔레체크Sylvia Paletschek는 역사 콘텐츠 미디어를 소비하고 수용하는 일은 "미학적이고 정서적인 체험과 함께 낯선 삶의 세계와의 안전한 만남"[2]을 추구하는 행위라고 강조한다. 그러나 역사와의 그런 만남이 개인적 욕구 충족에만 해당된다는 생각은 정말이지 순진하다. 왜냐하면 두 사람에 따르면 대중적 확산 형태에서 "역사는 …… 국가, 사회의 엘리트, 다양한 집단들에 의해 현상 유지 또는 변화를 위한 선전이라는 정치적 요구의 정당화에 이용된다."[3]

공공역사가들은 작업에서 다양한 방식으로 미디어를 접하게 된다. 이들은 역사 콘텐츠를 공중에 확산시킬 때 필요한 정보를 얻기 위해 미디어를 사용한다. 그리고 출판사, 방송사, 언론사 편집인 등 아주 다양한 방식으로 미디어의 생산에 참여하곤 한다. 특히 언론사 편집 일은 인터넷과 온라인 환경에서 역사를 확산시키는 작업인 경우가 많기 때문에 복합적 멀티미디어 경관의 생산에 관여하는 일이 된다. 공공역사가들은 미디어 수용자와 생산자 역할을 하는 한편 미디어가 역사를 다루는 방식을 비평한다. 이때 사료의 사용이나 역사적 재현 장면, 또는 시대 증인 인터뷰가 역사교육적·역사학적 기준 외에도 미디어 고유의 기준을 충족시키는지 등을 분석한다.

이런 배경에서 진본성眞本性Authentizität 개념은 공공역사의 미디어 비판의 핵심이다. 역사는 원래부터 존재하는 것이며 미디어는 이를 단지 재생하고 그려 낼 뿐이라는 생각을 버리고, 역사는 미디어에 의해 비로소 만들어진다는 생각을 진지하게 받아들인다면, 미디어야말로 자신만의 특별한 능력을 통해 역사를 설명하고 특정 대중을 의도적으로 지향한다. 미디어의 이와 같은 특별한 능력은 **진본적 허구**Authentizitätsfiktionen로 표현되며, 여기에 담긴 의도는 '**진본화 전략**Authentifizierungsstrategie'이라 할 수 있다.

그러므로 이 장은 진본성 개념을 다루면서 시작한다. 그리고 미디어가 이른바 '진실한 역사echte Geschichte'를 어떻게 만드는지, 즉 미디어 수용과 역사 전유 과정의 이론적 설명을 고찰한다. 이어서 역사를 특히 탁월하게 드러내는 미디어를 검토하며 이를 텍스트 미디어, 시청각 미디어, 디지털 미디어로 구분해 차례로 고찰한다. 여기서 다루는 미디어 장르에 관해서는 풍부한 연구 성과가 이미 축적돼 있다. 이 책은 그 범위나 체계를 아주 간략하게 조망하고 각 절의 해당 부분에서 그 분야를 안내해 줄 주요 연구를 소개할 것이다.

1. 미디어가 '진실한' 역사를 만든다:
공공역사의 미디어 구성력인
진본성과 미디어 전유

아카데미 역사 연구와 대중적·통속적 역사를 가르는 전통적인 경계는 최근 몇 년 사이 흐려졌다. 독일 대학에서 공공역사 과정이 호황을 누리는 것이야말로 그 증거다. 따라서 공공의 역사서술은 이미 오래전부터 "역사학의 통속화된 파생물"[4]로서 뿐만 아니라 아카데미 역사학과 마찬가지로 고유의 합당한 규칙 특히 미디어 규칙을 따르는 독립적이고 진지한, 객관화된 역사문화로서 분석되고 있다. 특히 학교 수업에서 대중적 역사 포맷을 다루는 경우 "역사문화의 결과물을 대상으로 통속화, 위조, 심지어 역사 왜곡을 증명하는 교사의 활동"[5]이 여전히 우세하다는 것이 한스–위르겐 판델과 바딤 오스발트Vadim Oswalt의 관찰이다. 학교 역시 대중적 역사를 이런 식으로만 다루어서는 곤란하며, 이는 미디어를 통한 역사의 생산, 수용, 전유를 위한 유효한 척도가 될 수 없다. 게다가 미디어에서 역사가 상업적으로 성공했기 때문에 이들은 깐깐한 교장 선생님 같은 이런 태도를 아랑곳하지도 않는다. 판넬과 오스발트가 주장했듯이 교실에서 역사와 미디어를 다룰 때는 "다양한 미디어를 통한 구현이라는 맥락에서 역사의 작동 방식과 일상적 사용에 대한 이해를 촉진"[6]해야 하고, 따라서 이는 공공역사에서도 미디어의 가이드라인이 된다. 왜냐하면 "일상의 세계에서 역사는 학문이 정하는 분류와 범위 설정에 따르지 않으며, 이런 태도는 문화적 또는 순수하게 상업적 표현에서 많이 나타난다."[7] 그렇다고 해서 역사 콘텐츠를 담는 미디어 구상에 역사학자의 전문가적 감정이 필요하지 않다는 것은 아니며, 그런 미디어를 비평하거나 이를 통한 전유 과정을 다룰 때 학문적 기반을 갖춘 전문가적 역량이 없어도 된다는 뜻은 더더욱 아니다. 오히려 그 반대다. 그런 역사학적 역량은 기획의 전제조건이며 또한 역사를 공중에 전달하는 통로인 미디어를 비판적으로 수용하기 위한 전제조건이다.

공공역사가들이 미디어를 가지고 할 수 있는 일, 즉 경험적 타당성을 갖춘 역사적 서술을 통해 미학적으로 만족스럽고 공중을 매혹하는 역사상을 만들어 내는 일은 '진본적 허구' 개념을 통해 가장 잘 설명할 수 있는데, 이 개념을 역사문화 논쟁으로 끌어들인 이는 에바 울리케 피르커Eva Ulrike Pirker, 마크 뤼디거Mark Rüdiger, 크리스타 클라인Christa Klein, 토르스텐 라이엔데커Thorsten Leiendecker, 카롤린 게스털레Carolyn Gesterle, 미리암 세네

쇼Miriam Senecheau, 미치코 우이케-보르마Michiko Uike-Borma다.[8] 그러나 이 개념의 명료화는 2005년 지그프리트 슈미트Siegfried J. Schmidt의 역사와 담론에 관한 이론에서 이미 나타났다.[9]

피르커와 뤼디거에 따르면 "역사적 소재의 표현에 관한 논쟁에서 반복되는 핵심 측면"은 "표현의 진본성 정도에 관한 질문, 즉 역사의 '진위Echtheit'를 어떻게, 특히 어떻게 성공적으로 믿도록 할 수 있느냐는, 방법에 관한 질문이다."[10] 역사교육학자인 한스-위르겐 판델은 진본성이야말로 역사 제시의 본질이라고 언급한 바 있다. 우리의 역사의식은 계속해서 진본성을 요구하며, 그 이유는 "어떤 일이 정말로 있었는지 여부를 알려고 하기 때문이다."[11] 그러나 실제로 일어난 일을 역사로 구성하는 것은 간단하지 않고, 그래서 역사의식은 역사의 구성적 특성을 본래 끊임없이 의심할 수밖에 없다. 피르커와 뤼디거는 이 점에서 역사이론가인 라인하르트 코젤렉Reinhard Koselleck을 인용하는데, 그는 이미 1989년에 이렇게 썼다.

"역사적으로 탐지되고 제시된 사건은 모두 사실이라는 허구 Fiktion des Faktischen를 먹고 산다. 실재 그 자체는 이미 사라지고 없다. 그렇다고 역사적 사건을 마음대로 확정할 수는 없다. 사료를 통제하는 것은 말할 수 없는 것을 배제하는 것이기 때문이다. 부정적인 의미에서 역사가는 과거의 증인이 될 의무가 있다. 긍정적 의미에서는, 사료를 해석해 어떤 사건을 강조해 드러낼 때 역사가는 문학적 이야기꾼에 가까워진다. 자신의 역사를 그럴듯하게 만들려 할 때 그는 사실의 허구를 섬긴다."[12]

역사를 들려주는 이야기꾼이라는 역할에 충실하기 위해 공공역사가는 대중의 요구를 바탕으로 "한편으로는 학문적 검증과 원본 대상에 대한 욕구, 다른 한편으로 역사를 체감했다felt history 할 정도로 과거를 감각적으로 경험하고픈 욕구"[13]에 부응해 진본적authentisch 이야기를 구성한다. 이곳이야말로 서사의 경험적 타당성과 역사적 상상의 미적 충족이 서로 팽팽하게 대립하는 바로 그 지점이다.

이와 같은 진본적 이야기를 들려줄 때 사용할 수 있는 "두 개의 지배적 양식"은 피르커와 뤼디거에 의하면 다음과 같다.

"진본적 증거 양식과 진본적 경험 양식.
증거에는 사료, 시대 증인, 유일한 문서, '아우라를 발하는' 장소가 있다. 요약하면 이는 과거의 유물인 원본이라는 암시이며 이는 역사적 확실성을 획득해 스스로 효력을 갖는 것처럼 보임을 뜻한다.
경험 양식에 속하는 것으로는 복제, 사본, 재연과 역사 재현, '진짜 같은 느낌'을 주는 것, 원본에 근접하거나 현재적 수단을 이용해 그럴듯하고 전형적인 과거를 만들어 냄으로써 옛 분위기와 느낌을 풍기는 것 등이 있다."[14]

이 두 양식에서 진본성에 대한 기대는 매체성Medialität을 통해 생겨나며, 대중적 역사서술에서 이는 대체로 "문자 미디어부터 시청각 미디어와 공연 미디어의 사용까지 두루 포괄하는" 매체성을 말한다.[15]

이때 사용되는 미디어는 "상이한 진본성 효과들의 다양한 형태와 구조를 만든다."[16] 인습적인 역사 다큐멘터리는 "원본 기록"으로 추정되는 것이나 시대 증인 인터뷰 같은 것들을 사용함으로써 객관적 진본성을 희구한다. 그런가 하면 다큐드라마 같은 경우에는 "시청자들이 역사를 체험할 수 있도록 디테일에 충실한 세트장과 신빙성 있고 그럴듯한 이야기를 추구함으로써 주관적 진본성"을 노린다.[17] 뚜렷이 분리된 것 같았던 미디어 장르들이 점차 섞이고 있음을 여기서 알 수 있다. 그리고 이런 방식으로 대중적 역사 미디어에서 객관적 진본성과 주관적 진본성의 요소들을 확인할 수 있다. 이러한 미디어 수용자들이 진본성을 경험하는 방식은 당연히 사회적 소통과 협상의 과정이며, 그 과정은 수용자들의 예비지식 및 시청 습관Sehegewohnheiten과 관계되어 있다. 이는 사전에 획득한 인지적 지식뿐만 아니라 수용자가 대중문화 같은 것을 통해 접하는 역사적 상상의 의미와도 밀접히 관련되어 있다. 대중적 역사문화가 수용 혹은 거부하는 미디어가 만들어지는 구체적 방식은 수용자만큼이나 제작자의 사전지식Vor-Wissen과 사전 이미지Vor-Bild에도 달려 있다. 제작자는 다층적 사전지식을 선취하며 동시에 자신의 상상을 미디어에 집어넣는다. 역사 미디어란 이런 다층적 방식을 통한 대중적 역사문화의 산물로서, 미디어 스스로가 역사를 새롭게 생산한다. 피르커와 뤼디거는 이렇게 요약한다.

"대중적 역사문화의 산물과 그것이 보여 주는 역사상像은 집단 기억을 최신 정보로 갱신하고 진본성에 대한 수용자와 생산자의 기대를 형성한다."[18]

이처럼 공공역사에서 미디어를 다루는 일은 복합적 전유 과정으로 볼 수 있다. 이는 인지적 사전지식과 수용자의 미적인 사전경험의 영향을 받고, 역사의식의 진본성 요구에 의해 추동되며, 강력한 정치적·경제적·문화적 맥락에서 발생한다. 그리고 이 맥락은 또한 이와 같은 전유 과정으로부터 영향을 받는다.

참고문헌

Korte, Barbara/Paletschek, Sylvia (편): History Goes Pop. Zur Repräsentation von Geschichte in populären Medien und Genres, Bielefeld 2009.

Pirker, Eva Ulrike 외 (편): Echte Geschichte. Authentizitätsfiktionen in populären Geschichtskulturen, Bielefeld 2010.

2. 텍스트와 이미지 기반 출판 미디어

1—역사소설

역사소설은 큰 인기를 누리고 있다.[19] 역사소설에서는 일견 장르적 특징 때문에 허구적 요소가 역사적 타당성에 확실하게 밀려난 것처럼 보이긴 한다. 이런 종류의 텍스트 미디어의 중요한 특징은, 서술된 역사가 일단 문학적이라는 사실이다. 서사 구조, 줄거리로 엮어 서사화하기emplotment, 그리고 이야기에 등장하는 인물들의 배치는 문학의 규칙을 따른다. 그러한 허구의 이야기는 텍스트 밖에 이미 주어진 과거의 현실에 연결되면서 비로소 역사가 된다. 이때 과거의 현실이란 이야기의 참조점이나 문학 텍스트에 등장하는 인물들이다. 역사소설의 주요 등장인물들은 역사 속의 '실제' 인물들인 경우가 많다. 역사적 인물인 '실제'의 클레오파트라는 한 사람이겠지만, 그의 문학적 자매들은 무수하다. 이들이 역사문화에 등장하는 것은 헬레니즘 시대의 여왕에 대한 역사학 연구를 통해 경험적으로 타당하다고 알려진 사실들보다 우리의 역사의식에 더 지속적인 영향을 미칠 것이다. 코르테와 팔레체크에 의하면, 역사소설이라는 장르를 이해하는 데 중요한 것은 "독자들이 잘 아는 특정한 역사적 시대에 일어난 사건과 관련된다"는 점이다.[20] 그리고 또한, "역사소설은 인물들의 의복이나 풍속 같은 수많은 '진본적authentisch' 디테일을 통해 과거의 삶의 세계를 구축함으로써 역사에 생기를 불어넣고 한눈에 펼쳐 보인다. 역사소설의 특징인 사실과 허구의 통합에서 경험 세계가 시뮬레이션된다."[21]

그래서 역사교육계에서는 학교 역사 수업이나 역사학의 엄정한 연구 결과를 가르치는 것보다 허구의 역사소설이 우리의 역사의식에 훨씬 더 강한 영향력을 발휘한다는 관념이, 경험적으로 밝혀진 적은 없지만, 오랫동안 지배적이었다. 이런 이유로, 역사문화의 특별한 매체로서 역사소설을 등한시할 수는 없다. 같은 내용을 공공역사는 완전히 다른 방식으로 질문할 수 있다. 역사소설에 묘사된 이야기가 "맞는지 틀렸는지" 묻는 것이 딱히 잘못된 것은 아니지만, 이 장르의 속성을 생각하면 턱없이 불공정한 처사다. 그보다는 역사소설의 분석과 평가에서 그 미학적 차원을 진지하게 받아들여야 한다는 것이 모니카 록스-헬머Monika Rox-Helmer 같은 이들의 주장이다.[22] 역사문화의 산물로서, 그럼으로써 더는 문학적 산물만은 아닌 것으로서, 역사소설에 제기해야 하는 질문은 그것이 상상하는 역사상, 이를 수행하는 문학적·미학적 수단, 그리고 정치와 사회를 반영하는 분석이라는 의미에서 이 역사상이 갖는 정치적 지향성의 특징이 무엇이냐는 것이다.

역사소설은 종종 반反사실kontrafaktisch 서술 패턴을 사용한다. 그럼으로써 가상역사 장르에 봉사한다.

> "호황을 누리는 대체역사alternate history*라는 장르. 특정 '분기
> 점'에서 다른 라인으로 진행되는 역사를 실제로 진행된 역사인
> 것처럼 구축함으로써 역사 전개를 표현한다. 실제로는 아니지
> 만 그렇게 되었을 수도 있는 역사 전개를 서술하는 것이지만,
> 그 허구성은 역사적 신뢰성과 진본성에 대한 기대라는 일정한
> 한계를 넘지 않는다."[23]

이러한 반反사실적 요소를 분석하는 일은 공공역사의 각별한 흥미를 끈다. "각하된 대안과의 논쟁이라는 반反사실적 사고"[24]는 다른 역사historische Alterität에 대한 대중의 갈망을 참작한다. 그리고 역사의 행위자들에게 근본적으로 어떤 행위 가능성과 행위 공간이 있었다고 작가가 생각하는지를 보여 준다. 이 행위 공간의 한계를 제한하는 것은 역사적 신뢰성과 진본성에 대한 기대이다.

---

* 역사적 사실에서 출발해 역사적 가능성을 타진해 보는 사고의 형태("만약 …… 했더라면 어떻게 되었을까?")로 counterfactual history, parallel history, virtual history 등의 개념이 있다. 만약 특정 사건이 일어났더라면 (실제로는 일어나지 않았지만) 어떻게 되었을까 하는 질문에서 출발하여, 그 이후의 역사적 과정의 가능성에 대한 추론을 전개한다. 실제 일어난 사실이 아닌 머릿속에만 존재하는 지적 유희.

따라서 역사소설에서 발생하는 진본적 허구는 이 경계 안에서 펼쳐지는 한 독자의 역사의식이 요구하는 진본성을 충족시킬 수 있다.

2—역사 전문서

역사 전문서Historische Sachbuch는 역사 학술서와는 달리 드러내놓고 학계의 공중만을 지향하지는 않는 텍스트 미디어다. 학위 논문을 비롯한 전문 역사 학술서는 역사 연구의 방법론적 표준을 확고하게 준수하면서 새롭고 혁신적인 연구 주제를 제시하고 연구 결과를 통해 학계에 기여하는 것으로 특수한 전문성을 증명해야 한다. 그러나 전문서는 어떤 역사적 대상을 특정 독자에 적합하게 제시하기만 하면 된다. 그 특정 수용자는 역사학계 밖의 사람들이기 때문에 학문적 시장체제가 아니라 출판사 시장체제를 지향한다.[25] "전문서 저자와 학술서 저자의 차이"는 마르틴 니센Martin Nissen에 의하면 "각 독자층마다 다른, 전달에 대한 이해에 의해 결정된다."[26] 나아가 역사 전문서는 수많은 혼종인 것처럼 보인다. 그 보편적 특징은 다비트 오엘스David Oels와 앤디 하네만Andy Hahnemann에 따르면 다음과 같다.

"문학 장르의 경계를 교란하고, 학문 분과의 구분을 교묘하게 무력화시키고, 고급문화와 대중문화를 구분하는 여전히 유효하고 공공연한 구분선을 넘나든다."[27]

　그러나 역사 전문서Sachbuch의 관심은 '사실Sache'이며 여기서는 역사다. 전문서를 구성하는 지식은 내러티브 지식이며 이야기 형태로 제시된다. 역사소설과 다른 점은 당연히, 진부한 사족처럼 들리겠지만, 전문서는 역사문화의 미학적 차원보다는 인지적 차원에 속한다는 점이다.

　니센은 역사 전문서가 소수의 교양인층을 넘어서 광범위한 대중을 겨냥하며, 지식 전달의 오락적 성격이 뚜렷하다고 강조한다. 이런 배경에서 1920년대부터 픽션화 역시 지식 전달 수단으로 인식되고 사용되었고, 1970년대부터는 시각화의 역할이 점점 커졌다. 1970년대에는 역사 전문서 저자와 역사 연구자 사이의 관계도 바뀌었다. 이전에는 역사 전문서란 역사 연구자들이 얻어 낸 지식을 대중용으로 단순화한 것에 불과하다고 여겼지만, 이제 이와 같은 아카데미 역사 연구 지식의 우위로부터 해방된 역사 전문서 저자들은 자신들이 "혁신적인 역사서술을 추구하므로 '더 나은' 쪽"이라고 주장하게 되었다.[28]

3—역사 전문잡지

　여기서 "역사 전문잡지"란 역사 연구의 결과를 비전문가인 공중이 알기 쉽도록 재미있게 제시하는 상업적인 대중 학술 출판물을 말한다.[29] 역사 전문잡지는 역사를 이해하기 쉬우면서도 일목요 연하게 설명하며, 이를 위해 서술자의 주관적 경험과 이미지화를 즐겨 사용하고 역사 전개의 공간적 차원을 알기 쉽게 설명한다. 이 점에서 역사잡지는 오락문화와 역사문화의 일부이다. 크리스 티안 슈피스Christian Spieß가 역사 잡지 4종을 연구한 결과를 보면, 내용상 초점은 대체로 사건사와 정치사에 맞춰져 있고 최근에 일 상사와 사회사로 약간 이동했다.[30] 시간적 측면에서는 보다 오래 된 시대의 주제가 선호되므로 현대사, 그중에서도 특히 나치와 관 련된 주제는 역사 잡지에서 "확실하지만 좁은 자리"를 차지할 뿐 이다.[31] 슈피스에 의하면 역사 잡지가 옛 시대에 집중하는 이유는 대중 잡지들이 신화와 전설을 즐겨 다루기 때문인데, 이는 고대와 중세에 적합한 주제이며 또한 시간적 거리감으로 인해 증명이 필 요하기 때문이다.[32] 또 다른 이유는 미디어 자체의 특성이다.

> "출판 미디어는 예컨대 텔레비전처럼 현대사를 재미있게 만들 어 주는 시청각 사료를 쓸 수 없기 때문이다. 그러나 오래된 시 대의 역사에는 녹음이나 녹화 원본이 없으므로 이미지와 텍스 트 사료를 통해서만 접근할 수 있고, 따라서 출판 미디어에 더 욱 적합하다."[33]

역사 잡지의 포맷은 오락적 요소에 집중하는 쪽과 전문적 역사 연구 기반을 강조하는 쪽으로 나눌 수 있다. 그 차이는 특히 개별 텍스트의 작성자 명시 방식, 사료 인용 형태, 이미지 자료 설명에서 나타난다. 따라서 역사 잡지에서 경험적 타당성은 다양하고 분명한 방식으로 행해지며, 그에 따라 사료의 신뢰성에 대한 공중의 다양한 욕구를 충족시킨다.

역사 잡지 역시 역사 붐의 혜택을 보았고 지금도 보고 있다. 이것이 1990년대 이후 독일에서 나오는 역사 잡지 수가 꾸준히 증가한 이유다. 현재 발행되는 잡지로 유명한 것은 《지오 이포크Geo Epoche》, 《다말스Damals》, 《피엠 히스토리P. M. History》, 《게 게쉬히테G/Geschichte》, 《차이트 게쉬히테Zeit Geschichte》, 《슈피겔 게쉬히테Spiegel Geschichte》다.[34] 군사사와 기술사를 위한 전문 잡지도 다양하게 있다. 모두가 각자의 독자의 교양과 오락 욕구에 부응하기 위해 다양한 방법으로 노력한다.

독자층의 프로필과 욕구를 알아보기 위해 일부 잡지사가 설문조사를 했다. 그 결과를 《다말스》지가 공개했다. 이 잡지의 독자층은 50~70세에 몰려 있다. 여성보다 남성이 조금 더 많고, 고졸 이상 학력자가 "뚜렷한 다수"다. 응답자들은 잡지를 통해 역사에 대한 관심이 증가했다고 말했다.[35]

잡지와 신문은 전문역사가들보다는 작가들에게 집필을 의뢰하는 편이다.[36] 《다말스》와 《차이트 게쉬히테》 정도가 역사학에 좀 더 관심을 보인다. 연구자들은 잡지에 실리는 글을 최신 연구 성과를 최대한 압축해서 재미있게, 사전지식이 없어도 이해할 수 있도록 써야 하고, 사례를 들어 설명하고 자료와 이미지 사료를 사용하고 디테일을 놓치면 안 된다.[37] 어떤 편집자들은 전문연구자에게 직접 글을 청탁하기보다는 역사적 주제에 대한 글쓰기 교육을 받은 자체 필자들에게 텍스트를 의뢰한다. 전문연구자들은 자문역으로 간행요목에 등재되기도 한다. 각자의 직업 영역에 대해서로 삼가는 태도는 예나 지금이나 마찬가지다. 그러나 공공 분야에서 상호 접근은 바람직하다. 공공역사가들은 양편을 중재할 수있고, 특히 학문과 실무의 중간교육을 받았기에 역사 전문잡지의필자로 활동하기에 적합하다.

4—만화

텍스트와 이미지 매체에는 만화도 있다. 이 분야에서 역사적 주제는 "석기시대와 9·11 사이의 …… 시대 전체에 걸쳐 제시되었다."[38] 만화의 특징은 그림과 텍스트, 그리고 표상 요소를 연결하는것이며 그것이 잘 되면 "이 요소들을 하나로 통합한다."[39] 만화의작동 방식 및 역사 전유 과정에서 만화의 중요성에 대해서는 크리스티네 군더만Christine Gundermann의 연구가 있다. 가장 유명한 역사만화 시리즈는 지금도 여전히 《아스테릭스Asterix》*이지만, "《아스

---

* 르네 고시니와 알베르 우데르조가 프랑스의 만화잡지 필로트Pilote에 1959년 연재를 시작해 2009년 완간된 만화. 로마군 주둔지에 있는 골(갈리아)족 마을 전사들의 대로마제국 투쟁을 유쾌하게 그렸다. 104개 언어로 번역되었고, 한국에서는 문학과지성 출판사에서 나왔다.

테릭스》를 능가하는"[40] 역사만화로 아트 슈피겔만Art Spiegelman의 홀로코스트 이야기인 《쥐Maus》*는 굉장한 작품으로 꼽힌다. 군더만에 의하면, 이 만화의 흑백 미학의 지속적 영향력 때문에 이후에 다수의 만화가들은 역사만화를 그릴 때 역사적 진본성을 높이기 위해 색채 사용을 포기하게 되었다.[41] 진본성의 예술 양식과 진본화 전략은 이처럼 서로 손잡고 나아간다.

만화에서 그림은 작가 고유의 스타일을 통해 형성된다. 그림과 더불어 만화의 텍스트 요소는 세 가지 방식으로 나타난다. 군더만이 요약한 바에 따르면,

"텍스트는 두 번째로 중요한 요소이며 만화에 세 가지 형태로 존재할 수 있다. 서양의 만화에서는 보통 그림 칸의 윗부분이나 아랫부분에 있는 텍스트 구역에 상황 묘사, 코멘트, 예고, 메타 진술, 또는 진본성 선언이 들어간다. 공간과 시간 사이에 다리를 놓는 데에도 쓰인다.

만화의 말풍선은 원래의 말을 나타낸다. 텍스트로 채워진 타원의 형태로 말이나 생각을 나타낸다. …… 말풍선은 그림을 통해 음량, 억양, 또는 분위기 상황을 표현할 수 있다. ……

---

* 슈피겔만이 폴란드 유대인인 아버지와의 인터뷰를 바탕으로 쓴 만화소설. '한 생존자의 이야기'라는 부제를 달고 있다. 아버지가 아우슈비츠 수용소에서 겪은 죽음과 학살, 그 폭력의 경험과 기억이 슈피겔만 가족에 미친 영향 등을 다루었다. 유럽의 민족들을 동물로 표현한 이 작품에서 '쥐'는 유대 민족의 표현이며, 각 민족을 표현하는 동물인 나방, 돼지, 개구리 등은 나치 선전물의 인종주의 고정관념과 일치한다. 1992년 퓰리처 특별상을 받았다.

텍스트의 세 번째 형태는 의성어이다. 사운드워드Soundwords라 불리는 이것은 그림의 필수 요소이며 소리를 흉내 내 덧붙이는 방식을 취한다."[42]

만화는 그림과 텍스트 외에도 표상Symbol을 사용한다. 표상은 고정관념과 클리셰를 활용하고, 이런 방식으로 그것들을 고정한다. 군더만에 따르면, 이런 식으로 "만화는 선전과 이데올로기적 감화感化를 위한 최적의 플랫폼이 될 수 있다. 논증의 자리를 클리셰가 차지하고, 이를 재발견하거나 따지기는 훨씬 더 힘든데, 특히 그림의 고정관념은 텍스트보다 더 무의식적으로 작용할 수 있으며, 이 점은 이데올로기 만화이건 비정치적 만화이건 마찬가지다."[43]

만화를 역사서술로 읽을 때 그것은 "그림, 표상, 그 의미를 텍스트와 연결하는 것을 의미한다. 만화를 이해하는 열쇠는 이 세 요소의 상호작용에 있다."[44] 따라서 만화라는 매체로부터 전유 과정에서 역사를 구성하는 일은 특별히 복잡한 과정인 듯 보인다. 그림과 표상은 미학적으로 파악되어야 하고 텍스트 내용과의 비교를 통해 이해되어야 한다. 텍스트 내용은 그림 언어와 표상된 것들을 통해 의미를 입는다. 동시에 텍스트, 그림, 표상은 만화의 독자와 상호작용하고 독자에게 공감각적 수용 능력을 요구한다. 이렇게 해서 만화의 미디어 언어는 감정을 불러일으킨다. 그림, 텍스트, 표상의 지속적 연결은 역사의식의 인지적·정치적·미학적 차원에 아주 특별한 방식으로 말을 건다.[45] 이와 같은 역사만화의 잠재력은, 여기서는 일종의 위험으로 지나치게 경고 대상이 된 것 같지만, 성찰적인 역사 전유 과정을 자극하는 특별한 기회로 이해할 수 있다. 텍스트와 그림이라는 차원들을 연결함으로써 만화의 특별한 장점이 나오는데, 그림과 표상을 수용자가 지녀 온 역사적 상상과 연결함으로써 이 상상을 미학적으로 만족스러운 방식으로 풍부하게 만들기 때문이다. 텍스트와의 연결은 또한 책 속의 이야기들이 경험적으로 타당한 역사서술로 제시될 기회를 준다. 이런 식으로 만화의 독자들은 "진실과 허구라고 불리는 것의 지극히 복잡한 변형을 만난다".[46]

이러한 배경에서 군더만은 판델의 진본성 유형[47]에 의지해 만화가 "진실한 역사echte Geschichte"를 구성할 수 있는 잠재력이 있다고 단언한다.

> "모든 만화는 사료적 진본성Quellenauthentizität을 지닌다. 만화 사료로서 항상 그것이 만들어진 시대를 보고하기 때문이다.
> 만화의 유형 가운데 자서전 만화와 만화 저널리즘은 경험적 진본성Erlebnisauthentizität을 지닌다. 제시된 경험은 주관적 진본성을 갖는다.
> 역사만화는, 묘사된 인물들이 실제로 존재했고 사건이 실제로 일어났음을 본보기 정도로만 증명할 수 있으면, 사실적 진본성Faktenauthentizität을 갖는다.

반면에 유형적 진본성Typenauthentizität은 만화에 묘사된 허구의 인물들이 역사적 유형에 부합할 것만을 요구한다. 허구의 사건도 마찬가지로 사건의 역사적 유형에 맞아야 한다. 만화가 표현의 진본성Repräsentationsauthentizität을 가지려면, 전경 서사를 전체 역사적 맥락에 들여앉힐 때 당착이 발생하면 안 된다."[48]

참고문헌

Gundermann, Christine: Jenseits von Asterix. Comics im Geschichtsunterricht, Schwalbach/Ts. 2. Aufl. 2017.

Hanemann, Andy/Oels, David (편): Sachbuch und populäres Wissen im 20. Jahrhundert, Frankfurt/M. 2008.

Popp, Susanne 외 (편): Zeitgeschichte—Medien—Historische Bildung, Göttingen 2010.

Popp, Susanne/Schumann, Jutta/Crivellari, Fabio (편): Populäre Geschichtsmagazine in internationaler Perspektive, Frankfurt/M. 2016.

3. 시청각 미디어:
영화와 텔레비전 속의 역사

영화와 텔레비전에서 다루어 온 광대한 역사 주제에 관해서는 많은 연구가 있다. 팔레체크와 코르테는 "영화와 텔레비전은 …… 오늘날 구체적·비유적 의미에서 역사상을 널리 대중에 전달하는 가장 강력한 미디어"이며 "영상의 효과는 …… 대중매체를 통한 확산에 기초할 뿐만 아니라, 특히 촬영된 이미지들 때문에 직접 역사를 들여다보는 듯 믿게 만드는 암시 효과와 환상 효과가 있다"고 강조한 바 있다.[49]

시대 증인을 동원한 영상 미디어의 진본화 전략이나 역사영화를 통해 전달되는 역사상을 다룬 수많은 연구가 있지만, 특히 토마스 피셔Thomas Fischer와 토마스 슈바우어Thomas Schuhbauer는 《영화와 텔레비전 속의 역사》[50]라는 책에서 영상 미디어의 시청각적 역사서술에 대한 포괄적 체계화를 시도했다. 여기서는 이를 기반으로 개별적 측면을 좀 더 깊이 다뤄 보겠다. 피셔와 슈바우어는 영화의 역사 표현에도 일반적 역사서술과 똑같은 원칙이 적용된다고 강조한다.

"여기서 서술되는 역사는, 어떤 이야기 매체를 사용하는지에 상관없이, 역사적 세계의 재구성에 관한 것이다. 이는 실제의 세계를 모사하거나 재연하는 것이 아니라 기껏해야 표현한다. 이때 영화적 재구성이 역사 사료(아카이브 이미지와 영상, 원음, 문서 자료, 시대 증인 등)를 잘 다루게 되면 진본성이 있다는 인상을 주고 다큐멘터리적 신뢰성도 커진다. 그렇지 않고 연출 장면이 많을수록 연출된 역사서술과 다큐멘터리 역사서술 혹은 허구적 역사서술과 사실적 역사서술 간의 경계가 흐려진다."[51]

피셔와 슈바우어는 역사 소재를 구별함으로써 시청각적 역사서술을 체계화한다. 하나는 시청자의 기억 지평Erinnerungshorizont 안에서 움직이는 '기억영화Erinnerungsfilm'이며, 다른 하나는 그 주제가 공중의 구체적 기억 밖에서 움직이기 때문에 '역사영화 Historienfilm'라고 불린다. 피셔와 슈바우어는 기억과 역사 사이에는 대략 80년에서 100년이라는 시간의 단면이 있다고 전제한다.[52] 이에 따르면 다음과 같은 체계화가 가능하다.

〈표 2〉 연출/다큐멘터리 기억영화와 연출/다큐멘터리 역사영화 및 성격[53]

시청각 역사	연출 기억영화	연출 역사영화	다큐멘터리 기억영화	다큐멘터리 역사영화
서술 시기	시청자의 기억지평 안	시청자의 기억지평 밖	시청자의 기억지평 안	시청자의 기억지평 밖
서술 양식	직접 표현 (장면 연기)	직접 표현 (장면 연기)	간접 서술 (보이스오버)[*]	간접 서술 및 직접 표현 (보이스오버 + 연기 장면)
실제 세계의 참조 = 진본화	보이스오버 또는 오프닝 크레딧에 자막 삽입. 연출 장면, 의상 등	보이스오버 또는 오프닝 크레딧에 자막 삽입, 연출 장면, 의상 등	아카이브 자료(텍스트, 이미지, 영상, 음향), 시대 증인, 전문가	잔존물, 전문가 더하기 역사적으로 연출된 재구성
서술된 세계 / 실제 세계	있을 수 있는 역사적 세계를 서술	있을 수 있는 역사적 세계를 서술	실제의 역사적 세계를 서술	실제의 역사적 세계와 있을 수 있는 역사적 세계를 서술

이와 같은 체계화는 공공역사가들에게 도움이 된다. 제시되는 소재에 대한 공중의 기대가 저마다 다르다는 것, 이는 특히 현재와의 시간적 거리에 달려 있다는 점을 포착하기 때문이다. 그리고 이런 방식으로 기억영화와 역사영화가 구분된다. 피셔와 슈바우어는 둘의 차이를 이렇게 설명한다.

* 영화와 TV 등에서 화면에 나타나지 않는 화자의 목소리(내레이터의 서술 등)를 통한 표현 방식.

"우리는 기억영화가 일반적으로 사회적 기억담론의 일부이기 때문에 이 구분이 의미 있다고 생각한다. 집단기억의 과정은 아직 완료되지 않았으며, 기억된 사건의 '객관성'과 '중요성 Relevanz'은 여전히 사회적 논쟁의 대상이다. 독일의 전환 논쟁 Wende-Diskussion*이나 슈타지 논란 등이 그 사례다. 이와는 다르게 역사영화는 더이상 우리 시대의 삶의 이야기와 직접 연결돼 있지 않아서 관객의 자전적인 자기 확신에 기여할 수 없는 멀리 떨어진 삶의 세계를 보여 준다."[54]

얀 아스만과 알레이다 아스만의 세대 개념과 기억 개념에 기초한 이러한 생각은 모든 경우에 완벽하게 들어맞지는 않겠지만, 공공역사에서 시청각 미디어의 역사적 내용과 그에 대한 사회적 기대 사이의 기능적 관계를 이해하는 데 의미 있는 도움을 준다. 이와 같은 하위 구분을 따른다면, 제1차 세계대전은 마침내 기억의 소재에서 역사의 소재로 되어 가는 중인 것 같다. 바이마르 공화국의 역사는 기억의 소재와 역사의 소재 사이의 경계에서 움직이는 중이지만, 독일 최초의 민주주의라는 주제는 대중 영화에서 다룰 만큼 흥미로워 보이지는 않는다. 그렇다면 약 20년 후에는 나치와 쇼아Shoah**의 역사가 정말로 기억 소재에서 역사 소재로 될

---

* 1990년 동서독 통일을 전후한 동독 사회의 총체적 전환과 관련된 논쟁.
** 나치의 유대인 제노사이드에 대한 일반적 명칭인 홀로코스트Holocaust 대신 유대인들이 선호하는 명칭으로 '대재앙'이라는 뜻이다. '홀로코스트'는 신에게 바치는 제사용 동물을

것인지는 물론 기다려 봐야 한다.

　서술 양식과 진본화 전략의 수준에서 피셔와 슈바우어의 체계
화는 시청각 매체가 '진실한 역사'를 만들어 내는 수단인 영상 미
디어에 관심을 두게 한다. 텍스트, 이미지, 영상, 소리, 시대 증인,
전문가, 역사적 연출을 통한 재구성, 보이스오버 내레이션 기법은
그때그때 조합되며 진본화 전략을 짠다. 그러나 이때 영화와 다큐
멘터리 혹은 연출된 영상과 다큐멘터리 영상의 경계가 선명하지
않다는 점을 감안해야 한다. 보도 폰 보리스Bodo von Borris가 말했
듯 그 경계는 점점 흐려지고 있기 때문이다.[55]

　사스키아 한드로Saskia Handro가 강조했듯이 시청각 역사 미디
어를 통해 공론장에 먼저 떠오른 것은 "문화 매체에서 오락 매체
로"[56] 발전한 텔레비전이었다. 한드로에 따르면 공영 텔레비전에
서도 상업적 압력이 증가하면서 문화적·문화정책적 평가 기준이
와해되고 있으며, 민영방송에서 "대중은 사회적 공중이 아니라 경
제적 의미의 시장"이다.[57] 그러나 여기서 인증된, 문화 매체에서
오락 매체로 텔레비전의 전환이 민영방송의 상업화 압력 때문인
지 아니면 이와는 무관하게 공중의 시청 관습이 전반적으로 변화
하고 있기 때문인지는 역사 붐 현상을 고려해 면밀히 검토할 필요
가 있다. 유디트 카일바흐Judith Keilbach가 지적한 바에 따르면 적

태우는 '번제燔祭'를 뜻하는 그리스어에서 유래했다. 유대인들은 나치의 대량학살이 신을
위한 희생 제물에 비교될 수 없으며, 다신교인 그리스에 기원을 두었다는 점에서 이 단
어의 사용을 불편해한다.

어도 "역사적 사건을 다루는 것'은 우선 ARD,* ZDF** 및 제3방송***
이다."[58] 그러므로 민영방송과의 구체적 경쟁은 거의 존재하지 않
는 듯 보인다.

　그러나 시청각 미디어는 점점 더 "기이한 것", 다시 말해 "지금
까지의 일상적 경험과 체험과 앎의 한계를 넘는" 어떤 것을 판매
하는 역사 이벤트의 생산자로 보인다. "그리하여 텔레비전에서 역
사 이벤트는 때로는 금기 파괴자로, 알려지지 않은 영상이나 역사
의 최초 소개라고 광고되기도 한다."[59] 이로부터 허구의 이야기가
진본 증거와 서로 엉키고 뒤섞이며 영화와 다큐멘터리가 점점 혼
합되는 형식이 나타나는 경향이 있다.[60]

　특히 텔레비전의 역사 표현이 그렇다. 이에 대해서는 에드가 레
르쉬Edgar Lersch와 라인홀트 피호프Reinhold Viehoff의 연구가 있
다.[61] 이들은 텔레비전의 역사 표현에 대한 비판이 거의 항상 ZDF
방송에서 귀도 크노프의 지휘로 제작되는 현대사 프로그램에서
불붙는다는 점을 강조한다. 그러나 '히스토테인먼트Histotainment'
또는 '다큐테인먼트Dokutainment'라 불리는 이와 같은 미디어 포
맷에는 이미 수많은 선구자가 있으며, 그들 역시 마찬가지로 "다

---

* 독일의 텔레비전 방송사. 독일 제1공영방송. 16개 주의 공영방송이 연합한 네트워크. Das
　Erste라는 전국 방송 채널을 갖추고 있다.
** 독일 제2텔레비전. ARD와 마찬가지로 공영방송이다.
*** ARD에 속한 지역 방송사들의 총칭. radiobremen, WDR, hr, SR, SWR, BR, mdr, rbb, NDR 등
　이 있다. 따라서 카일바흐 인용문의 의미는 역사를 다루는 일은 독일에서 민영방송보다
　는 공영방송의 일이라는 뜻이다.

큐멘터리 역사 프로그램에 연출 기법을 사용해 수용자 지향적으로 완화하려는 시도를 수없이 다양하게 했다"고 지적한다.[62] 귀도 크노프의 역사 포맷은 유명한 만큼 이미 많이 연구되어 있다.[63] 레르쉬와 피호프에 따르면, 이러한 텔레비전 다큐멘터리의 네 가지 기본 요소는 의미를 매개하는 해설, 시대 증인 진술, 이미지 제시, 연출을 통한 재구성이다.[64]

피셔는 의미를 매개하는 해설(피셔와 슈바우어가 보이스오버Voice Over라고 이름붙인 것)을 가장 중요한 요소로 본다. "막 완료된 시퀀스를 마무리하거나 영상 이해를 위한 맥락을 만든다." 그리고 "사건의 연대기와 내용의 정확성을 감시하고, 그럼으로써 이 장르의 방법적 공리를 지키고 서술된 모든 것을 보장한다. 다시 말해 목격자, 보증인, 또는 다른 믿을 만한 사료에 근거해야 한다."[65] 이 해설이야말로 엄밀히 말해 참된 화자인 것이다.

시대 증인들의 문제는 "기억에 출몰하는 틈새, 나중에 꾸며 낸 것, 부정확한 것, 불분명한 것, 그래서 법정에서라면 대부분 인정되지 못할 것들이며, 이 때문에 신경생리학자들도 역사 연구에서 시대 증인 진술의 쓸모를 의심"하지만 "현대사 영상에서는 진본성 분위기를 만드는 데 불가결"하다.[66] 따라서 매체 장르로서 다큐테인먼트에 나오는 시대 증인들은 가령 역사 연구의 구술사에서와는 다른 역할을 한다. 카일바흐가 강조하듯, 텔레비전 방송은 구술사와 달리 엄격한 역사 연구 원칙에 따라 성실하게 사료를 생산하는 데 관심이 없다. 그보다는 보이스오버 해설이 제시하는 진술 전체를 시대 증인이 소급적으로 받쳐 주거나, 뒤따라 나올 내레이션에서 다루는 내용의 키워드를 미리 제시함으로써 작품의 전체 서사를 입증하는 것이 관심사다.[67] 최근에는 역사 다큐테인먼트 포맷에서 역사학자들이 점점 더 시대 증인의 공범이 되고 있는데,[68] 그 이유는 각 전문 분야의 논쟁적 지식을 기록의 담론 맥락에 최대한 풍성하게 짜넣기 위해서는 물론 아니고, 대개는 그저 영상 내레이션이 진실이라고 입증하기 위해서다.

영상 제시, 즉 역사적 이미지 자료의 사용에서 특징적인 것은 역사 사진이나 영상 기록의 사용이다. 그러므로 다큐멘터리 장르가 지난 80년에서 100년간의 시기를 주제로 다루는 이유가 기억 장르와 역사 장르의 분리, 그래서 공중의 소통 기억이라는 주제로부터 문화 기억이라는 주제로의 전환에 있다고 보는 것은 설득력이 약하다. 그보다는 그러한 자료, 특히 기록 영상이 20세기 초부터나 비로소 소량 존재하며 대량으로 생산된 것은 독일의 경우 1920년대 이후의 일이었기 때문이다.[69] 카일바흐가 특별히 지적하는 것은, 똑같은 영상 기록이라도 완전히 다른 내용적 맥락에서 사용될 수 있다는 점이다.[70] 이때 역사 사진을 사용하는 목적은 두 가지다. 첫째, 과거를 그려 내 시각화한다. 다만 이는 공중의 역사적 상상에 연결됨으로써 이루어져야 한다. 둘째, 이미지 제시는 과거를 직접 들여다보는 것 같은 인상을 유발함으로써 시각적으로 특히 강력한 진본성 도장을 찍어 주는 역할을 한다.

네 번째 요소인 연출된 재구성은 앞의 3장 5절 리빙 히스토리에서 이미 체계적으로 논했다. 진본성 전략의 비판적 평가 기준을 따른다면 연출된 재구성이야말로 "허구로의 이행, 경계 파괴자"[71]로 볼 수 있다는 점에서 비난할 수 있다. 연출된 재구성은 역사 다큐멘터리의 영상 서사에서 사료의 빈자리를 메우는 역할을 한다. 배우들이 역사 속 인물을 연기함으로써 좀 더 개인적인 역사서술을 원하는 대중의 요구를 충족시킬 수 있다.

참고문헌

Fischer, Thomas/Schuhbauer, Thomas: Geschichte in Film und Fernsehen. Theorie-Praxis-Berufsfelder, Tübingen 2016.

Fischer, Thomas/Wirth, Rainer (편): Alles authentisch? Popularisierung der Geschichte im Fernsehen, Konstanz 2008.

Keilbach, Judith: Geschichtsbilder und Zeitzeugen. Zur Darstellung des Nationalsozialismus im bundesdeutschen Fernsehen, Münster 2008.

Lersch, Edgar; Viehoff, Reinhold: Geschichte im Fernsehen. Eine Untersuchung zur Entwicklung des Genres und der Gattungsästhetik geschichtlicher Darstellungen im Fernsehen 1995 bis 2003, Düsseldorf 2007.

4. 디지털 미디어

끝으로 공공역사의 디지털 미디어를 아주 간략하게 개관한다. 타 미디어보다 비교적 새로울 뿐만 아니라 광범위한 이 분야에 대해서도 체계적 연구가 이미 나와 있다. 역사학 하위분과로서 디지털 역사라는 연구 주제군에 대해서는 특히 다니엘 코헨Daniel J. Cohen과 로이 로젠츠바이크Roy Rosenzweig의 입문서가 읽을 만하다.[72] 디지털 미디어 환경에서 역사 소비에 관해서는 제롬 드그루트Jerome DeGroot의 2009년 연구가 있다.[73] 디지털 미디어의 역사교육적 측면에 관해서는 마르코 데만토브스키Marko Demantowsky와 크리스토프 팔라스케Christoph Pallaske가 정리한 것이 있다.[74] 공공역사에 도움이 되는 디지털 미디어의 측면들에 관해서는 피엔 다니오Fien Danniau가 정리했다.[75]

그 외에도 우베 당커Uwe Danker의 최신 연구들과 아스트리드 슈바베Astrid Schwabe의 《인터넷 속의 역사》[76], 그리고 다니엘 베른젠Daniel Bernsen과 올프 케르버Ulf Kerber의 《디지털 시대의 미디어 형성과 역사 학습을 위한 실용 핸드북》[77]이 추천할 만하다. 당커와 슈바베는 인터넷을 통한 역사 학습의 잠재력을 개관하고, 인터넷 내용 분석을 위한 역사교육적 품질관리 기준을 정하고, 인터넷을 통한 역사 전유와 역사교육의 역량Kompetenz 논쟁을 연결한다. 베른젠과 케르버는 더 나아가 디지털 미디어의 기초를 통찰하고, 역사학, 역사문화, 역사 학습의 그 말 많은 디지털 전환을 분석하고, 다양한 디지털 미디어 포맷과 전유 형태를 디지털 스토리텔링, 컴퓨터 게임, 역사 비디오, 3D 모델 등을 사례로 특히 흥미롭게 논했다.

디지털은 미디어 상호작용을 근본적으로 변화시킨다. 하이퍼텍스트는 출판 미디어에서 재생할 수 없는 복합링크를 생성할 수 있다. 디지털 미디어 사용자는 예컨대 시청각 미디어 수용자와는 달리 수동적 수용자에 그치지 않고 미디어와 상호작용하면서 지식 체계 생산에 참여할 수 있다.[78] 온라인 백과사전인 위키피디아가 가장 유명한 사례다.

공공역사의 디지털 미디어 고찰 사례로는 컴퓨터 게임이 역사 전유 과정을 위한 길을 어떻게 개척하는지에 관한 연구가 있다.[79] 앙겔라 슈바르츠Angela Schwarz는 역사를 소재로 한 컴퓨터 게임을 장르별로 구분하여 전략 게임, 어드벤처/롤플레잉 게임, 슈팅 게임, 아케이드, 두뇌/퍼즐 게임과 역사 게임, 자동차 시뮬레이션, 건설 시뮬레이션, 경제 시뮬레이션으로 나누고 이 가운데 전략 게임이 45퍼센트를 차지하고 있음을 밝혀 냈다. 이들은 대부분 20세기에 몰려 있고, 장르와 내용은 서로 관계가 있다. 예컨대 전략 게임의 콘텐츠는 보통 전쟁이다. 게임은 매개자적 특성이 있어서 과거의 시대로 들어간 것 같은 환상을 만들어 낸다. 이를 위해 신문 스크랩, 사진, 오디오 자료, 영상 시퀀스가 사용되기도 한다. 이때 역사는 컴퓨터 게임에서 다양한 기능을 가질 수 있다. 게임을 위해서 아마도 가장 중요한 기능은 게임이 펼쳐지는 세계를 제공하고 이를 역사적 디테일로 꾸며 주는 것이다. 과거로서의 역사가 추체험으로 제공될 수도 있다. 컴퓨터 역사 게임은 미디어 형상과 주제 점유를 통해 이를테면 과거로 들어가는 문을 열어 준다. 그러므로 게임을 한다는 것은 결국, 그래봐야 게임일 뿐이지만, 역사를 지배하는 것이 될 수 있다. 플레이어는 역사에 참여할 뿐만 아니라 역사적 상황에서 중요한 행동을 취할 수 있고 상상의 역사적 행위자로서 중요한 결정을 내리는 인물이 되는 경험을 한다.[80]

슈바르츠는 역사학의 관점에서 컴퓨터 게임을 평가하고 분석할 수 있는 다양한 기준을 명명한다. 이는 공공역사가들이 컴퓨터 게임을 체계적으로 분석하는 데 자극이 된다. 따라서 게임을 그 **선형성**Linearität 혹은 **결정성**Determinimus을 염두에 두고 게임 실행의 잠재적 **개방성**Offenheit과 비교해 연구할 수 있다. 예컨대, 역사를 차후에 고쳐 서술하라는 요구는 슈바르츠가 지적했듯이 학문적 관점에서는 우려할 만한 일이지만, 컴퓨터 게임의 진행 구조가 갖는 잠재적 개방성은 일단은 역사의 잠재적 개방성을 환기하기도 한다. 나아가, 게임에서 행위하는 주연 배우인 주체라는 위치가 갖는 위력도 분석할 수 있다. 컴퓨터 게임의 게이머가 무언가를 근본적으로 바꿀 수 있고 그럴 힘이 있다는 것은, 역사학의 관점에서 역사의 주체들이 실제로 지녔던 행위 가능성과 비교 고찰될 수 있다. 역사서술의 정확성과 세밀함의 정도에 초점을 맞추면, 컴퓨터 게임의 무대 세트와 소품들이 게이머의 역사적 상상을 어떻게 얼마나 자극하는지, 게임 생산자가 게임에 어떤 역사상을 사용했고 이를 어떤 방식으로 재생산하는지를 볼 수 있다.[81]

이때 진본성은 다양한 방식으로 컴퓨터 게임을 생산한다. 슈테펜 벤더Steffen Bender는 컴퓨터 게임의 진본화 전략의 특징을 다음과 같이 설명했다.

–실제의 역사 모델의 시청각적 리모델링은 컴퓨터 게임에서 강력한 진본성 신호이며, 이는 부분적으로는 개발자의 엄청난 디테일 열광의 결과다.

–시각적 리모델링 외에 게임의 사운드트랙 또한 재구성된 과거의 소리를 통해 풍성해진다.

–규모가 큰 게임은 군사 전문가와 역사 전문가의 도움을 받는다.

–홍보 광고에는 시대 증인이 동원된다.

–게임에는 부분적으로 세밀한 캐릭터 특징을 지닌 허구 인물외에도 종종 역사의 실존 인물들이 출연한다. 전쟁 역사의 잘 알려진 주역인 이들은 역사적 맥락 서술의 신뢰성을 높이는데 필요하다.

–컴퓨터 게임은 의도적으로 틈새를 파고들어 역사지식의 불확실한 영역으로 돌진하기를 좋아한다. 빈 공간을 내레이션으로 메우고 그럴듯해 보이는 역사 해석을 제시한다.

-게임에서 일어나는 사건들을 직접 경험하는 듯 느끼는 것은 역사적 사실과는 관계가 없고, 컴퓨터 게임이 역사적 실재라는 상像을 얼마나 그럴듯하게 매개하는지, 그래서 게임이 보여 주는 "진본적 허구"가 진짜인 것처럼 믿게 만드는지에 달려 있다.[82]

참고문헌

Bernsen, Daniel/Kerber, Ulf (편): Praxishandbuch Historisches Lernen und Medienbildung im digitalen Zeitalter, Opladen 2017.

Cohen, Daniel/Rosenzweig, Roy: Digital History. A Guide to Gathering, Preserving, and Presenting the Past on the Web, URL: http://chnm.gmu.edu/digitalhistory.

Danker, Uwe, Schwabe, Astrid: Geschichte im Internet, Stuttgart 2017.

DeGroot, Jerome: Consuming History. Historians and heritage in Contemporary populär culture, Oxon 2009.

Demantowsky, Marko/Pallaske, Christoph (편): Geschichte lernen im digitalen Wandel, Berlin/München/Boston 2015.

Schwarz, Angela (편): „Wollten Sie auch immer schon einmal pestverseuchte Kühe auf Ihre Gegner werfen?" Eine fachwissenschaftliche Annäherung an Geschichte im Computerspiel, Münster 2010.

5장
박물관과
기념관

● ● ●

　박물관과 기념관은 공공역사의 핵심 기관이다. 그래서 이 책은 박물관과 기념관에 따로 한 장을 할애하였다. 그러나 다른 장들의 내용과 불가피하게 겹치는 부분이 있다. 박물관과 기념관의 역사 표현이 역사 자료의 전시에만 의존하지 않은 지 오래됐기 때문이다. 장소와 자료가 여전히 중요하기는 하지만, 이들 기관은 전시와 교육 작업에서 시대 증인과 협업하며, 오디오와 비디오 및 컴퓨터 애니메이션을 활용해 표현한다. 역사적 자료를 보존하고 그것을 전시하며 역사·정치교육을 수행하고 소장 목록 카탈로그를 출간하며 웹사이트를 운영한다. 따라서 박물관의 활동은 매우 다양하며 공공역사의 다른 영역들에까지 미친다.

　이 장에서는 먼저 핵심 개념을 설명하고, 박물관과 기념관의 역사적 전개를 추적한다. 그리고 박물관과 기념관 및 그 전시 분석 이론을 선별해 소개한다. 끝으로 이 분야의 실제 직업 영역을 개관한다.

1. 박물관과 기념관의 개념과 역사

1946년 설립된 국제박물관협의회ICOM(International Council of Museums)가 공식화한 박물관의 정의는 세계적으로 널리 알려져 있다.

> "박물관은 연구, 교육, 향유를 위해 인간과 환경에 관련한 유·무형의 유산을 수집, 보존, 연구, 교류, 전시하여 대중에게 공개하고, 사회와 그 발전에 기여하는 항구적인 비영리 기관이다."[1]

박물관이라 불리는 모든 기관이 이런 과제를 똑같이 수행하지는 않으며, 모든 박물관이 비영리인 것도 아니다. 오히려 금전 수입이라는 경제적 목표를 추구하는 사립 박물관도 증가하는 추세이다. 그러나 박물관은 대부분 공중에 개방되어 있고 물적 증거를 다룬다. 역사박물관의 경우 이는 주로 역사적 유물이다. 박물관의 목표는 이것들을 수집, 보존, 탐구, 전시하는 것이다. 이것으로 박물관의 핵심 영역이 이미 나왔으니, 그것은 수집과 전시다.

기념관Gedenkstätte은 기능 면에서 우선 기념물Denkmal과 관련이 있다. 기념물과 마찬가지로 공공의 공간에서 과거를 기억하는 것을 과제로 한다. 나아가 역사적 장소가 지닌 맥락에 관해 전시 형태로 정보를 제공하기도 한다. 특히 기념관이 있는 장소의 특별한 역사와 그곳에 살았고 고통받고 죽어간 인간들의 역사를 상기시킨다. 역사 유적지와의 밀접한 관련성과 기념이라는 임무를 통해 기념관은 박물관과 구분된다. 그러나 기념관은 **현대사박물관**Zeithistorische Museen으로도 불린다. 현대사를 다루고, 박물관과 마찬가지로 물적 증거(역사적 장소 그 자체도 포함해서)의 보존, 연구, 전시 작업에 전념하기 때문이다. 역사교육과 정치교육 기관이라는 기능을 통해 기념관과 박물관은 서로 연결된다.[2]

'기념관'이라는 개념은 19세기에 이미 나타났고 처음에는 종교적 맥락에서 순례 성지 같은 것을 의미했다. 그러나 얼마 후 괴테나 실러 같은 위인들에 헌정된 세속적 장소가 기념관으로 불리게 되었다.[3] 1945년 이래 이 개념은 서독과 동독에서 특별히 나치 피해자를 기리는 장소에 붙여졌다. 1990년부터는 동독의 사회주의통합당SED(이하 사통당으로 약칭) 독재 정권의 범죄를 기억하기 위한 기념관이 추가되었다. 반면 특정 인물의 삶을 표현하는 또 다른 종류의 역사적 장소들은 오늘날 기념재단Gedenkstiftung으로 불린다. 그 사례로 오토 폰 비스마르크, 프리드리히 에버트, 테오도르 호이스, 콘라드 아데나우어, 빌리 브란트 연방 정치가 기념재단Politikergedenkstiftung des Bundes이 있다.

서독에서는 1970년대 후반부터 **자료센터**Dokumentationszentrum가 설립되었다. 역사적 장소에 건립되기도 하지만 연고가 없는 곳에 세워지기도 한다. 자료센터라는 명명에서 이곳이 기념보다는 실물 자료를 중시함을 알 수 있다. 피해자들의 고통을 기억하는 기념관과는 달리 자료센터는 가해자의 역사에 전념하는 경우가 많다. 최근에는 역사적 장소에 세워진 시설을 특별히 '**추모관**Erinnerungsstätte'이라고 이름붙이는 경우도 있다. 자료센터와 추모관이 기념관과 다른 점은, 기념관에는 범죄의 희생자를 '떠올리게' 하는 구체적 장소가 거의 항상 존재한다는 것이다.

여기에 드러나는 개념적 모호성은 영어권의 개념을 통해서 보면 명백해진다. '박물관'과 '자료센터' 같은 명칭은 쉽게 바로 옮길 수 있지만, '기념관'이나 '추모관'은 그렇지 않다. 기념관은 대부분 '**메모리얼**memorial'로 불리지만 이는 기념물Denkmal만을 뜻하기도 한다. 영어의 '메모리얼'은 기념 장소를 가리키는 개념으로 이해되기도 하는데, 이는 물리적 '**기념물**monuments' 외에도 '기억의 장소 Erinnerungsorte('lieux mémoires')'[4]를 포함한다. 역사적 장소를 떠올리게 하는 기념관에 대한 적합한 영어 표현은 memorial sites이다. 반면 폴 윌리엄스Paul Williams는 '**기념박물관**Memorial Museum'을 박물관의 특수한 형태 가운데 하나로 규정하는데, 그 특징은 큰 고통과 연결된 특정한 역사적 사건을 상기시키는 것이다.[5] 그에 의하면, 박물관과 기념관의 차이는 전자는 비판적이고 이성적으로 역사를 다루지만 후자는 희생자에 시선을 두기 때문에 그것이 어렵다는 점이다. 그보다 더 중요한 차이는, **'Memory Museum'**으로 표기되기도 하는 이 기관은 기념관과는 달리 역사적 장소에 있지 않다는 점이다. 전형적인 사례가 워싱턴에 있는 미국 홀로코스트 기념박물관USHMM(United States Holocaust Memorial Museum)이다.[6]

공공범죄 피해자 기억 국제기념박물관위원회IC MEMO(International Committee of Memorial Museums in Remembrance of the Victims of Public Crimes)는 *기념박물관*의 특징을 다음과 같이 규정했으며, 이는 독일의 기념관에도 적합하다.

> "기념박물관의 목표는 국가의 피해자, 사회가 규정하고 이데올로기가 추동한 범죄의 희생자를 기념하는 것이다. 이 기관은 흔히 원래의 역사적 장소, 또는 그러한 범죄의 생존자가 기념을 목적으로 선택한 장소에 들어선다. 이 기관은 역사적 사건에 관한 정보를 역사적 관점을 유지하면서도 현재와 강하게 연결하는 방식으로 매개하고자 한다."[7]

이 다양한 정의들은 하나의 공통점을 갖는다. 이 모든 기관에서 수행되는 **전시**Ausstellung는 역사를 "감각적-미학적"[8]으로 인식될 수 있도록 표현한다는 것이다. 전시는, 공간에 유물을 정보와 함께 제시하고 그리하여 특정한 의미 맥락을 생산하는 미디어다. 상설 전시, 특별 전시, 순회 전시, 그리고 최근 새로이 나타난 가상 전시로 구분된다. 특별 전시는 일반적으로 몇 달 정도만 열리지만, 약 10년에서 15년으로 기획되는 상설 전시와 비교하면 훨씬 연출적이고 주제에 충실하다. 또 다른 차이는, 상설 전시는 주로 기관이 보유한 소장품으로 이루어진다는 점인데, 자체 소장품은 오랜 기간 사용할 수 있다. 이에 비해 특별 전시는 자신의 수집품에만 의존하지 않고 대여품을 보여 줄 수 있으므로 훨씬 자유롭게 주제를 고를 수 있다.[9] 그러나 전시가 박물관이나 기념관에 반드시 묶일 필요도 없고 그럴 수도 없다. 독립 전시제작자도 전시를 기획할 수 있으며 다양한 장소에서 선보일 수 있다. 때로는 그런 전시야말로 "미래의 박물관의 씨앗"[10]이다.

1—박물관의 기원과 발전

역사학자이며 박물관 전문가인 안케 테 헤젠Anke te Heesen의 입문서 《박물관 이론》[11]은 박물관의 시작을 16세기로 잡는다. 이 무렵에 훨씬 일찍부터 발달해 온 수집의 성과를 보여 주려는 생각이 나타나기 시작했다. 이러한 초기 소장품은 "**예술의 방**Kunstkammer"으로 불렸다. 여기에는 예술작품 외에도 신기해 보이는 자연물이 수집되었고, 그래서 이후에 "신기한 방Wunderkammer"이나 "기묘한 방Kuriositätskabinett"으로도 불렸다.

이 기관들은 수집가 개인에게 흥미로워 보이는 것이라면 모두

모아들였고, 그러면서 차츰 차별화되어 갔다. 회화의 방, 자연물의 방, 또는 골동품 방이 나타났다. 18세기 후반부터 특히 19세기에 유럽에서는 새로운 대형 박물관들이 독립적 기관으로 세워졌다. 그 가운데 런던의 대영박물관British Museum, 그 뒤에 파리에 생긴 루브르박물관이 있고, 그 이후에 베를린의 박물관 섬에 세워진 박물관이 현재의 구 박물관Altes Museum이다. 박물관 초기 건축이 발전하기 시작했고, 이곳의 전시 관람은 정해진 개관 시간에 맞춰 이뤄졌다. 예술박물관, 기술박물관, 문화사박물관이 잇따라 생겨났다. 독일에서 이러한 새로운 유형의 박물관으로 뉘른베르크의 게르만국립박물관Germanisches Nationalmuseum이 있다. 이 박물관의 '국립national'이라는 명칭은 19세기의 국민국가의 형성을 나타낸다. 지방의 역사를 다루는 지방박물관Landesmuseum과 더 작은 지역의 향토박물관Heimatmuseum, 그 외에도 군대박물관, 우편박물관, 민속박물관처럼 특별한 주제를 다루는 박물관이 나타났다.

특수한 박물관들이 건축되면서 **전시물 제시**Objektpräsentation 유형도 변화했다. 감탄을 자아내기 위한 "진기한 걸작singuläre Meisterwerk"의 단독 전시, "분류 시범 사례"인 자료의 "연속 전시Reihendarstellung", 그리고 "전시물들이 조화롭게 배치된 장면이라는 분위기"가 그 사례다. 이때 후자의 전시 형태에서 중요한 것은 특히 "역사적 유물이며 증거인 전시물"을 광범위한 대중에 매개하는 일이었다.[12]

19세기 말에 최초의 야외박물관이 생겼다. 그 시초는 1891년 스톡홀름에 세워진 스칸센 민속박물관Skansen[*]이었다. 넓은 대지에 역사적 건축물이 전형적인 동식물과 함께 전시되어 역사적 분위기를 연출한 최초의 사례였다. 이와 나란히 산업화가 진행되면서 노동자 보호와 위생을 주제로 하는 전시가 박물관과 관계없이 독자적으로 발전했다. 그 목표는 노동자 계몽이었다. 따라서 이런 전시에는 전시물과 함께 해설 문구가 있고 해설 직원이 고용되었다. 이런 기관과 새로 건립된 기술박물관은 특히 교육에 주력했는데, 이와 같은 관심은 예술박물관과 문화사박물관에는 아직 낯선 것이었다.

19세기 말 20세기 초에 박물관들이 건립되며 박물관 종사자의 전문 직업화를 위한 노력이 시작됐다. 1905년에 정기간행물《박물관 연구Museumskunde》가 창간되었고, 1917년에는 '독일박물관협회Deutscher Museumbund'가 설립되었다. 이들이 초기에 이미 오늘날까지도 전시제작자들이 씨름하는 문제를 다루었다. "시류에 맞는 전시"는 어떤 것인가? 현재와 연결돼 "생동"을 유지하는 방법은 무엇인가? 당시에도 그 대답은 "박물관을 관람자의 요구에 따라 만든다"였다.[13] 관람객은 우선 교양시민이었고, 이미 넓은 예비지식을 갖추고 전시를 보러 온 사람들이므로 가르칠 대상이 아니었다. 따라서 예술품을 전시하는 방식은 설명 없이 핵심 정보

---

* 스웨덴 스톡홀름에 있는 세계 최초의 민속박물관. 스웨덴 사람들의 과거 생활을 보여 주는 건물과 농장, 동물원으로 구성되어 있다. 스웨덴 각지에서 옮겨온 17~20세기의 건물과 농장 등 150여 개 시설과 건물이 있는데, 교회·풍차·농가·산장·저택 등 다양한 건축물을 통해 여러 다른 신분의 사람들이 어떻게 일하고 생활했는지를 옛날 모습 그대로 보여 준다.

만 덧붙이는 것이었다.

20세기 초부터 사진이 박물관 전시의 새로운 가능성으로 확산되었다. 자료는 이제 원본으로 전시할 수 있을 뿐만 아니라 똑같이 모사할 수 있게 되었다. 원본 자료를 대체하는 이런 형태는 전시물의 아우라에 대한 의문으로 이어졌으며, 이는 발터 벤야민이 1935년 발표한 유명한 에세이 〈기술 복제시대의 예술작품Das Kunstwerk im Zeitalter seiner technischen Reproduzierbarkeit〉에서 문제 제기한 이래 지금도 논의되고 있다. 사진은 그 자체로 전시물이 되거나, 또는 전시의 배경 이미지로 사용됨으로써 전시의 구성 요소Gestaltungselement로 기능할 수 있었다.

나치시대에 독일에서는 전시 분야의 발전도 꺾이고 중단되었다. 국가가 지원하는 박물관은 정권에 봉사해야 했다.[14] 박물관은 특히 선전에 봉사하고 "독일적인 것"의 수호와 찬탄에 일조해야 했다. 전쟁 중에 박물관은 한편으로는 소장품의 보호 조치를 위해 애써야 했다. 다른 한편으로는 특히 미술품이 수용되어 팔려 나가거나 나치 고위직 인물의 개인 소유가 되었다.[15] 1945년 이후에는 박물관도 전쟁으로 파괴된 상태였다. 소장품 분실 외에도 소장품 목록의 파괴야말로 박물관의 일을 어렵게 만들었다. 서방 점령국들은 특히 독일 박물관의 탈정치화에 힘썼지만 새로운 전시 구상을 발전시키지는 않았다. 소비에트 점령지의 박물관 역시 나치의 전시 콘텐츠에서 해방되었다. 그러나 박물관은 비교적 빠르게 새로운 정치적 봉사에 동원되었고 "인민교육의 장소"로서 마르크스주의 역사상을 확산시켜야 했다.[16] 1950년대와 1960년대에는 독일뿐만 아니라 서유럽 각국과 미국의 박물관들도 위기에 처했다. 이는 관람객 수의 감소에서 뚜렷이 나타났다. 박물관은 엘리트주의로 여겨졌으며 상당한 지식을 갖춘 교양대중만을 바라보고 있었다.

그 결과로 1970년대에 새로운 컨셉이 개발되었다. 그 목표는 박물관을 모든 계층의 사람들을 위한 만남의 장소로 바꾸는 것이었다. 박물관은 "역사의 민주주의화"에 기여하고 사회 발전을 다루며 모든 이에게 열려 있어야 했다. 새로운 박물관, 예컨대 미국의 이른바 동네박물관Neighbourhood Museum,* 독일의 신향토박물관 Neue Heimatmuseum,** 프랑스의 **생태박물관**Ècomusée*** 등이 설립되었다. 이들은 지방사에 초점을 맞추고 지역 주민의 삶을 주제로

* 커뮤니티 박물관community museum으로도 불린다. 1960년대와 1970년대 미국에서 당시의 좌파적 사회운동의 결과 탄생했다. 특정 정체성을 공유하는 집단이나 지리적 영역에 대한 전시와 모임 공간 역할을 하는 박물관이다. 전통적 박물관과 달리 여러 분야에 걸쳐 있고 커뮤니티의 역사, 사회, 예술, 민속 등을 동시에 전시한다. 관람자 및 기타 이해관계자와의 협력과 관계를 강조하기 때문에 일반적인 박물관보다 정치적으로 보인다.
** 일종의 지역 박물관local museum으로 이해할 수 있다. 자연사, 문화사, 또는 민속 수집품을 보유한 박물관이다. 수집한 전시물과 자료를 사용하여 장소 또는 "고향Heimat", 다시 말해 지역의 역사를 보이는 것을 목표로 한다. 그 형태는 대체로 시 박물관, 또는 오스트리아에 특히 많이 있는 구區 박물관Bezirksmuseum 등이다. 운영 주체는 해당 지역 지자체이거나 민간기관이며, 사유지에서 운영되는 박물관도 있다.
*** 장소의 정체성에 초점을 맞춘 박물관. 주로 지역 주민의 참여를 기반으로 하며 지역 사회의 복지와 발전을 목표로 한다. 1971년 프랑스에서 Georges Henri Rivière와 Hugues de Varine이 'ecomusée'라는 용어를 만들며 시작되었다. 여기서 '에코'는 '에콜로지'의 줄임말로서 전통적 박물관이 물질문화에 초점을 맞추는 것과는 달리 문화유산에 대한 통합적 해석이라는 새로운 개념을 의미한다. 현재 세계적으로 약 300개의 생태박물관이 운영되고 있으며, 그 가운데 약 200개가 유럽, 주로 프랑스, 이탈리아, 스페인, 폴란드에 있다.

다루었다. 특히 프랑스의 생태박물관은 주민의 박물관 전시 참여를 유도해 나갔다.[17] 박물관 출입 문턱을 낮추기 위해 박물관 안에 카페와 박물관 숍 같은 것을 만드는 것이 일반적이었다.

1970년대 말에 예술가인 다니엘 스포에리Daniel Spoerri와 역사가인 마리-루이제 본 플레센Marie-Louise von Plessen이 "**감성적 박물관**Musée Sentimental"*이라는 아주 독특한 형태의 전시를 개발했다. 여기서는 하나의 지역이 "과거의 유물과 현재의 물건, 주관적 기억이 얽힌 유물과 공공의 기억이 서린 유물, 일상용품과 고급예술품"을 통해 "표현되었다."[18] 이는 관람자가 전시물과 개인적이고 심지어 정서적인 관계를 맺고 이를 통해 역사를 구축하도록 한다. 이 전시의 특징은 주로 예술품을 일상적 물건과 함께 전시함으로써 이 두 영역을 생소하게 여겨져 왔던 맥락으로 집어넣는 것이다. 이를 통해 특히 **박물관화 과정**Prozess des Musealisierens이란 유물을 원래의 맥락에서 빼내 옴으로써 원래의 기능을 빼앗고 새로운 관계 속에 집어넣는 것임을, 그리하여 이 물체가 새로운 의미를 획득하는 일임을 보여 주었다.

서독에서는 기존 박물관의 새로운 방향 설정이 1970년대에 "**뮤즈 신전에 반대하는 학습장**Lernort contra Musentempel"[19]이라는 모

---

* 스위스의 예술가 스포에리가 창안한 전시 컨셉으로 1970년대 이래 역사 전시 형태를 혁명적으로 바꾸었다고 평가받는다. 역사적으로 중요한 자료만 전시하는 것이 아니라, 전시 주제와 관련 있는 일상적 물건과 개인적 기억이 얽힌 물건을 전시한 것이 특징이다. 이를 통해 관람자는 역사를 좀 더 가깝게 느끼고 체험할 수 있다.

토하에 논의되었다. 박물관은 이제 역사적·예술사적으로 귀중한 자료를 전시하는 데에만 집중해서는 안 되었고, 예비지식이 없는 대중의 학습장으로 기능해야 했다. 이렇게 해서 박물관 교육에 입각한 매개와 전시물의 맥락화가 박물관 전시의 관심사로 떠올랐다. 일상적 자료를 더 많이 수집하고 전시하라는 요구가 강력히 제기되었다. 역사의 이해는 특정한 주제의 맥락에서 전시된 자료의 텍스트 해설을 통해 이루어졌다. 이러한 학습장으로서의 전시 기획의 최초 사례로 알려진 것은 프랑크푸르트 역사박물관 Historische Museum Frankfurt이다. 여기서는 사회사적 맥락의 다채로운 전시 문구와 그래픽을 이용한 자료 제시와 해설이 이뤄졌다.

그러나 새로운 관람자 집단의 개척이라는 점에서 최초의 성공 사례는 1977년 슈투트가르트에서 열린 이른바 슈타우퍼 전시 Stauferausstellung*였다. 무엇보다도 광범위한 마케팅 기획에 힘입어 개장 두 달 반 만에 약 67만 명이 관람했다.[20] 대규모의 지방 전시회들이 뒤따랐다. 그 가운데 아마도 독일에서 역사상 가장 성공적인 사례는 혁신적인 전시 형태를 선보이며 패러다임 전환을 알린

* 1977년 바덴뷔르템베르크주 25주년을 맞아 슈투트가르트에서 열린 〈슈타우퍼 시대Die Zeit der Staufer〉 전시회를 말한다. 호엔슈타우펜 가문이 슈바벤 공작이자 독일 왕으로 현재의 독일 일부 지역을 지배했던 시대인 11~13세기를 정치적·사회적·예술적·종교적 현상과 맥락이라는 전체적 범위에서 설명하고자 한 포괄적인 문화 및 역사 전시회였다. 열렬한 반응과 엄청난 관람자 수를 기록했고, 성공적인 대중적 문화행사로서 주요 역사적 국가 전시회의 모델이 되었다.

〈프로이센 역사의 결산Preußen –Versuch einer Bilanz〉*으로 1981년 서베를린에서 열렸다. 예술품과 일상적 물건을 구분하지 않고 정말로 다양한 유물이 상호관계 속에서 전시되었다. 전시물의 **연출** Inszenierung은 관계적 맥락을 밝히고 그럼으로써 역사의 새로운 전망을 가능케 했다.[21] 여기에서는 프로이센 지배 귀족의 역사뿐만 아니라 그 지배를 받았던 사람들의 일상적 삶이 전적으로 일상사의 의미에서 전시되었다.

1980년대 이후의 전시들은 다양한 전시 형태와 핵심 주제의 혼합을 자주 선보였다. 예를 들면 예술의 방Kunstkammer과 신기한 방Wunderkammer 아이디어와의 공명을 전시물에서 발견할 수 있었다. 소장품의 열람도 가능해졌고, 박물관은 지식 저장소이며 동시에 학습 장소로 제시되었다. 예술품과 일상용품이 함께 전시되고 연출되었다. 나아가 전시제작자는 체험Hands—On 영역과 참여 구역에서 일어나는 상호작용에 점점 더 관심을 기울였다. 수동적 관람 태도는 적극적 부대낌으로 바뀌어야 했다. 이는 처음에는 물론 특별 지정 구역에서만 이뤄졌고, 역사적인 원본 자료는 직접적

---

* 1981년 8~11월 베를린의 마틴 그로피우스 박물관에서 전시되었다. 1981년에 있었던 소위 프로이센 전시의 하이라이트였으며, 기념일과 연결되지 않고도 약 45만 명의 관람객을 끌어모으는 예상외의 대성공을 거두었다. 전시 목표는 프로이센이 독일 역사의 발전과 억제에서 수행한 역할을 보이는 것이었으며, 특히 전후시대에 고정된 역사 관념인 군국주의적 복종 정신에 대한 비판적 의문이 제기됨으로써 독일 역사에서 프로이센의 역할에 대한 공개 토론이 시작되었다. 이 점에서 프로이센에 대한 역사적 관점의 패러다임 전환 시작의 계기로 평가받는다.

상호작용에서 제외되었다.

박물관이 모든 집단의 사람들에게 더 많이 열려 있어야 한다는 생각은 결국 지난 몇 년간 참여 박물관partizipatives Museum 형태에 대한 요구의 증가로 이어졌다. 여기서 관람자는 구경꾼에 머물지 않고 스스로 행동해야 한다. 참여는 관람자가 전시물의 기여를 논평하는 것에서부터 관람자를 통한 전시 구성에까지 이를 수 있다.[22] 핵심 사상은 박물관이 관람자를 만날 때 "눈높이를 맞춰"야 한다는 것이다. 이때 박물관은 박물관 직원, 전시물 대여자, 관람자 사이의 만남의 장소가 될 수도 있다.[23] 참여 방법은 특히 현재적 일상과 관련 있는 주제에서 제공된다. 이 영역에서 관람자는 전문가로 여겨지고 그에 걸맞게 행동한다.[24] 박물관의 참여를 끌어내기 위해서는 무엇보다 박물관 직원의 소통 능력과 조절 능력이 필요하다. 큐레이터와 소장품 관리자는 특히 새로운 분야에 뛰어들면서 결정권을 포기해야 한다. 이들이 박물관의 보물을 감시하고 이를 전시하는 유일한 박물관 전문가가 아니게 된 지는 이미 오래되었다. 박물관은 오히려 1970년대 이래 더욱더 프리랜서 전시제작자 및 기획사와 일하고 있으며, 박물관은 이들에게 특별 전시 제작을 의뢰한다.

박물관의 위기는 이미 1980년대에 극복된 것으로 여겨졌다. 오히려 이제 서독에서는 **박물관 붐**Museumsboom'이 선언되었고, 이는 박물관 관람자 수 증가와 새로운 박물관 건립으로 증명되었다. 1990년대 이래 독일에서 연간 박물관 관람 횟수는 평균 약 1억 건에 달한다. 박물관 수도 1990년 약 4,000개[*]에서 현재 약 6,700개로 증가했다.[25] 박물관 관람자 수가 대폭 증가한 것은 사실이지만, 그 수혜자는 대형 박물관이다. 전체 박물관들 가운데 약 50퍼센트는 연간 관람 횟수가 5,000건 정도인 데 비해 오직 4퍼센트만이 10만 건을 넘긴다.[26]

　독일의 박물관 경관의 다양성에 대한 설명은 여기서는 간단히 열거하는 것으로 그친다. 박물관과 그 직원들의 이해를 대변하는 단체로 1917년 설립된 독일박물관협회가 제공하는 개관을 살펴보자. 박물관협회 산하에 있는 수많은 전문 부서는 제각각의 **박물관 유형**Museumtypen을 대표한다. 여기에는 공공역사가들에게 중요한 역사박물관, 그 외에도 문화사박물관, 미술관, 자연사박물관, 기술사박물관, 고고학박물관, 그리고 야외 민속박물관이 있다. 역사박물관은 다시금 이른바 일반 박물관Universalmuseum과 특수 박물관Spezialmuseum으로 나뉜다.[27] 전자에는 국립박물관, 주립박물관, 지역박물관, 시립박물관, 향토박물관이 속하며 갖가지 수집품을 보유하고 전시한다, 이에 반해 특수 박물관은 '비교적 좁은 범위의 지식 분야나 주제, 또는 자료'에 집중한다. 예를 들면 기술박물관Technikmuseum, 산업박물관Industriemuseum, 군사박물관Militärmuseum이 이에 속한다. 이들을 좀 더 세분하면 예컨대 항공박물관Luftfahrtmuseum, 광산박물관Bergbaumuseum, 전차박물관Panzermuseum이다. 또 다른 전문 부서로 통

---

[*] 원서에는 400개로 표기되어 있지만, 이 숫자는 단순 착오나 인쇄 오류로 보인다. 〈독일박물관 보고서〉(1991)에 의하면 1990년 당시 독일의 박물관 수는 4,034개였다.

신박물관Kommunikationsmuseum이 있는데 옛 우편박물관Postmuseum 의 후신이다. 또한 영화박물관Filmmuseum의 소장품은 영화뿐만 아니라 소품은 물론 촬영 기술까지 포괄한다.

박물관협회에는 행정, 전시, 수습, 언론 홍보와 공공 업무, 보존과 복원, 교육과 매개를 각각 담당하는 팀이 있는데, 이 구조는 박물관의 업무 영역을 한눈에 보여 준다. 여기서 빠진 것이 박물관교육Museumspädagogik인데, 이 분야는 1991년 설립된 연방 박물관교육협회Bundesverband der Museumspädagogik를 통해 스스로의 이해를 대변하고 있다. 독일 국내 차원에서 거의 모든 연방 주에 박물관연합회Museumsverband 혹은 박물관청Museumsamt이 있다. 이들은 독일박물관협회와 협력하지만 하위 파트너는 아니다. 이들은 자문과 박물관들의 상호 교류를 돕고 각 주 정부에 대해 창구 노릇을 한다.

독일박물관협회는 물론 지역의 박물관연합회들도 정기적으로 학술회의와 직무교육을 조직한다. 독일어권의 박물관 직무교육 기관과 연구기관으로는 베를린의 박물관연구소Institut für Museumsforschung, 오스트리아 그라츠의 박물관아카데미Museumsakademie Joaneum, 북부독일 엠덴에 있는 무제알로그 박물관아카데미Museumsakademie Masealog, 베를린 기술·경제응용과학대학HTW in Berlin, 라이프치히 기술·경제·문화응용과학대학HTWK Leipzig이 있다. 올덴부르크대학교는 박물관 전공 특별 과정을 운영한다. 본대학교 역시 직장인 학생을 대상으로 하는 박물관 연구 석사 과정을 개발 중이다. 또한, 역사학과와 문화연구학과 가운데 다수가 박물관을 주제로 하는 학점 이수 단위Module를 제공하는데, 튀빙겐대학교 경험적 문화연구학과의 '박물관과 소장품의 개요Profillinie Museum und Sammlungen'가 그 사례다.

오늘날 박물관은 공공 공간에서 역사를 제시하는 핵심적인 장소다. 지난 수백 년 동안 박물관은 크게 변화해 왔다. 엘리트를 위한 박물관 신전이었다가, 교육적으로 준비된 학습 장소가 되었다가, 마침내 "지식의 장"이 되었다.[28] 로즈마리 바이어 드한에 의하면, 박물관은 "제2의 근대Zweite Moderne"라는 도전장을 냈다.[29] 이는 세계화 및 그 결과로서 세계의 정치적·경제적 얽힘, 그뿐 아니라 기억에 대한 개인적 접근의 증가로 나타난다. 이런 맥락에서 박물관은 해석을 제공하나 그것을 확고한 진실이라고 주장하지는 않은 장소로 이해될 수 있다.

역사학자이며 문화연구학자인 요아힘 바우르Joachim Baur는 현재 전시계와 공공역사에서 논의되는 주제 영역을 다섯 개로 구분한다. 이 가운데 '통합Inklusion'이라는 표어에는 다양한 욕구를 가진 최대한 넓은 공중을 목표로 전시를 만들려는 소망이 담겨 있다. '참여Partizipation'의 목표는 잠재적 관람자를 박물관 작업에 편입시키는 것이다. 탈경계Entgrenzung 개념은 문화사 전시의 지리적·주제적·의미적·예술적 확장을 의미한다. 나아가 공공자금으로 운영되는 박물관은 외부의 재원을 끌어와야 한다는 압박 때문에 프로젝트 지향성Projektorientierung의 증가를 피할 수 없다. 후원

자를 찾는 것은 중요하지만 이들은 전시에 영향을 미치기도 하며, 후원 여부는 관람 횟수와 함께 전시의 성공을 가늠하는 중요한 잣대로 여겨진다. 그 결과 전시 업무는 **이벤트화**Eventisierung 되고, 전시 내용에 기울여야 할 주의를 이쪽에 빼앗기게 된다.[30] 또 다른 중요한 과제는 **출처 연구**Provenienzforschung로서, 수집물의 출처가 어디이며 어떻게 박물관에 들어왔으며 누구의 소유를 거쳤는지를 다룬다. 그 외에 **디지털화**Digitalisierung 역시 박물관이 직면한 도전이다. 이 주제들은 박물관의 업무뿐만 아니라 박물관 분석을 위한 연구의 소재이기도 하다.

참고문헌

Beier-de Haan, Rosmarie: Erinnerte Geschichte - Inszenierte Geschichte. Ausstellungen und Museen in der Zweiten Moderne, Frankfurt/M. 2005.

Beier, Rosmarie (편): Geschichtskultur in der Zweiten Moderne, Frankfurt/M. 2000.

Graf, Bernhard/Rodekamp, Volker (편): Museen zwischen Qualität und Relevanz. Denkschrift zur Lage der Museen, Berlin 2016, URL: http://www.smb.museum/fileadmin/website/Institute/Institut_fuer_Museumsforschung/Publikationen/Berliner_Schriften/IFM_Berliner_Schriften-Bd_30.pdf

Hartung, Olaf: Kleine deutsche Museumsgeschichte. Von der Aufklärung bis zum frühen 20. Jahrhundert, Köln 외, 2010.

Korff, Gottfried: Museumsdinge deponieren - exponieren, hrsg. von Martina Eberspächer,

Gudrun Malene König, Bernhard Tschofen, 2. erg. Auflage Köln 외 2007.

Pomian, Krzysztof: Der Ursprung des Museums. Vom Sammeln, Berlin 1988.

te Heesen, Anke: Theorien des Museums zur Einführung, Hamburg 2012.

Walz, Markus (편): Handbuch Museum. Geschichte—Aufgaben—Perspektiven, Stuttgart 2016.

[웹 링크]

국제박물관협의회 ICOM(International Council of Museums), URL: http://icom. museum

유럽 박물관 기구 네트워크 NEMO – das Network of European Museums Organisations, URL: http://www.ne-mo.org

유럽 박물관포럼 Europäisches Museumforum, URL: http://www.europeanmuseumforum. info

독일박물관협회 Deutscher Museumsbund, URL: http://www.museumsbund.de

박물관연구소 Institut für Museumsforschung, URL: http://www.smb.museum/ museen-und-einrichtungen/institut-fuer-museumsforschung/home.html

박물관 블로그 개관 URL: Museummedia: http://museummedia.nl/links/100-best-curator-and-museum-blogs

Zündorf, Irmgard/Zeppenfeld, Stefan: Museen und Gedenkstätten, in: Busse, Laura/ Enderle, Wilfried/Hohls, Rüdiger (편), Clio-Guide. Ein Handbuch zu digitalen Ressourcen für die Geschichtswissenschaften 2016, URL: http://guides.clio-online.de/sites/default/files/clio/guides/2016/Zuendorf-Zeppenfeld_Museen-und-Gedenkstaetten_2016.pdf

[지역의 박물관 협력체]

브레멘 및 니더작센 URL: http://www.mvnb.de

슐레스비히홀슈타인 및 함부르크 URL: http://www.museumsverband-shhh.de

브란덴부르크 URL: http://www.museen-brandenburg.de

헤센 URL: http://www.museumsverband-hessen.de

메클렌부르크포어폼머른 URL: http://www.museumsverband-mv.de

라인란트팔츠 URL: http://www.museumsverband-rlp.de

자르란트 URL: http://www.museumsverband-saarland.de

작센 URL: http://www.museumsbund-sachsen.de

작센 박물관 담당국 (Sächsische Landesstelle für Museumswesen) URL: http://
www.museumswesen.smwk.sachsen.de

2—1945년 이후 독일에서 기념관의 발전

독일에서 기념관의 역사는 1945년 이후 나치 과거의 처리/정리
Aufarbeitung*와 깊이 얽혀 있다. 제2차 세계대전이 끝난 후 연합군
은 자신들의 점령지에서 '탈나치화'를 수행하기로 결정했다. 이는
정치, 경제, 행정, 문화, 사회의 모든 분야를 나치의 영향에서 해
방시키는 것을 뜻했다. 그리하여 나치 조직은 와해되고 부역자는
해고되었으며 나치 고위직 인물은 개별적으로 기소되었다. 그뿐

---

* 과거를 성찰적으로 다루는 일을 의미한다. 독일어 단어 aufarbeiten은 두덴 사전에 의하면 특
히 과거와 관련되었을 때 '무엇을 처리함으로써 명확함을 얻다, 무엇을 정신적으로 처리
하다'라는 의미로 풀이되어 있다. 주로 과거, 어린 시절, 갈등을 대면하고 다루는 방식과
관련하여 사용된다.

만 아니라 거리 이름이 바뀌거나 공공장소의 나치 표식이 모두 파괴되었다. 탈나치화와 나치 범죄 단죄의 형태와 강도는 서독과 동독에서 매우 달랐다. 이는 두 개의 독일 국가 건설로 더욱 강화되었고, 그리하여 "두 개의 서로 다른 기념문화"가 나타났다.[31]

동독 정부는 스스로를 나치 국가의 계승자로 간주하지 않았기 때문에 나치 범죄 피해를 배상할 이유도 없다고 생각했다. 부헨발트와 작센하우젠 강제수용소는 소비에트 점령군이 "특별 수용소"로 사용했으므로 기념의 장소는 일단 아니었다. 수용소가 폐쇄된 후 1958년 부헨발트에, 1959년 라벤스브뤼크에, 그리고 1961년 작센하우젠에 이른바 '국립기념관National Mahn- und Gedenkstätte'이 들어섰다. 이 장소들은 반파시즘 저항의 기억에 사용되었고 따라서 독일 사회주의통일당SED의 정당성 옹호에도 기여했다.

1950년대 서독에서는 나치 범죄가 정치와 문화 영역에서 공적으로 금기시되는 현상이 뚜렷했다. 그 전경前景에는 전쟁과 추방과 피난으로 고통받은 독일인의 피해자 서사가 있었다. 1950년대 후반이 되어서야 나치 범죄는 공공연히 회자된 재판들, 즉 1958년 울름 나치특공대 재판,* 1960년과 1961년 아이히만 재판,** 1963~1965

---

* 1958년 4월, 틸지트Tilsit의 특무부대Einsatzkommando에 복무했던 10명의 용의자가 1941년 리투아니아 지역의 국경지대에서 5,502명의 유대인 여성과 어린이를 살해한 혐의로 울름 재판소에 기소되었다. 이 재판은 서독 법에 따라 나치 범죄를 처벌한 최초의 재판으로, 공적이고 법적인 측면에서 나치 과거 정리의 첫 번째 전환점으로 여겨진다.

** 나치 친위대 장교로 홀로코스트 실무의 총책임자였던 아돌프 아이히만이 탈출에 성공해 아르헨티나에 숨어 살다가 모사드에 의해 납치되어 이스라엘 예루살렘 법정에 세워져

년 프랑크푸르트 아우슈비츠 재판*과 관련해 집중적으로 논의되었다. 그러나 홀로코스트나 강제노동, 독일 국방군 범죄에 대한 공공의 민감성이 높아진 것은 1980년대 이후의 일이었다.[32]

기념관은 나치 범죄와 정치적·사회적으로 대결한 결과이다. 1945년 이후에 수용소 생존자들이 요구하여 해당 장소에 기념판, 기념비, 기념상이 먼저 세워졌다. 여기에는 개인의 이름이나 개별 집단명 외에 다른 정보는 없었으며, 이것으로 피해자의 존재를 상기시켰다. 기념 장소와 정보 전시를 겸한 최초의 기념관은 1965년 서독에서 과거 다하우 수용소 수감자들의 요구로 건립되었으며, 1966년에는 베르겐-벨젠이 뒤를 이었다. 1968년에는 베를린의 벤들러 구역Bendlerblock에 '슈타우펜베르크 슈트라세 기념교육관 Gedenk- und Bildungsstätte Stauffenbergstraße'이 개관하였는데, 이 건물 안뜰에서 1944년 7월 20일 암살 가담자가 처형되었고 이곳은 반나치 저항을 환기하는 장소. 이 초기 기념관의 목표는 "증명을

사형을 선고받은 일련의 재판을 말한다. 한나 아렌트는 《뉴욕 타임스》의 요청으로 재판을 직접 참관하고 아이히만을 관찰하여 보고서를 작성했고, 여기서 '악의 평범성'을 주장해 당시 큰 논란을 불러일으켰다. 이 글은 1963년 《예루살렘의 아이히만》으로 출간되었다.

* 나치 최대의 학살수용소인 아우슈비츠 비르케나우 수용소의 경비원이었던 나치 친위대원 22명을 기소한 재판. 전후 시대 초기에 독일연방공화국(서독)에서는 법적 한계로 인해 나치 범죄에 대한 유죄 판결은 살인에 직접 연루된 경우에만 가능했으며, 이마저도 회피와 증거 인멸 등으로 어려운 경우가 많았다. 1963년부터 1965년까지 지속된 프랑크푸르트 재판에서는 피고 6명이 종신형, 10명은 징역형, 3명이 증거 부족으로 무죄 선고를 받았다. 2015년 이후 법적 이해의 변화로 인해 아우슈비츠 재판이 일부 속행되었고, 고령의 피고인들이 유죄 판결을 받았다.

〈도판 7〉 다하우 기념관의 실외 전경, 2017.

목표로 하는 (독일인을 위한 독일의) 증거 장소가 되는 것과 생존자
와 후손을 위한 정치적 기념관"이었다.[33]

이 기념관들은 공산주의자를 제외하고 정치적 이유로 박해받은
유대인 희생자와 비유대인 독일인을 기억했다. 남아 있는 일부 건
물이 해체되고 상징적 건물로 대체된 경우도 많았다. 예를 들어 그
때까지 남아 있었던 다하우 수용소의 막사 건물은 토대만 남기고
철거한 후 재건되었다.

전시에는 주로 **사진과 텍스트로 이루어진 패널**Bild-Text-Tafel을
사용했다. 나치가 촬영한 수용소 사진을 확대한 것과 해방 후 연합
군이 찍은 사진, 나치 범죄를 증명할 수 있는 문서 사진 등이 전시

되었다.[34] 3차원 전시물은 거의 없었다. 전시 내용의 초점은 "비인간"인 "나치"와 명백히 무력한 피해자를 상호 대비하는 것이었다.[35]

1980년대에는 이른바 기념관 운동이 전개되면서 기념관과 자료 센터들이 건립되었고 지금까지도 존재한다. 그 기반은 여전히 나치 피해자 단체들이었지만, 자기가 사는 지역의 숨겨진 과거의 흔적을 찾아 알리는 시민단체와 지역의 역사 작업장들도 참여했다.[36] 학계 역시 기념관 작업에 중요한 자극을 주었다. 뮌헨대학교 현대사연구소Institut für Zeitgeschichte의 '나치시대의 바이에른Bayern in NS-Zeit' 프로젝트가 그 사례다. 나치 역사에 대한 공적 논의의 활성화에는 대중문화의 기여도 있었다. 그 최고봉은 1979년 방영되어 대중의 광범위한 호평을 받은 텔레비전 시리즈 〈홀로코스트〉였다. 1980년대 초에는 '독일 역사 학생경연대회Schülerwettbewerb Deutsche Geschichte'가 '민족사회주의의 일상Alltag im Nationalsozialismus'을 주제로 내걸어 나치 과거에 대한 사회적 논의를 촉진했다.

나치 역사에 관한 공적 논의가 활발해지면서 기념관들의 기존 전시가 비판대에 올랐다. 그 방향은 주로 기념관이 나치 범죄에 관한 정보를 알려 주는 것을 넘어서 "정화소, 정치적 입장 표명, 교육 기관"이 되어야 한다는 것이었다. 여기서 핵심은, 폴크하르트 크니게Volkhard Knigge에 따르면, 과거와의 대결을 방해하는 "당혹감 Betroffenheit"이었다.[37] 비평가들은 전시를 검토하고 배경 정보를 더 제공하며 명료한 맥락을 제시하라고 요구했다. 다른 피해자 집단도 다루어야 한다는 요구도 나왔다. "안락사" 희생자, 집시와 동성애자, 소비에트 전쟁포로, 공산주의자가 그들이다. 나치의 유산인 시각 자료와 문서를 별 생각 없이 갖다 쓴 것도 비판을 받았다.

1980년대에는 박물관에서와 마찬가지로 기념관에도 '적극적 학습 장소aktives Lernort' 개념이 관철되면서 교육정책에 맞춘 프로그램이 만들어졌다. 이와 나란히 기념관 업무의 전문화가 진행되었다. '평화를 위한 화해 행동Verein Aktion Sühnezeichen Friedensdienste'*에 기념관 담당국이 만들어졌고, 1983년부터는 직원 직무교육을 위한 기념관 세미나가 정기적으로 열렸으며, 특히 연방 정치교육원Bundeszentrale für politische Bildung이 이를 지원했다.[38] 그 외에도 기념관 담당국은 나치 관련 기념관들의 현황을 알리는 기념관 뉴스레터를 정기적으로 발행했다. 1985년 창간된 《다하우 팜플렛 Dachauer Hefte》 역시 나치 관련 연구 주제 등 기념관 업무의 실무를 다룬다.

그러나 서독의 기념관들은 정기적인 정부 지원금이 아니라 자원봉사와 기부금, 프로젝트 수입으로 꾸려졌다. 이는 1990년대에 들어와서야 바뀌었다. 이 과정에서 다수의 기념관이 제도화되고 한층 전문화되었다. 이와 같은 전개는 독일 통일과 그 결과로 나타난 역사문화에 대한 도전과 밀접한 관련이 있다. 이런 상황에서 연방 정부는 1990년에 우선 구동독의 기념관들을 어떻게 할 것이

---

* 영어권에서는 Action Reconciliation/Service For Peace(ARSP)으로 알려진 독일의 평화운동 조직. 1958년 독일 복음주의 교회 대회를 통해 베를린에서 설립되었다. 특히 국제적 자원봉사 프로그램과 유럽의 워크 캠프 조직으로 유명하다.

냐는 문제에 직면했다. 이 시설들은 그전까지 동독 국가의 재정 지원을 받았었다. 연방 정부가 이를 인수하는 것은 불가능해 보였다. 기념관은 문화 업무의 일부이므로 주 정부의 관할 영역이었기 때문이다. 그렇다고 신 연방 주의 관할로 귀속시키는 것도 합리적인 방안은 아닌 듯했다. 재정 부담이 너무 컸기 때문이다. 조직과 재정의 새로운 해법을 찾아야 했다.

그뿐만 아니라 작센하우젠과 부헨발트에는 '이중의 과거doppelte Vergangenheit'가 있으니 이곳은 원래 나치 강제수용소였지만 1945년 이후에는 소비에트 특별수용소로 사용되었다. 특별수용소에는 나치 범죄자들 외에도 공산주의 정권과 소비에트 군정의 반대자로 간주된 사람들도 수감되었다. 연방 의회는 동독 사통당 국가의 역사와 그 유산을 다루는 계획을 수립하기 위해 1992년에 각 정당의 원내대표와 외부 전문가로 구성된 '독일 사통당 독재의 역사와 결과 정리 조사위원회Enquete-Kommission zur Aufarbeitung von Geschichte und Folgen der SED-Diktatur in Deutschland'를 소집했다. 이 위원회의 임무는 독일민주주의공화국(구동독)을 역사적으로 어떻게 평가할지를 논의하는 것이었다. 1995년에는 제13대 연방 의회에 '독일 통일 과정에서 사통당 독재 결과 극복 조사위원회 Enquete-Kommission zur Überwindung der Folgen der SED-Diktatur im Prozess der deutschen Einheit'가 설치되었다. 이 위원회는 1998년에 제출한 최종보고서에서 독일의 나치 독재와 사통당 독재의 기억 및 그 희생자에 대한 연방 정부의 책임을 선언했다. 그 결과로 설립된 기관이 **연방 문화·미디어 위원회BKM**(Bundesbeauftragte für Kultur und Medien)이다. 이는 연방 차원에서는 최초로 설립된 문화 정책을 책임지는 기관이었다. 그전까지 이는 주 정부에 국한된 업무였기 때문이다. 이 기관의 소속 위원들은 특히 국가적으로 중요한 기념관과 박물관들을 관리한다. 1998년에는 사통당 독재 처리 연방재단Stiftung zur Aufarbeitung der SED-Diktatur이 설립되었고, 나중에 연방재단Bundesstiftung으로 개칭되었다. 이 재단의 업무는 소비에트 점령지 및 동독 역사와 관련된 전시, 출판, 컨퍼런스, 연구를 촉진하는 일이다.

연방 문화·미디어위원회BKM는 1999년에 최초의 **연방 기념관 계획**Gedenkstättenkonzeption des Bundes을 발표했다.[39] 여기에는 나치 또는 소비에트 군정과 동독을 다루는 기념관들을 연방 정부가 정책적으로 지원하는 데 필요한 기준이 명시되어 있다. 이 계획의 개정판이 10년 후에 위원회에 의해서 '**책임 인식, 정리 강화, 기념 심화**Verantwortung wahrnehmen, Aufarbeitung verstärken, Gedenken vertiefen'라는 제목으로 출판되었다.[40] 이 문건에 나와 있는 연방 차원의 지원 원칙은 지금도 유효하며, 주요 기준은 다음과 같다.

"장소의 국가적 또는 국제적 위상, 장소의 진본성, 나치 폭력이나 사통당 독재에 의한 박해의 역사를 보이는 표본성, 프로젝트 기획의 질적 보장, 기관들과의 협력."[41]

중심 주제는 나치의 폭력 지배와 동독 지배와 억압의 역사를 포괄한다. 새로이 추가된 구동독의 일상사는 지원이 필요한 기억문화 영역으로 여겨진다. 다만 "일상적 삶은 독재의 맥락에서 표현되어야 한다."[42] 이것이 의미하는 바는, 동독의 일상을 제시할 때 동독 사람들에 대한 국가의 광범위한 통제와 정부의 대규모 순응 압력, 그리고 사회적 "동조"가 드러나야 한다는 것이다.

연방 차원의 기념관 계획은 나치 독재뿐만 아니라 사통당 국가의 역사도 제도적으로 기억되어야 함을 확인해 주었다. 이는 나치와 소비에트 점령지/동독 청산 사이의 관계를 둘러싸고 지속적인 논쟁을 불러일으켰다. 이러한 긴장관계는 오늘날까지도 개별 기념관 사이의 충돌은 물론 공론장에서의 충돌에서도, 예컨대 지원금 분배를 둘러싼 논쟁에서 나타난다.

과거 정리라는 문제에서 공적 인식의 불균형은 사통당 독재 처리 연방재단Bundesstiftung zur Aufarbeitung der SED−Diktatur이라는 비교적 훌륭한 프로젝트 지원 수단에서 명백히 드러난다. 나치 역사를 다루는 유사한 기관으로 '기억·책임·미래재단EVZ(Stiftung Erinnerung, Verantwortung und Zukunft)'이 있지만, 그 지원 범위는 대단히 제한적이다. 이 재단은 2000년에 나치 강제노동자·피해자에 대한 물적 배상을 위해 설립되었고 2007년에 지불 종료를 선언했다. 그 후로는 다음과 같은 내용의 프로젝트를 지원하고 있다.

"국제적 상호 이해, 나치 지배체제 생존자의 복리, 청소년 교류, 사회 정의, 폭력 지배와 전체주의 체제의 위협에 대한 기억, 인도적 영역의 국제 협력에 봉사(하는 프로젝트). 재단은 나치 불의에 희생된 피해자들을 기억하고 그들의 명예를 위하여 그들의 유산에 관심을 두고 프로젝트를 지원한다."[43]

1990년 이후의 변화는 재정 지원 구조의 전면 개혁에서 멈추지 않았다. 동독 시절의 기념관들의 내용에 관한 재검토가 필요했다. 새로운 기획은 역사학자들과 피해자 단체들 사이에 갈등을 초래했을 뿐만 아니라 다양한 피해자 집단들 사이의 갈등 또한 불러일으켰다. 그 이유는 '이중의 과거를 지닌' 기념관들의 경우 하나의 장소에서 서로 완전히 다른 두 지배체제에 관한 정보를 제공하고 서로 다른 피해자 집단을 기념해야 하게 되었기 때문이다. '피해자 경쟁Opferkonkurrenz'을 방지하고 서로 다른 독재의 경험이 상쇄되지 않도록, 역사가인 베른트 파울렌바흐Bernd Faulenbach는 다음과 같은 공식을 만들었다.

"과거 독일의 독재를 기억할 때의 기본은 언제나, 나치 범죄를 상대화해서도 안 되고 사통당 독재가 자행한 불의도 경시하면 안 된다는 것이다."[44]

이를 바탕으로 기념관들은 서로 다른 과거를 각기 구분해 주제화하는 노력을 해 오고 있다. 피해자 단체들의 대표자들도 자문위원회 구성원으로 초빙된다.

1990년 이후에는 공산주의 과거를 기억하기 위한 기념관이 새로이 들어섰다. 예를 들면 구동독 국가안전부Stattssicherheit의 미결수 중앙교도소 자리에 들어선 베를린 호헨쉰하우젠 기념관 Gedenkstätte Berlin-Hohenschönhausen, 구동독 국가안전부 비밀경찰 Stasi 본부를 역사적 장소로 보존한 노르마넨 슈트라세 연구기념관 Forschungs-und Gedenkstätte Normannenstraße,[*] 슈타지 라이프치히 지부 건물로 사용되었고 현재는 슈타지의 시민 감시 문서를 보존하고 있는 '룬데 엑케' 기념관 박물관Gedenkstätte Museum "Runde Ecke",[**] 동서독 국경이 있었던 기억의 장소에 들어선 마리엔본 독일 분단기념관Gedenkstätte Deutsche Teilung Marienborn, 베를린 베르나우어 슈트라세의 베를린 장벽기념관Gedenkstätte Berliner Mauer 등이다. 이 일은 처음에는 동독 독재의 피해자 집단과 시민단체가

---

[*] 현재 슈타지 박물관Stasimuseum. 이 건물군은 동독 시절 국가안전부MfS(Ministeriums fur Staatssicherheit) 중앙본부로 사용됐다. 특히 1960/61년 건립된 하우스 1에는 1957년부터 동독 정권이 끝날 때까지 국가안전부 장관을 지낸 에리히 밀케Erich Mielke의 집무실이 있었다. 1990년 1월 15일 데모대가 슈타지 본부를 접수했고, 하우스 1을 기념관으로 전환해 역사적 장소로 남기기로 했다. 그 결과 1990년 11월 7일 노르마넨 슈트라세 연구기념관Forschungs- und Gedenkstatte Normannenstraße으로 개관하여 박물관으로 사용되었고, 이후 슈타지 박물관으로 개명했다.

[**] '룬데 엑케Runde Ecke'는 라이프치히 도심 한가운데 있는 건물로 나치 시절 게슈타포가 사용했다는 소문이 있다. 종전 후 미군을 거쳐 소비에트 비밀경찰이 사용했고, 1950~1989년 슈타지 지부 건물로 사용되며 증축되었다. 동독 사통당 정부의 억압적 지배를 상징하며, 월요 시위대의 표적이 되기도 했다. 1989년 12월 4일 라이프치히 시민이 접수한 후 1990년 8월 상설 전시회 〈슈타지-권력과 진부함Stasi-Macht und Banalitat〉을 개관하였다. 남아 있는 슈타지 문서의 정리와 보존 작업이 이루어지고 있다.

주도했지만, 그 가운데 일부가 연방 정부의 기념관 구상에 맞추어 1990년대 후반에 제도화되었다. 이후의 기념관 사업에도 동독 독재 피해자들과 시민들이 꾸준히 참여하였으며, 이 과정 역시 다른 경우와 마찬가지로 갈등 없이 순조롭게만 진행되지는 않았다.[45] 공적 자금이 조성되면서 역사가들과 기념관 교육전문가들이 고용되고 학술 자문위원회가 설치되었다. 이러한 새로운 인력의 유입은 기념관 사업을 새롭게 변화시켰고, 그 과정에서 피해자 집단의 영향력은 축소되었다. 피해자들은 기념관이 "자신들의" 장소라고 생각하며 자신들의 기억을 바탕으로 감정적이고 개인적인 이야기를 들려줘야 한다고 요구했다. 기념관에 새로 들어온 전문가 직원들의 생각은 달랐고, 이들은 학술적으로 탄탄한 역사 표현의 의무에 충실하기를 원했으며 지금도 그렇다. 이를 위해서는 증인의 기억은 중요하지만 유일한 사료는 아니다. 게다가 다수의 기념관이 시대 증인의 관점에 초점을 맞추는 것을 반대했다. 그보다는 전시는 다원적 관점을 견지해야 하고 역사 제시의 구성적 특징을 분명히 해야 한다. 또한 **보이텔스바흐 합의**Beutelsbacher Konsens를 따라서 감정에 압도되지 않으면서 논쟁을 자극해야 한다.

보이텔스바흐 합의는 1970년대에 공식화되었으며, 기념관이 수행하는 역사·정치교육historisch-politische Bildungsarbeit을 위한 세 가지 교육 강령을 포함한다. 첫째, 강압하거나 일방적 주

입을 하지 않는다. 둘째, 논쟁적 입장들을 고려한다. 셋째, 학
생들이 정치적 상황과 스스로의 이해관계 상황을 분석할 수 있
도록 한다.[46]

대학과 기념관에서 이루어진 광대한 연구를 바탕으로 1990년대
이후 기념관 상설 전시에는 근본적인 수정이 이루어졌다.[47] 기념
관이 다루는 주제와 사용하는 미디어가 확장되었다. 문서, 사진,
영상 외에도 오디오와 비디오로 기록된 시대 증인 진술, 인용문, 3
차원 전시물을 보강해 과거와의 거리감을 바짝 좁혔다. 이러한 식
의 역사 표현이 필요하다고 보았던 이유는, 역사적 장소들이 대폭
변형되고 증축된 나머지, 원래의 형태를 거의 알아볼 수 없게 되어
관람자들에게 진본으로 여겨지지 못하게 되었기 때문이다. 또한
장소의 보존, 장소의 수집과 기록에 대한 학문적 요구가 높아졌다.
남겨진 잔해는 문화재 보호기관과 협의하여 다양한 각각의 역사적
층위에서 가시화되어야 했다. 구체적 실천을 위한 통일된 제작 표
준은 아직 없다. 다만 기념관은 건축물의 잔해를 유지하고 보수하
고 해설하되 복구하면 안 된다는 원칙만큼은 과거에도 현재에도
유효하다. 역사가인 합보 크노흐Habbo Knoch가 정리한 것을 인용
하면 "해체와 맥락화라는 길을 통해서만 …… 과거로 들어갈 수
있다."[48] 이로부터 다음과 같은 **기념관의 과제**Gedenkstätten-
Aufgabe가 도출된다.

- 보존과 관리
- 연구와 기록
- 설명과 맥락화
- 교육 사업
- 이동식mobile 전시 및 관람자 참여형 전시[49]

기념관들에서는 1990년대와 2000년대에 프로젝트 사업단이 꾸려졌고 일부 기념관은 상호 교류 개선을 위해 주 정부 재단에 통합되기도 했다. 국제적 차원에서 2001년 공공범죄 피해자 기억 국제기념박물관위원회IC MEMO가 기념관을 위한 플랫폼으로 설립되었는데, 이는 동시에 국제박물관협의회ICOM 회원이기도 하다.

공공범죄 피해자 기억 국제기념박물관위원회와 국제홀로코스트기억협회IHRA(International Holocaust Remembrance Association)는 **국제기념관헌장**Internationale Gedenkstätten－Charta을 2012년 채택했다. 이 헌장에는 특히 기념관 사업의 과제와 원칙이 다음과 같이 명시돼 있다.

- 세계 인권 선언의 공동 수호와 다원주의적 기억문화 보존
- 정치적 지시로부터 독립
- 시민사회의 확고한 기반
- 인도주의적인 국민교육의 의무
- 생존자, 연구자, 교육자 및 참여 사회집단과의 개방적 논의
- 학술 연구

- 피해자를 기억하기
- 가해자에 관한 정보

보이텔스바흐 합의와 유사하게 이 현장 역시 "관람자에게 부당한 요구를 하거나 일방적으로 주입하지 않고, 개인의 주관적 견해를 존중하고, 논쟁적 주제를 논쟁적으로 다룰 것"을 요구한다.[50]

참고문헌

Eschebach, Insa: Öffentliches Gedenken. Deutsche Erinnerungskulturen seit der Weimarer Republik, Frankfurt/M. 2005.

Faulenbach, Bernd/Jelich, Franz—Josef (편): "Asymmetrisch verflochtene Parallelgeschichte?". Die Geschichte der Bundesrepublik und der DDR in Ausstellungen, Museen und Gedenkstätten, Essen 2005.

Hammermann, Gabriele/Riedel, Dirk (편): Sanierung—Rekonstruktion—Neugestaltung. Zum Umgang mit historischen Bauten in Gedenkstätten, Göttingen 2014.

Knoch, Habbo: Gedenkstätten, in: Version: 1.0, in: Docupedia—Zeitgeschichte, 2018년 11월 9일, URL: https://docupedia.de/zg/Knoch_gedenkstaetten_v1_de_2018 (검색일 2020. 9. 27).

KZ—Gedenkstätte Neuengamme (편): Gedenkstätten und Geschichtspolitik, Bremen 2015.

Lutz, Thomas: Zwischen Vermittlungsanspruch und emotionaler Wahrnehmung.

Die Gestaltung neuer Dauerausstellungen in Gedenkstätten für NS-Opfer in Deutschland und deren Bildungsanspruch, Dissertationsschrift 2009, URL: https://depositonce.tu-berlin.de/bitstream/11303/2625/1/Dokument_40.pdf

[기념관 일람]

Kaminsky, Anne (편): Orte des Erinnerns. Gedenkzeichen, Gedenkstätten und Museen zur Diktatur in SBZ und DDR, Berlin 2007.

Puvogel, Ulrike: Gedenkstätten für die Opfer des Nationalsozialismus. Eine Dokumentation, Bonn 2. überarb. Auflage 1995. URL: http://www.bpb.de/shop/buecher/einzelpublikationen/33973/gedenkstaetten-fuer-die-opfer-des-nationalsozialismus-band-i (검색일 2017. 11. 13).

[웹 링크]

사통당 독재 처리 연방재단 Bundesstiftung zur Aufarbeitung der SED-Diktatur, URL: https://www.bundesstiftung-aufarbeitung.de

테러의 지형 재단 기념관 포럼 Gedenkstätten Forum der Stiftung Topografie des Terrors, URL: http://www.gedenkstaettenforum.de

기념관 뉴스레터 Gedenkstättenrundbrief, URL: http://www.gedenkstaettenforum.de/nc/gedenkstaetten-rund-biref

연방 기념관 계획 Gedenkstättenkonzeption des Bundes, URL: https://www.bundesregierung.de/Content/DE/StatischeSeiten/Breg/BKM/2016-10-25-gedenkstaettenkonzeption.html

유럽 기억의 장소 기념관 포털 URL: http://memorialmuseums.net/

공공범죄 피해자 기억 국제기념박물관위원회 International Commitee of Memorial Museums in remembrance of Victims of Public Crimes (IC MEMO), URL:

http://network.icom.museum/icmemo

세계홀로코스트기억협회 International Holocaust Remembrance Association (IHRA), URL: https://www.holocaustremembrance.com

국제 기념관 일람 URL: http://www.gedenkstaetten-uebersicht.de

역사에서 배우기 Lernen aus der Geschichte, 기념관의 역사·정치교육 교류 플랫폼 URL: http://lernen-aus-der-geschichte.de

기억·책임·미래재단 Stiftung Erinnerung, Verantwortung und Zukunft (EVZ), URL : http://www.stiftung-evz.de

소련 점령 지역 및 동독 억압의 장소 웹사이트 URL: http://www.orte-der-repression.de/projekt.php

나치 역사 기념관 웹사이트 (연방 정치교육원) URL: http://www.bpd.de/geschichte/nationalsozialismus/erinnerungsorte

베를린 브란덴부르크 기억의 장소 웹사이트 URL: http://www.orte-der-erinnerung.de

[지역별 주제별 기념관 협력체]

노르트라인베스트팔렌 나치 기념관 연구회 Arbeitskreis der NS-Gedenkstätten in NRW e. V., URL: http://www.bnr.de/initiativen/arbeitskreis-der-ns-gedenkstaetten-in-nrw-ev

바덴뷔르템베르크 연방주 기념관 및 기념관 운동 공동연구회 Landesarbeitsgemeinschaft der Gedenkstätten und Gedenkstätteninitiativen in Baden-Württemberg, URL: http://www.gedenkstaetten-bw.de

헤센 연방주 나치시대 기념관 및 기념관 운동 공동연구회 Landesarbeitsgemeinschaft der Gedenkstätten und Erinnerungsinitiativen zur NS-Zeit in Hessen, URL: http://www.hlz.hessen.de/index.php?id=ref_iii_anh_lag

브란덴부르크 기념관 재단 Stiftung Brandenburgische Gedenkstätten, URL: http://www.stiftung—bg.de

작센안할트 기념관 재단 Stiftung Gedenkstätten Sachsen-Anhalt, URL: http://www.stgs.sachsen—anhalt.de/startseite—stiftung—gedenkstaetten—sachsen—anhalt

작센 기념관 재단 Stiftung sächsische Gedenkstätten, URL: https://www.stsg.de

2. 박물관 연구의 방법

박물관 연구는 박물관이라는 존재를 대상으로 그 특징을 논하고 박물관을 분석하는 분야다. 이런 일을 표현하는 명칭은 다양하며[*], 이들은 박물관 작업을 다루는 것으로 알려진 전공 과정 명칭들에도 반영돼 있다. 예를 들어 라이프치히 기술·경제·문화 응용과학대학HTWK Leipzig의 '박물관학Museologie' 전공은 기록 수집과 관리에 중점을 둔다. 베를린 기술·경제 응용과학대학HTW Berlin의 '박물관학Museumskunde' 전공도 독일어 명칭은 조금 다르지만 비슷한 내용을 다룬다. 또 다른 명칭을 사용하는 뷔르츠부르크대학교의 '박물관학Museumswissenschaft'과 올덴부르크대학교의 '박물관과 전시Museums und Ausstellung'는 박물관이라는 기관을 다루며 그 초점을 박물관의 수집, 전시, 교육에 둔다. 대학의 전공 과정에서는 기

---

[*] 영어의 museology와 museum studies, 그리고 독일어의 Museumswissenschaft와 Museumskunde 등은 모두 '박물관에 관한 연구'를 의미하며 한국어로 '박물관학' 또는 '박물관 연구'로 번역해서 쓴다. 이는 박물관 실무를 내용으로 하는 전시학museography과는 다른 분야다.

념관을 박물관의 특수한 형태로 취급하거나 큰 관심을 두지 않는 것이 지금까지의 현실이다. 공공역사 전공 과정에서는 공공의 역사서술과 교육이라는 맥락에서 박물관과 기념관의 전시와 수집 활동의 실무만 다루지는 않으며 박물관과 박물관 작업에 관한 연구이론과 학문적 방법론 또한 공부한다. 그 내용을 지금부터 간략하게 소개한다.

1—박물관학

'박물관학' 또는 '박물관 연구Museologie'(또는 Museumskunde)라는 개념은 19세기에 나타났으며, 박물관의 역사와 수집의 개념, 자료의 범주와 형태 및 보존에 관한 논의를 포괄한다. 따라서 박물관학의 중심은 오랫동안 박물관 작업의 실무였다. 그러나 비교적 최근에 나온 박물관학 입문서는 박물관학의 범위를 "박물관의 역사, 이론, 방법론 일체"로 넓혔다.[51] 그렇지만 독일의 대학들은 여전히 박물관학을 이렇게 이해하지 않고 있다. 박물관의 이론과 역사를 다루는 연구는 문화 연구, 민속학, 유럽 민속학Europäische Ethnologie*의 맥락에서 다루어졌다. 박물관학의 중요한 초기 연구

---

* 유럽 민속학은 문화 연구의 한 갈래로 유럽의 삶의 양식과 삶의 세계를 역사적 배경과 글로벌 맥락에서 연구한다. 가령 베를린 훔볼트대학교 유럽민속학과는 현저한 사회적 정치 영역 또는 현재의 문화적 양식을 그 사회사적 배경과 문화사적 배경을 토대로 탐구한다고 밝히고 있다.

를 수행한 고트프리트 코르프Gottfried Korff는 튀빙겐대학교 경험적 문화연구학과 교수를 오래 지내며 박물관의 물건Ding, 인간과 사물의 관계, 수집과 전시의 난제들을 다루었다.[52] 그 후임인 안케테 헤젠과 다시 그 후임인 토마스 티마이어Thomas Thiemeyer가 박물관의 역사와 이론 연구를 이어 가고 있다.

국제사회의 박물관 연구에서는 박물관학이 박물관 실무만을 주로 다룰 뿐 박물관의 의미와 목표에는 거의 관심을 두지 않는다는 비판이 1980년대 말에 제기되었다. 이와는 대조적인 **신新박물관학**New Museology*이 자리 잡게 되면서 박물관을 그것이 존재하는 사회 속에서 고찰하고, 박물관의 목적을 따지고, 박물관에 새로운 과제를 부여하게 되었다. 박물관은 지식을 창조하고 제시하는 장소로 연구되었으며, 역사상像의 생산자라는 역할을 좀 더 자각할 것을 요청받았다. 이에 따라 박물관의 사회정치적 책임이 공론화되었고 사회적 다양성을 더 드러내 보이라는 요구가 제기됐다.[53] 이를 위해서는 수집은 물론 전시와 교육 프로그램 등을 새롭게 정리할 필요가 있었고, 여기에 표현된 젠더사[54]나 이주사[55]에 대해서도 비판적 재검토가 필요해졌다. 이리하여 수집 자료의 선별과

* 이 개념이 처음 나타난 프랑스어로는 la nouvelle museologie이다. 1980년대에 박물관학에 널리 영향을 미친 사상적 조류로, 박물관의 사회적 역할과 학제적 성격과 더불어 새로운 표현과 소통 양식을 강조하였다. 소장품이 핵심 관심사인 고전적 박물관 모델과 대비되는 새로운 형식의 박물관들, 예컨대 생태박물관, 과학박물관, 과학센터, 문화센터, 그리고 지역 발전을 위해 지역 유산을 활용하고자 하는 새로운 아이디어 등에서 특히 신박물관학에 대한 관심이 크다.

분류 외에도 그것들을 전시하는 방식 역시 역사상에 때로는 영향을 미칠 수 있으며, 같은 자료를 가지고도 완전히 다른 여러 개의 역사를 이야기할 수 있음이 명백해졌다.

신박물관학에서는 시민의 **참여**Partizipation가 박물관 작업의 핵심 지향점으로 떠올랐다. 시민은 유물의 수집뿐만 아니라 전시 개발에도 참여해야 했다.[56] '박물관 전문가'라는 기존 개념은 도전받게 되었고, "박물관의 역할은 사회의 기관이며 사회를 위한 기관으로서 새로이 협상되었다."[57] 이 역할을 요약하면 다음과 같다.

> "박물관은 전지全知해 보이기보다는 주제마다 그 의미를 사용자와 함께 합의하는 '배우는 기관'이다."[58]

신박물관학의 또 다른 핵심 요소는 모든 사람의 접근, 참여, 표현을 요구하는 **포용**Inklusion이었다.[59] 전시회는 교육받지 못한 집단, 어린이, '이주 배경을 가진 자들', 난민, 장애인들에게 열려 있어야 하며 흥미를 불러일으켜야 한다는 것이다. 접근성에 대한 요구는 박물관 웹사이트 정보 이용의 장애인 접근성뿐만 아니라 박물관 관람에도 적용된다. 휠체어 사용자도 박물관 출입과 내부 관람이 가능해야 하며, 시각장애인 유도 블록(점자 블록) 설치, 전시물을 만질 수 있도록 하는 것, 그리고 전시 텍스트를 다수의 언어로 제공하는 것은 물론이고 오디오와 수화 같은 단순 언어로도 제공해야 한다.[60] 그러나 그 외에도 사람들을 전시된 역사에 연관되게 하고, 그러면서도 전시에 나타난 역사의 이종성Heterogenität과 해석의 개방성을 언급하는 것이 중요한데, 이는 전시가 모든 사람에게 가 닿을 수 있도록 하기 위해서다.[61] 이는 유물 수집 단계에서 역사를 듣고 싶은 사람들이나 사회집단들을 끌어들임으로써 시작된다.[62] 전체적으로, 포용은 박물관 직원 모두의 과제이며 새로운 전시의 계획 단계부터 고려해야 하는 것이다. 독일박물관협회는 이런 의미로 박물관 전시 주제로서 이주와 관련된 모든 논의를 포괄하는 실용적 업무 제안을 담은 유인물을 만들었다.[63] 연방 박물관교육협회Bundesverband der Museumspädagogik도 박물관 직원을 대상으로 장애인 접근성과 포용에 관한 지침을 발행했다.[64]

신박물관학을 기반으로 샤론 맥도날드Sharon Macdonald는 **박물관학**의 확장을 옹호한다. 학술 연구의 성과를 박물관 실무에 적용하고 이론과 경험 둘 다에 모두 초점을 맞출 것을 요구한다. 이는 수집과 전시 실무에 치중하였던 '구박물관학Alte Museologie'에 다시금 연결되는 것을 의미하기도 했다.[65] 이에 따르면 박물관학은 자료를 각각의 맥락에서 분석하는 것과 전시 연구를 다 포괄한다. 게다가 박물관학은 박물관 작업의 오락화 경향과 상업화의 결과에도 신경 써야 한다. 이런 맥락에서 마케팅을 비롯해 박물관 숍과 카페에 적절한 공간을 할애하는 문제도 다룬다. 무엇보다도 관람자 수에 대한 박물관의 관심이 전시 내용과 방법에 미치는 효과를 논해야 한다.

박물관학이 이런 방향으로 나아갈 경우, 전적으로 신박물관학에 입각해 박물관 작업에 참여하는 관람자에 대한 연구가 대단히 중요해진다. 다수의 박물관이 관람자의 성별, 연령, 거주지 등에 관한 정보를 취한다. 관람자가 무엇에 흥미를 느꼈고 전시에서 어떤 인상을 받는지는 한층 더 복잡한 문제이며, 이는 **관람자 연구**Besucherforschung라는 틀에서 다뤄진다.[66] 이는 1980년대와 1990년대 이래 주로 전시를 관람하기 전과 후의 인터뷰를 중심으로 이뤄졌고, 그 수행과 분석은 대부분 대학 연구팀이나 박물관 외부의 다른 연구기관과 협력해 이뤄졌다. 이 작업은 주로 사회학, 특히 사회학자 하이너 트라이넨Heiner Treinen이 집중적으로 했다. 그는 박물관은 학교와 같은 학습 장소가 아니므로 여기서 교수 학습 과정의 연구는 불가능하다고 지적했다. 그보다는 오히려 관람객에 의해 정보 취득 겸 오락으로 소비된다는 점에서 대중매체와 비교할 수 있다는 것이다. 따라서 연구를 위해서는 관람자의 관심과 사전지식에 대한 정보가 필요하고, 그것을 토대로 전시 효과를 연구할 수 있다. 관람자 연구를 지원하는 기관으로는 베를린의 박물관연구소Institut für Museumsforschung 또는 칼스루에의 관람자 평가 및 연구센터Zentrum für Evaluation und Besucherforschung가 있다.[67]

박물관 연구 방법론은 다양하지만 그 핵심은 자료의 탐구다. 전시 자료는 주로 물질적인 것이지만, 가상의 물건이거나 냄새 또는 소리일 수도 있다. 박물관에 들어오는 자료는 박물관화 과정을 거친다. 원래의 맥락에서 이탈하여 수집품이 된 후에 전시될 수 있다. 관람을 위해 공간에 진열됨으로써 자료는 전시품Exponat이 되며, 전시를 통해 새로운 의미를 획득한다.[68] 이 과정에서 이전까지의 기능을 잃고 다른 기능을 부여받으며, 일상용품이었던 것도 문화적 전시물로 탈바꿈한다. 기억이론에 따라 설명하면, 전시물은 자신의 장소를 소통기억에서 문화기억으로 바꾼다.[69]

이 과정은 여러 단계로 이루어진다. 우선 박물관 혹은 그 직원이 특정 자료를 고른다. 선택 결정에 전반적으로 적용할 수 있는 단일한 지침은 없다.[70] 기본적으로는 특별함 또는 전형성을 지닌 것을 물색하며, 최종 결정은 소장품 관리자Sammlungsleiter가 한다.[71] 선택 대상은 과거에 만들어진 뒤 지금껏 파괴되거나 분실되지 않고 의도적으로든 우연이든 현재까지 보존된 유물로 제한된다. 이 말은 결코 하나마나한 소리가 아니다. 각각의 박물관이 추구하는 다양한 수집 컨셉 외에도, 우연과 주관적 선택이야말로 소장품의 맥락을 구성하는 기반이기 때문이다. 이는 분석에서 항상 고려해야 하는 점이다.

선별 과정이 완료된 자료는 등록, 목록 기재, 분류를 거쳐 박물관 소장품으로 편입된다.[72] 이 과정에서 자료에 대한 정보를 가능한 한 많이 확보해야 한다. 이를 위해 물체의 출처와 소유자 및 그 변천을 다루는 **출처 연구**Provenienzforschung가 필요하다. 이렇게 해서 자료의 역사가 만들어지며, 이로써 자료는 의미를 부여받고 재평가 대상이 된다.[73] 그래서 크쥐슈토프 포미안Krzysztof Pomian은 박물관의 전시물을 "의미 나르기Semiophore"라고 불렀다. 이 단어는 "적절한 단어인 운반자Träger와 의미Zeichen의 조합이다. 이들은 물질적 측면과 기호학적 측면을 지니며" 이 측면은 해독 가능하다.[74]

소장품으로 편입된 후에는 자료의 전시로 나아갈 수 있다. 이때 자료는 또 한 번 변신 과정을 거친다. 역사를 매개하는 운반자라는 새로운 기능을 획득하기 때문이다. 자료들은 선별된 맥락에서 제시되고, 다른 전시물들과의 관계 속에서 전시되며, 전시물에 붙은 텍스트를 통해 해설된다.[75] 이와 같은 형태로 전시물은 역사를 이야기하고 혹은 "그때" 함께했던 "사물 시대 증인"으로서 전시에 제시된 역사의 진본성을 인증한다.[76] 이를 통해 전시물은 과거와 현재의 중재자로 간주될 수 있다. 그러나 이들은 한편으로는 다채로운 역사들을 품고 있으면서 다른 한편으로는 말이 없다. 그래서 미하엘 파르멘티어Michael Parmentier는 전시물 혼자서는 아무 이야기도 할 수 없다고 강조한다. 여기에 숨겨진 의미와 이와 관련된 역사들을 매개하기 위해서는 지속적인 말하기가 필요하다는 것이다.[77] 단어와 사물의 이러한 조합은 전시에서 이루어진다. 이때 하나의 자료는 완전히 다른 전시에도 사용될 수 있으며, 이것이야말로 박물관을 흥미롭게 만드는 점이다.

박물관의 전시물을 분류하는 방법은 다양하다. 예를 들어 요한 구스타프 드로이젠Johann Gustav Droysen의 사료에 대한 고전적 정의를 따르면 전통Traditionen, 잔존물Überreste, 기념물Denkmale로 구분된다. 전통으로 간주되는 것은 수기Memoiren, 연보Annalen, 역사서술Geschichtsdarstellungen, 연대기Chroniken, 또는 예술품 Kunstwerke 등 특정한 역사를 전수하기 위해 만들어진 것이다. 이와는 반대로 우연히 전해지는 증거인 공문서amtliche Dokumente, 편지Briefe, 일기Tagebücher, 일상용품Alltagsgegenstände과 같은 것은 유물이다. 그 중간에 있는 범주가 기념물인데 여기에는 엽서 Postkarte, 포스터Plakate, 묘비Grabsteine 등이 포함된다. 이들은 기억의 운반자이며, 동시대인들을 감안하여 제작된 것이지 후속 세대를 위한 것이 아니다.[78]

박물관 소장품 Museumssammlung은 자료를 물성에 따라 구분하며, 그에 따라 자료 보존법이 달라진다. 이리하여 습도, 온도, 조명이 결정된다.[79] 주제에 따른 분류도 가능하다. 예를 들어 베를린에 있는 독일역사박물관DHM(Deutsches Historisches Museum)은 특수 박물관들과 달리 광범위하게 수집하며, 그 수집품을 일상문화, 군사, 미술과 그래픽, 문서, 사진과 영화로 구분한다. 이 분류 범주는 대부분 명확히 정의된 물체군을 가리키지만, 일상문화는 훈장에서 장난감과 가정용품을 거쳐 옷가지에 이르기까지 뭐든지 다 포괄한다.

특히 시급하고 어려운 문제는 **현대의 소장품**Sammlung der Gegenwart이다. 유물의 양은 끝없이 많고 역사 연구는 채 시작되지도 않았기에 이 경우 수집품 선별이 특히 어렵다. 우리의 현재를 미래에 전시하려면 무엇을 보존해야 할까? 답변을 하나 제안한다면, 그 결정은 소장품 관리자에게만 맡길 것이 아니라 박물관에서 일하지 않는 사람들을 "일상 전문가Alltags-Experte"로서 소장품을 만드는 과정에 되도록 많이 참여시키는 것이다.[80] 앞에서 언급한 참여의 의미 바로 그대로 사람들은 자기의 물건을 박물관에 가져오고 그것들의 역사들을 이야기할 것이며, 어쩌면 전시에 참여할 수도 있을 것이다. 그러나 특정 집단으로부터만 자료를 받으면 잘못될 가능성도 있다. 이 경우 박물관은 되도록 많은 다양한 사람들과 집단을 수집에 참여시켜야 한다.[81]

전시에서 다루는 시대가 현재에 가까울수록 또 다른 어려움이 더 많이 발생한다. 예컨대 **박물관의 시대 증인**의 진술을 수집하고 전시하여 보여 주는 일이 그렇다. 그들은 자기의 개인적인 역사와 감정을 끌어들인다. 이는 관람자에게는 과거로 가는 또 다른 다리가 되기도 한다. 게다가 이 이야기들은 전시된 자료와 여기에 얽힌 역사의 진본성을 인증하는 역할을 하는데,[82] 관람자가 특히 이를 신뢰하기 때문이다. 그런 이유로 인자 에셰바흐Insa Eschebach는 시대 증인의 발언이 인증 기능을 갖는다고 말한다.[83] 기념관의 전시에서 시대 증인은 이미 오래전에 잊힌 희생자들에게 목소리를 부여하는 기능도 갖는다.

시대 증인을 다루는 것은 박물관과 기념관의 작업자에게는 특별한 도전이다. 관람자가 시대 증인을 직접 대면하는 일은 "숙연함, 어려운 느낌, 동일시, 극도로 압도당함"의 특징을 보일 때가 많다.[84] 그리하여 그렇게 제시되는 역사에 의문을 표하거나 토론하지 않는 결과로 이어질 수 있다. 이를 방지하기 위해 시대 증인

과 관람자 사이의 대화를 중재하고 평가로 마무리하는 방법이 있다(3장 4절 구술사 참조).[85]

시대 증인의 보고는 전시실에 설치된 비디오 상영실이나 오디오 자료 코너에서 활용된다. 이때 제시되는 발췌 컷은 대부분 몇 분짜리이며 이는 전시에서 일반적으로 제공되는 영상이나 녹음 기록의 분량에 해당한다. 이 짧은 시퀀스는 박물관이나 기념관 또는 이들 기관의 프로젝트를 수행하는 다른 기관에서 수행한 긴 인터뷰의 일부인 경우가 보통이다. 특히 기념관은 1980년대 이후 필요한 인터뷰를 체계적으로 수집하고 있으며, 그리하여 이제 기념관 소장품의 핵심이 되었다. 반면에 박물관은 인터뷰를 산발적으로만 수집하여 전시해 왔다. 그러나 박물관이 현대사 전시를 점점 늘리고 있고, 역사는 개인의 운명을 통해 정서적으로 매개할 수 있다는 인식이 퍼지면서, 박물관에서 시대 증인 보고의 중요성은 커지고 있다.[86]

참고문헌

Bluche, Lorraine 외 (편): NeuZugänge. Museen, Sammlungen und Migration. Eine Laborausstellung, Bielefeld 2013.

Elpers, Sophie/Palm, Anna (편): Die Musealisierung der Gegenwart. Von Grenzen und Chancen des Sammelns in Kulturhistorischen Museen, Bielefeld 2014.

Flügel, Katharina: Einführung in die Museologie, Darmstadt 2005.

Korff, Gottfried: Museumsdinge deponieren – exponieren, Eberspächer, Martina 외 (편), Köln 2. erg. Auflage 2007.

Natter, Tobias/Fehr, Michael/Habsburg-Lothringen, Bettina (편): Die Praxis der Ausstellung. Über museale Konzepte auf Zeit und auf Dauer, Bielefeld 2012.

Vieregg, Hildegard: Museumswissenschaften, Paderborn 2006.

2—박물관 분석과 전시 분석

박물관 분석은 박물관에 대한 또 다른 접근 형태이며, 박물관의 기능성을 다루기보다 "연구할 가치가 있는 문화 현상으로서의 박물관"을 개별적으로 탐구한다. 그 목적은 "사회적·정치적·문화적 관계"에 대한 지식 획득이다.[87] 박물관은 소장품과 전시회를 통해서 영화, 라디오, 만화, 기타 다른 장르의 역사 표현들만큼이나 자신이 만들어진 시대와 자신이 표현하는 시기를 증언한다. 그래서 박물관을 "기억문화가 공명하는 공간"이라고도 한다. 이런 의미에서 박물관은:

"특정한 역사적 사건의 중요성을 재는 척도이며 사회의 현재 상태, 사회에 대한 생각, 진실, 금기, 의제, 기억과 망각에 대한 정보를 준다."[88]

또한 박물관에서는 역사의 구성적 특성을 특히 잘 이해할 수 있다. 소장품 관리자와 전시제작자의 행동 반경, 행동 양식, 목표를 식별함으로써 박물관이 생산하는 역사상을 분석할 수 있다. 따라서 조사에 포함되는 영역은 다음과 같다: 박물관 기관의 구조, 박물관 업무도 및 직원 업무 분장, 소장품을 위한 자료 선별과 분류, 전시 배치, 전시 공간과 카탈로그 및 교육을 위한 안내 자료 설계와 문구, 끝으로 박물관 홍보와 마케팅.

박물관 각자가 고유한 사료이며 다양한 전통과 유형으로 분류되지만, 그럼에도 박물관은 자기만의 지식을 품고 있으며 이는 다른 박물관으로 간단히 양도될 수 없다는 인식에 기반하여 박물관의 개별 분석과 집단 분석이 이루어져 왔다.[89] 박물관 연구는 전통적 방법에 따라 해당 박물관이 기관으로서 발전해 온 역사에 초점을 맞출 수도 있다. 또 다른 방법은 박물관 소장품의 역사를 다루는 것인데, 어떤 자료가 언제 왜 어떻게 박물관에 들어왔는지 분석하는 것이다. '어떻게'는 기증받았는지 구입했는지를 의미하며, 따라서 수동적 수집인지 능동적 수집인지, 그리고 그 배후의 결정 과정을 탐구하는 것이다.

여기서는 세 번째 접근에 대해 자세히 설명할 것인데, 이 방법은 박물관이 역사를 공공에 제시하는 수단으로서 전시에 초점을 맞춘다. **전시 분석**Ausstellungsanalyse을 위해서는 먼저 전시가 진행되고 있는 중인지 이미 종료하고 철거된 상태인지 구분해야 한다. 후자의 경우 분석은 전적으로 자료의 상태에 달려 있다. 전시장과 전시물이 샅샅이 촬영되어 있고 전시 텍스트와 그래픽이 보관되어 있다면 최고다. 전시와 관련된 계획안, 회의록, 그 밖의 서신 교환도 큰 도움이 된다. 이 경우 분석의 중심은 이미지와 텍스트다. 다만 전시 공간에서 받은 인상, 분위기, 전시 관람 효과가 빠져 있는데, 이를 조사하는 것은 특히 까다롭다.

진행 중인 전시의 분석에는 다양한 방법이 있다. 여기에는 역사적 사료 비판, 민속학적 현장 연구, 두터운 묘사와 기호학, 담론 분석, 서사이론 또는 이 방법들의 적절한 조합이 있다. 이렇게 열거한 이유는 이들 가운데 단 하나의 유효한 분석법은 없으며 인식적 관점에 따라 알맞은 방법을 선택해야 하기 때문이다. 박물관 분석의 다양한 방법이 요아힘 바우르Joachim Baur가 편집한 논문집 《박물관 분석》에 훌륭히 제시되어 있다.[90]

전시 분석은 중심 주제, 전시의 구조, 구성, 전시물, 텍스트, 미디어 스테이션과 그래픽, 카탈로그 형태의 안내 자료 또는 교육 프로그램을 고려해 수행된다. 모든 연구 분석이 그렇듯이 조사자의 인식적 관점을 세우고 시작하는 것이 중요하다. 예를 들면 전시제작자의 목표를 질문할 수 있다. 그러려면 아이디어 노트부터 최초의 구상을 거쳐 완성된 전시 연출안(스크립트), 그리고 가능하다면 회의록과 관계자 인터뷰에 이르기까지 모든 자료가 분석 대상이 된다. 또는 예상되는 전시 효과와 전시가 전달하는 역사 내러티브를 질문할 수 있다. 이는 전시제작자의 목표와 반드시 일치할 필요는 없는데, 이는 본질적으로 관람자에 달린 문제이기 때문이다. 연령, 성별, 관심사, 예비지식, 당일의 컨디션, 집단역학 등이 관람자의 전시 이해에 영향을 주므로, 전시 효과에 대한 보편적 진술을 끌어내는 것은 어렵다. 그러나 전시에 제시된 내러티브는 훨씬 분명하게 도출할 수 있다.

역사학자들에게는 역사학의 사료 비판 방법론을 이용해 전시를 분석하는 것이 낯설지 않으며, 토마스 티마이어Thomas Thiemeyer가 이를 박물관에 응용했다.[91] 첫 질문은 사료의 저자, 즉 전시제작자에 관한 것이다. 이는 큐레이터 개인일 수도 있고 큐레이터와 디자이너, 컨설턴트, 박물관 교육전문가로 구성된 팀일 수 있다. 이들은 누구고 목적이 무엇이며 목표집단은 누구인가? 두 번째 질문은 전시 시기 및 이와 관련해 전시 시기의 경제적·정치적 맥락에 관한 것이다. 티마이어는 우선 가능한 한 편견 없는 객관적 접근을 위해 전시제작자와 대화하거나 문서 사료를 들여다보지 않은 상태에서 먼저 전시를 본다. 이것은 뒤의 단계에서 관람자 설문 결과 또는 비평과 함께 분석에서 다뤄져야 한다. 전시를 관람할 때 티마이어는 핵심 개념, 주요 전시물, 구성의 핵심을 질문한다. 즉, 전시의 중심 주제를 도출하기 위해 전시 텍스트 및 전시 대상물과 전시 방법을 살펴보는 것이다. 티마이어는 또한 미적 형태를 밝히는데, 이는 사실적·다큐적이거나 아니면 아예 오락적일 수 있다. 끝으로 전시의 구성이다. 연대순으로, 주제에 따라, 지리적으로, 전기적으로 구성하였는가 아니면 물체군에 따라 구성했는가? 이 구조는 전시의 초점이 어디에 있는지를 알려 준다. 그것은 역사적 전개, 다양한 지리적 공간 또는 인물, 기술 정보, 또는 특정 주제일 수 있다.

야나 숄츠Jana Scholz는 전시 구조를 연대기, 분류, 연출, 구성의 네 유형으로 나눈다.[92] **연대기**Chronologie 형은 특히 역사 전시에서 자주 볼 수 있는데, 선형적 내러티브의 전개를 떠받치기 때문이다. 이와 같은 서사 구조는 특히 정치사와 사건사에 중점을 둘 경우에 활용된다. **분류**Klassifikation 형은 대체로 하나의 장르에 속하는 여러 유물의 차이를 드러내는 전시의 경우에 채택된다. 관심사는 유물의 물성, 기술, 기능성이다. **연출**Inszenierung 형은 전시물을 주제 중심으로 무대에 올리기에 적합하다. 이를 둘러싼 박물관 외부의 원래 환경을 모방하거나 일부 재구성하기도 한다. 끝으로 **구성**Komposition 형은 일견 관계없어 보이는 물체들을 연관시켜 전시하는 데 사용된다.[93] 역사적 자료의 전시가 아니라 연출된 장면의 형태로 역사를 전시하는 경우도 있다. 이러한 전시 형태를 **시노그래피**Szenografie라고 하는데 주로 새로 생긴 사설 박물관에서 많이 사용한다. 이러한 장치는 역사적 유물을 거의 활용하지 않으며 역사를 일종의 무대 세트에서처럼 비교적 단호하게 전달하려 노력한다.[94] 이러한 형태는 다양한 전시회에 이상적일 수 있으며, 현장에는 특히 혼합 형태가 많다. 그렇더라도 주도적 요소는 전시제작자의 의도에 대한 진술을 허용한다.

이 구조는 또한 전시의 문제 제기가 무엇인지에 관한 정보를 제공한다. 이는 보통 입구에서 다뤄지고 마지막에 한 번 더 나올 수도 있다. 전시장 관람 경로 안내도를 보는 것도 도움이 된다. 관람 경로는 하나인가 아니면 병렬 경로가 있는가? 이 경로는 정해져 있는가 아니면 샛길이 있는 열린 구조인가? 이는 전시를 통한 전달에서 다원적 관점 그리고 역사상像의 폐쇄성 또는 개방성에 대한 질문과 관계가 있다.

전시 분석에서는 전시된 자료와 그것이 전시에서 어떤 의미를 갖는지에 관한 질문을 던질 수 있다. 예를 들어 숄츠는 문화기호론의 방법을 사용해 전시가 보내는 신호Zeichen를 읽는다.[95] "서술적 분석" 방법으로 접근해 "전시물 및 그 배열을 통해 전달되는 메시지를 밝히고 읽어낸다."[96] 숄츠의 분석법은 클리포드 기어츠Clifford Geertz의 "두터운 묘사dichte Beschreibung"에 기초하며, 정보 수집에만 국한되지 않고 복잡하고 중첩되고 서로 교차하는 의미 층위를 밝혀 낸다.[97] 여기서 숄츠는 전시물, 전시 작업, 전시 맥락에 집중한다. 그리고 전시물의 박물관적 기능은 물론 전시물과 관련된 문화적 맥락, 개인의 생애사, 규범과 가치체계를 고찰한다. 이들은 시간이 지남에 따라 변화하며, 따라서 그 연구도 갱신되어야 한다. 이와 같은 접근이 도달하는 결론은, 전시에는 큐레이터가 의도하고 관람자가 해석하는 다양한 메시지가 들어있다는 것이다.

끝으로, 박물관 분석에는 여러 접근법이 있고, 연구의 관심사에 맞는 방법을 선택하거나 서로 연결할 수 있다는 점은 확실하다. 박물관 연구는 박물관 그 자체와 마찬가지로 지금도 계속해서 발전하고 있으며, 그리하여 공공역사가들에게 흥미로운 작업 분야를 제공한다.

참고문헌

Baur, Joachim (편): Museumsanalyse. Methoden und Konturen eines neuen
Forschungsfeldes, Bielefeld 2010.

Gfrereis, Heike/Thiemeyer, Thomas/Tschofen, Bernhard (편): Museen verstehen.
Begriffe der Theorie und Praxis, Göttingen 2015.

Macdonald, Sharon (편): A Companion to Museum Studies, Oxford 2006.

Scholze, Jana: Medium Ausstellung. Lektüren musealer Gestaltung in Oxford,
Leipzig, Amsterdam 외 2004.

3. 전시 제작과 전달

전시를 혼자 힘으로 만드는 경우는 드물다. 보통 팀 작업이다. 이 일에는 큐레이터 외에도 박물관 교육 또는 기념관 교육전문가, 홍보전문가, 디자이너, 그래픽 예술가, 유물 복원가의 참여가 필요하다.[98] 이들의 협력은 필수적이며, 그리하여 각자의 기여의 중요도가 계속해서 재협상되고 그때그때 다르게 운용된다. 전시를 기획할 때에는 전시가 "실험적 행위experimentelle Tätigkeit"임을 명심해야 한다. 전시된 자료는 전시 팀의 의도만을 전달하는 것이 아니라 관람자에 의해 완전히 다르게 해석될 수 있기 때문이다.[99]

"전시를 제작한다는 것은, 풍부한 전시 관람 경험을 보유하고, 수집에 관한 훈련된 시선과 지식을 지니고, 연구를 수행하고, 감식가들과 호사가들 틈에서 하나의 주제에 숙달될 준비를 새로이 함을 뜻한다."[100]

전시의 시작에는 특정 대상을 보여 주려는 희망(전시 지향) 또는 역사를 공간을 통해 제시하려는 의도(주제 지향)가 있다. 어느 쪽이건 최초의 **기획서**Konzeptpapier를 통해 주제를 전개해야 하며, 왜 전시에서 이 주제를 제시하려는지 근거를 대야 한다.[101] 이는 우선 기존 연구 문헌을 기초로 수행된다. 공공역사의 다른 분야와 마찬가지로 박물관 역시 특정 주제와 접근법이 왜 흥미로운지, 목표집단이 누구인지, 전시와 교육의 핵심 주제는 무엇인지 설명해야 한다. 이를 바탕으로 전시 구현에 필요한 자금 출처와 지원기관을 추가로 확보할 수 있다. 그러기 위해서는 전시계획서에 사업계획과 재정계획이 들어가야 한다. **재정계획**에는 다음과 같은 **비용항목**Kostenpunkt이 필요하다: 인력, 전시물(구매, 임대료, 운송, 권리, 복원, 보험), 전시 설치, 미디어, 안내용 인쇄물, 안내 행사, 홍보.

전시 기획의 기초인 주제, 문제 제기, 목표 외에도 실질적 **체계정보**Rahmendaten가 명확해야 한다. 여기에는 전시 유형, 전시 공간, 전시물, 설명 문구가 있다. 예를 들면 역사적 자료를 전시할지 아니면 이른바 패널 전시Tafelausstellung로 갈지 결정해야 한다. 이를 텍스트–이미지 전시라고 하는데, 여기에는 패널, 가벽, 패브릭 패널, 또는 다른 소재 판이 활용된다. 이런 전시의 장점은 장소를 가리지 않고 비교적 신속하게 설치할 수 있고, 손상되거나 망가져도 새로 만들 수 있으므로 대단한 보호 조치가 필요하지 않다는 것이다. 그러나 역사적 자료의 원본을 전시하는 경우에는 고전적 형태의 전시와 마찬가지로 보안 문제가 대단히 중요하다. 전시물을 도난이나 파손행위에서 보호해야 할 뿐 아니라 사람들과의 접촉, 빛, 온도, 습도에 의한 파괴를 막아야 한다. 전시물에 가장 안전한 장소는 수장고뿐이며 공개 전시는 손상을 끼칠 수밖에 없다는 반복되는 지적은 허튼소리가 아니다. 그래서 상설 전시의 경우 직물, 인쇄물, 그래픽 같은 감광성 물체는 특수 제작된 유리 진열장에 전시하거나 정기적으로 교체한다. 전시물 다수가 일광에 특히 취약하므로 전시 공간에는 창문이 거의 없거나 커튼을 쳐놓는다. 그러므로 전시 장소가 전시 건축의 요구를 모두 충족시키는 박물관인지, 아니면 원래는 다른 용도이지만 한시적으로 요건을 충족시키는 다른 공간인지 분명히 할 필요가 있다. 후자의 경우 해당 공간에 결여된 보호 기능을 예컨대 반투명 유리 진열장으로 보완해야 한다.

이러한 보안 문제 외에도 장소를 선택할 때는 모든 장소에는 메시지가 있고 전시 효과에 영향을 미친다는 점을 고려해야 한다. 중립적이고 장식과 창문이 없는, 그래서 그 자체로 메시지를 전달하지 않고 배경만 되어 주는 이상적인 "화이트 큐브"[102]는 현실에는 없다. 머릿속에만 존재하는 중립 공간은 환상일 뿐이다. 왜냐하면 흰벽마저도 말하는 것이 있고, 따라서 전시된 역사의 인지에 영향을 미치는 분위기를 전달하기 때문이다.

전시 장소의 결정은 전시 규모에 대한 결정과 동시에 내려진다. 게다가 전시 장소의 공간성은 이미 전시의 구조와 구성을 제약한다. 정사각형 공간이라면 다양한 관람 진행 방향이 가능할 것이고, 좁고 긴 공간이라면 하나의 경로만 허용될 것이다. 공간이 하나이냐 여러 개냐에 따라 주제 구분이 이미 결정되어 버린다. 입구와 출구 또한 하나인가 여럿인가?

그러나 온라인 전시 같은 가상 전시의 경우에는 물리적 위치가 없을 수 있다.[103] 이 경우 역사적 자료가 패널 전시처럼 이미지로 간접적으로만 전시되므로 파손은 면하겠지만, 그 대가로 신성하다 여겨지는 "유물의 아우라"를 잃는다. 박물관은 가상 전시를 활용하여 전시 장소에 구애받지 않고 자체 소장품 전반을 보여 주고 실물 전시를 홍보한다.

이제 실물 전시 기획의 이상적 진행 과정을 묘사할 차례다. 가장 중요한 작업 단계는 **전시 자료 선별**Auswahl der Objekte이다. 특히 3차원(3D) 전시품이 이에 속하며, 그 외에도 이른바 "평면 물품 Flachware" 예컨대 그림, 포스터, 신문 등이 있다. 이것들은 3차원 물품이지만 대부분 평면으로 전시되기 때문에 한쪽 면만 관찰할 수 있고 따라서 2차원적으로 인지된다. 사진은 원본이 아니라 복제본을 전시하는 경우가 많다. 그러면 크기를 변경할 수 있어서 훨씬 유연하게 활용할 수 있다. 역사적 자료에는 영상과 녹음도 있는데, 이를 전시하는 데에는 보조매체가 필요하다. 특히 영상은 대부분 원본이 아닌 사본을 현대적 기기로 보여 주며, 몇 분 길이의 발췌본을 전시한다. 역사적 영상 기록과 음성 기록 외에도 시대 증인 인터뷰의 오디오 또는 비디오 발췌본을 전시한다.[104] 특히 기념관의 경우에는 시대 증인 인터뷰를 원래 분량 그대로 전시장 밖에서 예컨대 CD나 DVD로 또는 웹사이트에서 보거나 들을 수 있게 한다. 전시 관람의 사전 준비와 사후 작업에 활용할 수 있도록 하기 위해서다.[105]

전시에서는 전시물 외에도 **해설 문구**Erläuterurgstexte에 유념해야 한다. 복잡한 내용이라도 되도록 간결하게 만들어야 한다. 분량도 되도록 적어야 하는데, 사람들이 박물관에 오는 것은 전시물을 보기 위해서지 텍스트를 읽기 위해서가 아니기 때문이다. 전시 문구는 A 텍스트, B 텍스트, C 텍스트 혹은 공간 텍스트, 주제 텍스트, 전시물 텍스트 형태로 구상하는 경우가 많다.[106] 전시 패널에 부착되거나 안내 책자에서 읽거나 오디오 가이드로 들을 수 있게 제공된다. 공간 텍스트와 주제 텍스트가 특히 소개의 성격이라면, 전시 자료 해설은 가능한 한 상세해야 하며 "사물과의 접촉, 그것도 시각적 접촉"을 유지해야 한다.[107] 문구는 어디서나 볼 수 있는 단순 평범한 것이어서는 안 되고, 전시물의 특별함을 전시 주제와의 관계 속에서 알려 줘야 한다. 시대 증인 인터뷰 텍스트의 경우에는 화자의 이름과 함께 이 전시에서 그가 하는 중요한 역할이 무엇인지 명시해야 한다.[108] 자세한 인물 정보는 관람자의 인터뷰 이해를 돕는다.

무엇을 누구를 위해 어떻게 전시할지 결정이 되면, 전시될 이미지, 영상, 자료를 조사하고 사용권 문제를 해결해야 한다. 예컨대 박물관 소장품에 들어있는 사진을 사용할 권리는 당연히 이에 해당되지 않을 것이다.

전시 주제와 전시품이 결정되면, 전시회의 구성과 설계에 대한 **기본 초안**Grobkonzept이 나온다. 여기에는 주제 및 세부 주제 목록, 그리고 3D 전시물, 사진, 비디오, 오디오 제목들의 **전시품 목록**Exponatliste이 포함된다. 인터뷰의 경우 해당 인터뷰가 이미 존재하는지, 그렇다면 어떤 형태로 존재하는지, 아니면 새로 인터뷰를 수행할지 추가로 기록해 두어야 한다. 그래픽이나 모델, 복제본도 목록에 넣어야 한다. 이어서 전시를 위해 확보해야 할 물품을 **결품 목록**Desideratsliste으로 작성한다.

기초 조사와 기본 초안을 바탕으로 전시 공간과 진열장, 매개를 위한 미디어 설치와 조명, 그리고 텍스트 그래픽 디자인 계획을 세울 수 있다. 그다음 단계가 세부 초안Feinkonzept 작성인데, 이는 시놉시스Synopse* 같은 형태를 취한다. 제1열은 주제 목록, 제2열에는 각 주제와 관련된 진술, 제3열에는 해당 주제와 진술을 나르는 전시품, 제4열에는 작성할 텍스트의 개요를 적어넣는 식이다. 전시품에 대한 추가 정보를 이 시놉시스에 집어넣거나, 전시품 규모와 대여자 및 사용권에 관한 정확한 정보와 설명 목록을 추가로 작성할 수 있다.

세부 초안에 따라 이른바 **벽 작업**Wandabwicklung이 완성된다. 이는 모든 전시물, 사진, 미디어 스테이션, 그래픽, 텍스트를 축소해 구현한 것으로, 각 공간을 모두 채우면 어떤 인상을 줄지 알아

---

* 작품의 의도를 알리기 위해 간단한 줄거리 개요만 설명한 글을 말한다.

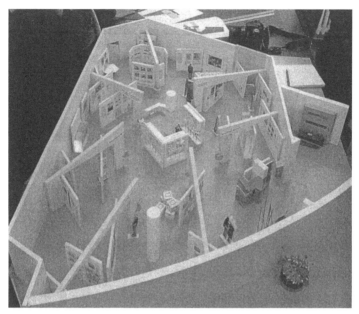

〈도판 8〉 베를린 독일역사박물관DHM의
'통일과 일상Alltag Einheit' 전시 모델 사진, 2015.

보기 위한 것이다. 이 개관을 근거로 한 번 더 전시물, 매체, 텍스트를 삭제하거나 교체할 수 있다. 전시가 어떻게 보일지 미리 알아보기 위해 3D 모델을 만들 수도 있다.

그동안 앞에서 언급한 주제 텍스트, 공간 텍스트, 전시 자료 설명을 작성한다. 각 전시물에 대한 표제Beschriftung도 작성하는데, 여기에는 전시물의 명칭, 재질, 규모, 생성일, 대여자가 열거된다. 그 외에도 통계, 지도, 도해 같은 그래픽을 만든다. 박물관 소장품이 아닌 전시물은 대여한다. 이렇게 해서 필요한 전시물, 매체, 텍스트, 디자인 컨셉이 확정되면, 이 모든 것을 요약한 **전시 연출안** Drehbuch이 전시 수립의 기초가 된다.

전시 완성 작업과 병행해 안내 프로그램을 결정하고 만들어야 한다. 안내 프로그램은 특별 가이드, 강연, 토론 등의 형태를 취할 수 있다. 안내용 인쇄물은 카탈로그, 브로셔, 웹사이트, 또는 간단한 전단지 형태로 만들 수 있다. 끝으로 박물관 교육 서비스를 완성해야 한다. 여기에는 전시 안내 외에도 심화 교육 자료와 특수한 매개 포맷이 포함된다.

고전적인 **전시 안내**Führung는 강의와 마찬가지다. 주제를 소개하는 인사말, 사례를 다루는 본론, 그리고 마무리 요약으로 이루어진다. 관람객은 질문을 통해서만 참여할 수 있다. 그러나 이를 확장하여 안내자와 관람객의 대화를 설계하는 시도를 할 수 있다.[109]

규모가 큰 박물관일수록 다양한 관람자에 맞춘 차별화된 서비스가 가능해진다. 한편으로는 취학 전 아동부터 노인에 이르는 다양한 연령집단, 다른 한편으로는 난민이나 신체 장애, 학습 장애, 읽기 장애가 있는 사람들 같은 특정 집단을 위한 특별한 서비스가 개발되고 있다. 이 서비스는 좀 더 쉬운 부가 텍스트나 단순 언어라는 형태로 전시실에서 직접 구현되거나, 특별 안내 또는 워크숍으로 만들어진다. 박물관 교육과 기념관 교육 활동에 대해서는 6장 5절을 참고하라.

Alder, Barbara/de Brok, Barbara: Die perfekte Ausstellung. Ein Praxisleitfaden zum Projektmanagement von Ausstellungen, Bielefeld 2012.

Aumann, Philipp/Duerr, Frank: Ausstellungen machen, München 2013.

Dawid, Evelyn/Schlesinger, Robert (편): Text in Museen und Ausstellungen, Bielefeld 2002.

Graf, Bernhard/Rodekamp, Volker (편): Museen zwischen Qualität und Relevanz. Denkschrift zur Lage der Museen, Berlin 2012.

Haug, Verena: Am „authentischen Ort". Paradoxien der Gedenkstättenpädagogik, Berlin 2015.

Kuhn, Bärbel 외 (편): Geschichte erfahren im Museum, St. Ingbert 2014.

Natter, Tobias/Fehr, Michael/Habsburg−Lothringen, Bettina (편): Die Praxis der Ausstellung. Über museale Konzepte auf Zeit und auf Dauer, Bielefeld 2012.

6장
공공역사
교육

● ● ●

대학의 공공역사 교육을 떠받치는 두 기둥은 전공 세미나와 실습이다. 그러므로 강사들 가운데 일부는 대학 연구자이고 일부는 연구기관 밖에서 활동하는 역사가다. 이리하여 이론과 실제를 각 분야의 전문가로부터 배운다. 예를 들면 사료 분석은 역사 연구에서 갖는 중요성 외에도 공공에 역사를 제시할 때 맡는 기능에 기초해 이뤄진다. 무엇보다 중요한 것은 공공의 다양한 역사 표현을 분석하는 지식과 기술의 매개이다. 그리고 실무와 연결된 커리큘럼은 역사를 전공하는 학생들이 졸업 후에 취업 가능한 영역을 개관하고 직장 생활을 위한 실무 능력을 갖추게 한다.

공공역사 교육 과정의 핵심은 역사 표현을 고찰하는 것이다. 이는 특수한 공공역사 학위 과정으로 구현되거나 일반적인 역사 전공 학사 및 석사 과정에서 다뤄질 수도 있다.[1] 이 장에서는 독립된 공공역사 학위 과정의 교수 내용과 목표를 짧게 요약한다. 그러나 주요 내용은 일반 역사학과의 학점 이수 단위인 모듈Module로도 다뤄질 수 있다. 그리고 석사 논문 주제와 실습 프로젝트를 위한 참고 사례를 소개한다. 그다음으로 공공역사의 표준을 논하고, 끝으로 공공역사 직업 분야를 구체적 활동과 필요한 직업교육 경로와 함께 약술하며 마무리할 것이다.

1. 대학 교육:
이론과 실제의 결합

공공역사 수업의 전공 세미나와 교수법 세미나는 역사문화의 주제
들에 초점을 맞출 때가 많고 **역사학**Geschichtswissenschaft의 이론과
방법론도 다룬다.[2] 다른 역사 전공 세미나와 마찬가지로 기초는 텍
스트 읽기와 토론이다. 역사를 대중에게 제시하기 위해서는 먼저
최신 연구 현황과 방법론을 알아야 하기 때문이다. 공공역사가에
게 또 중요한 것은 역사 연구를 직접 수행할 수 있는 역량이다.

　세미나 수업에서는 역사 연구의 성과와 방법론 외에도 해석, 맥
락화, 이론 또한 다룬다. 내용 면에서는 역사학에서 다뤄지는 주제
를 모두 다룬다. 그러나 세미나 주제 가운데 큰 비중을 차지하는
것은 역사문화 및 역사정치와 관련된 내용이다. 특히 직업역사가
집단 밖에서도 주목받는 논의들을 한층 자세히 다룬다. 이에 해당
하는 공적 토론의 대표 격은 현대사이다. 현대사는 역사가 한스 로
트펠스Hans Rothfels의 표현을 빌리자면 "동시대인들Milebende"의

역사이며 또한 "투쟁의 역사Streitgeschichte"[3]이다. 현대사의 특징은 특히 역사 제시에 대한 격렬하고도 매우 감정적인 공적 토론에 있다. '독일 국방군 전시'[4] 논쟁, 텔레비전 시리즈 〈포화 속의 우정 Unsere Mütter, unsere Väter〉[*](2013년 독일)을 둘러싼 논쟁, '학살당한 유럽 유대인을 위한 기념물Denkmal für die ermordeten Juden Europas'[**] 논쟁이 대표적인 사례다.[5]

공공역사 수업은 **역사교육**Geschichtsdidaktik의 주제와 방법론을 다루는데, 이 내용은 이미 2장에서 설명했다. 역사를 다룰 때 매개와 전유 과정의 문제를 드러내는 것이 목표다. 그리고 역사 표현의 분석 기준을 그것이 역사 학습에 지닌 잠재력과 관련해 개발한다. 과거와 현재를 언어 형태로 연결하는 수단인 **내러티브** 그리고 각자의 삶에서 역사의 현재화를 가능케 하는 **역사적 상상**이 이에 속한다. 역사 제시 연구의 관심사는 그것이 각자의 역사적 사회를 살아가는 갑남을녀의 일상의 관점을 얼마나 채용하는지(**체현** Personifizierung), 또는 역사적 발전을 주도했다고 여겨지는 명사들에 의지해 역사를 표현하는지(**개인화**Personalisierung)이다.[6] 동시에,

---

[*] 종전 70주년 기념으로 ZDF 방송이 제작하고 방영했다. 독일어 원제는 '우리의 어머니들, 우리의 아버지들'이다. 제2차 세계대전 당시의 독일을 배경으로, 스무 살 갓 넘긴 5명 남녀 친구들의 운명을 그렸다. 예술가적 상상의 자유를 공공연히 내세워 일그러진 역사 서술을 시도했다는 비판을 받았다. 특히 폴란드와 미국에서 "나치시대에 대한 프로파간다 영화들"과 비교되며 비난받았다.

[**] 2005년 베를린 브란덴부르크 문 남쪽에 설치된 추모비. 1만 9073㎡ 부지에 콘크리트 비석 2,711개가 격자 모양으로 늘어서 있다.

과거에 대한 다양한 관점이 역사 표현에 얼마나 뚜렷이 드러나는지(**다원적 관점**), 그리하여 반박되고 논쟁을 자극할 수 있는지(**논쟁성**Kontroversität)를 질문한다. 나아가 역사 표현이 역사의 **구성적 특성**Konstruktionscharakter을 주관적 역사 해석의 결과로 다루고 있는지, 그렇다면 어느 정도인지, 그렇지 않다면 역사 표현을 객관적인 역사적 실재의 모사로 상정하는지를 분석한다. 그뿐만 아니라 역사교육은 **감정**Emotion을 불러일으키는 현상에 주목하고 그것이 역사 학습에 미치는 효과를 질문한다.[7] 세미나 수업에서 다루는 역사 표현의 또 다른 중요한 측면은 **진본성**인데, 이는 객관적 상태가 아닌 주관적 속성으로 이해된다.[8] 그렇다면 진본성은 어떻게 다루어지며, 여기서 시대 증인이나 역사 유물이 수행하는 역할은 무엇인가?

이로부터 공공역사 수업에서 심도 있게 다뤄지는 몇몇 개념과 주제가 나온다.

요약하면 이런 문제를 다룬다. 공중의 다양한 역사 표현이 역사학의 표준에 얼마나 부합하는지, 다원적 관점으로 논쟁적으로 구성되는지, 내러티브를 매개하는지, 상상을 가능케 하는지, 감정에 호소하는지, 진본으로 보이는지, 어떤 역사상을 강화하고 또는 새로이 구성하는지. 동시에 다음을 논한다. 역사 표현이 진지한 역사적 통찰을 매개하면서도 오락적일 수 있는

> 지, 여기서 재무 기준과 이윤 추구는 어떤 역할을 하는지, 공
> 중의 관심사에 부응하는 것이 역사 표현 작업에 어떤 영향을
> 미치는지.

그러므로 이론과 실제의 경계는 대단히 유동적이다. 미국과 마찬가지로 독일의 공공역사 학위 과정에서도 공공역사가를 위한 **직업 분야**Berufsfelder를 구체적으로 소개한다. 이러한 직종에서 하는 일을 구체적으로 다루는 한편 이 일을 하는 데 필요한 역량을 다룬다(이에 관해서는 6장 5절 참조). 여기에는 특히 공공역사 직업 분야 전반에 걸쳐 있는 **프로젝트 관리**Projektmanagement가 속한다(이에 관해 6장 2절 2항 참조).

이 장은 또한 컴퓨터를 사용하는 역사 연구와 교육에 특별한 관심을 기울인다. **디지털 역사**Digital History로 불리는 이 분야는 지난 20년간 엄청나게 확장되었다. 디지털화는 이제 공공역사의 어떤 직업 분야에서도 빠지는 법이 없다. 공공역사 커리큘럼에는 다양한 기관들의 웹 프레젠테이션 분석, 가상 전시 분석, 기타 역사 플랫폼 분석 외에도 웹사이트와 주제 블로그 만들기가 들어있다. 장기적 아카이빙, 아카이브 자료의 디지털화, 인터넷 이미지와 텍스트 저작권 문제도 다룬다. 공공역사 교육의 중심 주제로는 그 외에도 **물질문화, 구술사, 이미지 역사, 소리 역사**(3장 참조), 그리고 유물, 사진, 오디오, 비디오, 시대 증인을 통한 전시, 영화, 웹사

이트, 잡지의 **역사서술**Geschichtsdarstellung 등이 있다.

참고문헌

Barricelli, Michele/Lücke, Martin (편): Handbuch Praxis des Geschichtsunterrichts, 2 Bde., Schwalbach/Ts. 2012.

Cauvin, Thomas: Public History. A Textbook of Practice, New York 2016.

Hardtwig, Wolfgang/Schug, Alexander: History Sells! Angewandte Geschichte als Wissenschaft und Markt, Stuttgart 2009.

Horn, Sabine/Sauer, Michael (편): Geschichte und Öffentlichkeit. Orte – Medien – Institutionen, Göttingen 2009.

2. 석사 논문:
분석 및 수행 과제

공공역사 학위 과정의 졸업 논문을 위한 주제로는 특히 역사 표현의 분석 또는 역사문화와 역사정치 전개의 분석이 있다. 역사 제시를 직접 기획하고 고찰하는 것 또한 졸업 논문에 활용될 수 있다. 예시를 보도록 하자.

박물관과 기념관 분야의 경우 전시는 물론 전시 가이드, 오디오 가이드, 스마트폰 앱 같은 교육 프로그램들 역시 그것이 매개하는 역사상, 상호문화intercultural 학습적 접근, 참여 기회 확대 등의 측면에서 분석할 수 있다. 소셜 미디어도 석사 논문 주제가 될 수 있는데, 예를 들면 역사문화에서 소셜 미디어가 수행하는 기능을 역사 매개의 잠재력에 초점을 두고 연구할 수 있다. 기억문화 기관 가운데 페이스북과 트위터를 사용하는 곳은 어디인가? 소셜 미디어 활용은 언제 어떻게 유용한가?

현존하거나 사라졌거나 새로 세워진 기념물을 다루는 것 또한 공공역사 분석의 핵심 분야다.[9] 기념물에는 중세의 성이나 나치 건물과 같은 건축 유적도 포함된다. 여기서 연구 초점은 기념물 그 자체는 물론 기념물을 둘러싼 담론도 될 수 있다. 역사적 건축물의 보수, 복원, 재건은 종종 역사적 사건을 다투는 공적 논쟁을 수반한다. 역사적 인물이나 사건의 이름을 딴 지명을 바꾸는 것도 마찬가지로 공공역사의 주제다. 공공 공간의 역사 유물과 표지를 공중이나 정치는 어떻게 다루는가? 이 유물과 표지는 실제로 무엇을 나타내고 무엇과 관련되어 있으며 그 이유는 무엇인가?

영화와 텔레비전에서의 역사도 석사 논문 수준에서 가능한 포괄적 분석 영역이다. 역사 다큐멘터리의 경우 그것이 내세우는 진술, 사용한 사료와 시대 증인, 또는 선택한 형식을 조사할 수 있다.[10] 극영화는 일차적으로 오락을 위한 것이지 역사 매개에 봉사하지는 않지만, 그럼에도 역사상을 생산하기 때문에 역사 학습에 갖는 잠재력을 연구할 수 있다. 역사를 콘텐츠로 하는 컴퓨터 게임 연구도 마찬가지다. 지오캐싱*이나 심지어 포켓몬고 같은 게임의 활용 또한 역사문화 차원에서 연구할 수 있다. 그 때문에 많은 박물관과 기념관이 고유의 목적을 위해 오락적 방식을 사용할 것인지, 한다면 어떤 방법으로 할 것인지를 고민하고 있다.

석사 논문을 반드시 미디어로 시작할 필요는 없고 다뤄진 사료에 초점을 맞춰도 된다. 예를 들면 다큐멘터리 영상이나 전시, 웹

---

* GPS(Global Positioning System) 지원 장치를 사용하는 실제 야외 보물찾기 게임이다. 참가자는 특정 GPS 좌표 세트로 이동하여 해당 위치에 숨겨진 지오캐시를 찾는다.

사이트에서 시대 증인이 다뤄지는 방식을 조사하거나, 이른바 시대 증인 교환소에서 이들이 어떻게 표현되는지를 연구할 수도 있다. 나치와 관련된 자료를 전시할 때 그것이 우상이나 숭배 대상으로 되지 않게 하는 방법 등의 문제를 다양한 사례를 통해 연구할 수도 있다.

또 다른 분야로는 기억문화의 특정 주제를 정리하는 작업이 있다. 사회적 소수자나 젠더 역할은 어떻게 표현되는가? 식민지 역사 또는 나치 역사는? 아니면 폭력은?

이와 비슷하게 폭넓은 연구 주제로 역사정책이 있다. 예를 들어 연설이나 정당 강령을 연구하며 그것이 대변하는 역사상像 또는 역사적 맥락의 도구화를 주제로 할 수 있다. 각종 기념일과 기념식을 다루는 일의 배경 또한 마찬가지로 역사의 사용이라는 면에서 탐구 대상이 된다. 기념일 엄수는 어떤 방식으로 이뤄지는가? 어떻게 연출되는가? 누가 어떻게 어떤 이유로 참여 또는 불참하는가?

또 다른 연구 분야는 광고에 나타나는 역사의 도구화다. 대중적 기업사 서술이 이에 속한다. 이런 경우에 학문적 요구와 상업적 이해관계 사이에 존재하는 긴장관계에는 어떻게 대처하는가? 기억문화와 관련해 지금껏 거의 연구되지 않은 분석 영역은 역사 관광이다.[11] 역사 가이드와 역사 투어는 물론이고 여행 안내서, 기념품, 여행사 광고도 분석 대상이 된다. 여행 상품의 목적지와 형태는 어떠한가? 어떤 역사 유적이 어떻게 표현되는가? 이를 매개하는 내러티브는 어떤 것인가?

기존 역사 표현의 분석뿐만 아니라 자신이 직접 역사 제시 사례를 개발하고 이를 고찰하는 것도 석사 논문의 주제가 될 수 있다. 앞에서 약술한 주제 분야에 상응하는 역사 표현의 개별 형태를 예컨대 전시, 전시 안내, 지오캐싱 프로젝트, 오디오북, 시청각 제품, 멀티미디어 시티투어로 구상할 수 있다. 해당 석사 논문은 각 주제와 포맷에 관한 최초의 발상이 될 수도 있고, 프로젝트 아이디어, 연구 현황, 실행계획, 일정표, 재정계획을 갖춘 완전한 기획 초안이 될 수도 있다. 여기서 특히 어려운 점은 자신의 실천적 아이디어와 활동을 끊임없이 비판적으로 고찰하는 일이다.

그러므로 석사 논문의 범위는 다양한 미디어의 역사 표현을 분석하는 것뿐만 아니라 역사정치의 주제와 자신의 역사 제시 기획, 그리고 그에 대한 비판적 검토까지를 모두 포괄한다. 그 내용적 범위의 광대함을 개괄하기 위해 베를린 자유대학교 공공역사 학위 과정의 졸업 논문을 사례로 들어보겠다.

1. 박물관 및 전시회의 역사 표현 분석
 - 영국에서 박물관의 제시에 나타난 나치와 홀로코스트. 런던 임페리얼 전쟁박물관의 전시 2종 비교 분석
 - 전시의 상호 문화역사적 학습. 연방 정치교육국과 베를린 괴테 인스티투트/싱가포르 괴테 인스티투트 순회 전시회 〈초심자를 위한 독일Deutschland für Anfänger〉 분석
 - 루르 박물관 특별 전시회 〈크루프 200년. 신화 둘러보기200

Jahre Krupp. Ein Mythos wird besichtigt〉의 오디오 가이드를 통한 역사 학습. 전시 맥락에서 오디오 가이드의 역사 내러티브 분석

- 인체의 전시: 해부 및 의학사 전시회 3종의 진본성, 타자성, 감성 표현
- 브레멘 해외박물관 아프리카 전시 사례에 나타난 식민지 과거와 독일의 역사문화
- 역사적 장소: 연출과 학문적 정리 사이에서. 베를린-호헨쉬하우젠 기념관 상설 전시
- 독일 스포츠의 기억문화. 베를린 올림픽 경기장이 나치 과거를 다루는 방식

2. 영화와 텔레비전의 역사 표현 분석

- 역사영화의 국가안보부MfS 표현. 역사교육의 관점에서 〈타인의 삶〉 사례 분석
- 사회주의의 솔로. DEFA 영화 〈뜨거운 여름Heißer Sommer〉과 〈솔로 써니Solo Sunny〉에 나타난 집단과 개인의 역할
- "96퍼센트 사실에 근거"-〈보르지아Borgia〉 사례를 통해 본 텔레비전 시리즈의 역사 재구성
- "미래에 과거를 팔기". 자동차 산업의 광고방송 역사에 관한 역사문화 연구

3. 온라인 프레젠테이션, 지오캐싱 프로젝트 또는 앱의 역사 표현 분석
- "절대 잊지 마"? 가상 공간에서 나치 가해자와 희생자에 대한 인식
- 시대 증인 거래소에서 동독 시대 증인과 작업하기. 4개 시대 증인 교환소의 동독 시대 증인 협업의 목표, 교육 컨셉, 접근법 비교 연구
- 공간에서 시간을 작업하기. 나치 템펠호프 대지의 역사 지오캐싱 프로젝트 분석
- 길 위의 역사-모바일 앱을 통한 역사 학습. 경계의 경험-베를린 장벽의 흔적

4. 독자적 역사 제시 기획과 고찰
- 박물관촌 뒤펠Düppel 가이드 기획. 실천적 지침의 분석과 고찰
- 지오캐싱을 통한 역사 학습-모링겐Mohringen 강제수용소 기획
- 박물관 교육의 관점에서 본 제1차 세계대전의 군사우편. 워크숍 기획
- 제1차 세계대전 시기 베를린. 역사교육의 질적 기준을 고려한 멀티미디어 시티투어 기획
- 할머니 그리고 생애 기억의 세대 간 전승-자기 할머니와의 멀티미디어 전기 작업. 시청각 기억 앨범 기획 및 사례
- 어플리케이션-역사교육을 위한 박물관의 새로운 미디어? 베

를린 독일역사박물관 사례에 관한 시론

5. 역사정치 영역의 분석

- 긍정적 기억? 국립 자유와 통일 기념물을 둘러싼 논의의 역사정치

- 독일 민주사회당PDS와 좌파당Die Linke의 "역사 만들기". 사통당 후계 정당들의 과거 정리와 동독 역사상 분석

- 우크라이나의 홀로코스트 기억. 기본 패턴과 지역 특성. 리비우Lwiw[*]와 하르키우Charkiw[**] 비교

- 전통의 제도화. 1976~1980년 프랑코 독재 종료 이후 9월 11일의 카탈루냐 국경일 지정

- "미래의 기초"로서 1월 27일? 독일연방공화국의 '나치 희생자 추모일'의 기능

- 피난·추방·화해 재단. 연구, 공중, 역사정책 사이에서 역사 상像의 형성

---

[*] 우크라이나 서부의 도시. 우크라이나어로는 리보프. 중세 이래 대규모의 유대인 공동체가 존재하였다.

[**] 우크라이나 북동부의 도시. 우크라이나어로 카리프. 지리적 위치와 군수공업 때문에 제2차 세계대전 당시 전략적 요충지였다.

1—역사 제시의 분석

역사 제시 분석에서 공공역사의 특별한 접근법은 명제, 문제 제기, 연구 현황, 사료 비판, 방법론의 실효성에 관한 질문을 넘어 역사 표현의 공적 효과와 역사 내러티브 매개에 훨씬 많은 관심을 쏟는다는 것이다. 이런 분석에서 특히 어려운 점은 조사 가능한 역사 제시가 대부분 특정한 시기에 국한되어 있다는 것, 그 이유는 대체로 다양한 형태의 사료를 섞어서 활용하기 때문이라는 것, 그 효과에 관한 연구는 지금으로서는 방법론적 시작 단계일 뿐이라는 것이다.

그러므로 졸업 논문에서 역사 표현을 다룰 때 이는 여러 단계를 거쳐 이루어지게 된다. 다른 모든 분야의 학문적 분석과 마찬가지로 먼저 **문제 제기**Fragestellung를 만들어야 한다. 역사 제시의 무엇을 연구할 것인가? 제작자의 목표? 공중에 미치는 효과? 제시된 역사상? 이때 중요한 것은, 문제 제기는 '어떻게', 즉 연구 대상을 어떻게 서술할 것이냐는 방법론을 넘어서 '왜', 즉 그것이 중요한 이유와 방법론적 함의를 담아야 한다는 것이다. 이를 바탕으로 연구 가설을 세워야 하며, 여기에는 해당 작업의 특별한 인식적 관심이 뚜렷하게 드러나야 한다.

다음 단계는 제시와 그 맥락을 **서술**Beschreibung하는 일이다. 이를 위해 인식 가능한 구조 혹은 표현 구조를 정확하게 설명하고 해당 요소를 열거한다. 전시 설명은 예컨대 전시물 선별, 전시 구성, 해설 문구, 스크린 표현이나 오디오 스테이션 또는 기타 멀티미디어 장비 형태로 추가된 미디어 서비스, 전시실 내 개별 요소들로 이루어지는 전체 구조를 토대로 한다. 라디오 방송의 경우, 구조는 연출, 개별 방송 요소들의 조합에 나타난다. 이 요소에는 'O-톤'이라고 불리는 원본 음(새로 수행한 인터뷰 또는 아카이브 기록물), '아트모Atmo'라 불리는 배경 소음, 음악, 언명, 방송 텍스트가 있다. 다큐멘터리의 경우에도 마찬가지로 구성 요소의 구조는 연출을 통해 결정되는데, 이 구성 요소에는 역사적 기록 영상과 사진 외에도 추후 촬영한 연출 장면이나, 소리 요소를 삽입해 새로 편집한 녹화 영상이 있다. 잡지나 기타 인쇄물의 경우에는 책자의 전체 구조와 개별 텍스트의 구조를 설명한다. 그리고 그래픽과 텍스트 이미지 조합 또한 고찰 대상이다. 웹사이트의 경우도 마찬가지로 텍스트 외에 이미지, 영상, 소리, 개별 화면의 활용에 관해 설명할 수 있다. 나아가 서비스 전체의 조종과 구조 그리고 보조 수단의 활용이나 효과를 눈여겨봐야 한다. 서술의 **맥락화** Kontextualisierung에 관해서라면 기본조건과 배후관계를 설명할 수 있다. 제작자는 누구이며 수주자는 누구인가? 활용 가능한 방법은 무엇이었는가? 사료의 출처는 어디인가? 무엇을 목표로 만들었는가?

　제시의 설명과 맥락화를 통해 중점, **논의 구도**Argumentationslinie 그리고 목표가 명확해진다. 유익한 표현과 재미있는 표현 어느 쪽을 원하는가? 사이트가 얼마나 진지하고 객관적으로 보여야 하는가? 텍스트, 이미지, 영상, 전체 서술의 저자를 공개할 것인가? 사료는 어떻게 다룰 것인가? 이미지, 영상 발췌 컷, 자료의 표제는 어느 정도로 상세해야 하는가? 사료는 전체를 표시할 것인가 아니면 일부만? 정보 출처 표시용인가 아니면 그저 설명 용도인가? 설명 밑에 덧붙일 것인가 아니면 해석 중심에 넣을 것인가? 디자인 Gestaltung의 역할은 어떻게 할 것인가? 수수하게 아니면 지배적으로? 객관적 아니면 오락적? 변화무쌍하게 아니면 통일성 있게? 감정은 어떻게 계산할 것인가? 다소곳하게 아니면 압도적으로? 주제적 접근을 택할 것인가, 전기적 접근을 택할 것인가? 현재적 연결성을 생성하고 제시된 역사 표현과의 동일시를 가능케 할 것인가? 읽고 듣는 텍스트는 어떤 문체와 구조로 작성할 것인가? 이를 바탕으로 하여 내세워지는 명제Thesen, 사용된 내러티브, 옹호된 역사상을 구체적으로 탐구할 수 있으며, 각각의 표현을 앞에서 설명했던 문제 제기에 맞추어 분석할 수 있다.

2—수행 과제와 프로젝트 관리

공공역사 전공 학생들은 분석 외에도 실습 과제를 수행해야 하며, 이 또한 석사 논문의 일부로 발전시킬 수 있다. 이를 위해 프로젝트 관리의 기초를 배우는데, 이는 약식 계획과 세부 계획으로 구분된다. 약식 계획을 시작할 때는 프로젝트의 기본조건을 명시해야 한다. 정해진 사양이 있는가? 예를 들어 염두에 두어야 할 사전 공고나 정해진 발주자가 있는가? 아니면 특별한 의무 없이 완전히 자유롭게 계획을 짤 수 있는가?

그리고 나면 프로젝트는 **아이디어**로 시작된다. 이는 주제, 원하는 결과, 그리고 주제 외에도 사료나 형식 면에서 프로젝트의 특수성에 관한 것이다. 아이디어를 구체적으로 표현할수록 프로젝트의 전모가 드러나며 이에 맞춰 실행할 수 있다. 무엇을, 누구를 위해, 어떤 장소에서, 어떤 수단을 통해, 어떤 형태로 제시할 것인가?

역사 표현은 대체로 집단 작업이므로 실습 프로젝트 역시 이 형태로 수행된다. **팀**에는 규칙이 필요하다. 누가 어떤 과제를 맡을지, 어떻게 서로 소통할지, 그리고 외부와의 소통 방법을 정한다. 이때 프로젝트 관리자를 정하는 것이 바람직하다. 관리자는 프로젝트를 책임지며 팀 조직 구성, 과제 배분, 내부 소통과 외부 소통, 일정표와 재무계획 결정, 규칙 준수를 감독한다. 이 업무는 프로젝트를 편성하는 과정에서 일부 위임될 수 있지만, 궁극적 책임은 관리자에게 있다. 이는 특히 외부 협력자나 발주자에게 중요한데, 그들로서는 팀 전체보다는 연락 담당자와의 소통이 간편하기 때문이다. 프로젝트 관리자의 부담을 덜기 위해 팀원을 지정해 일정표와 비용계획 준수를 감독하게 하고 회의 의사록을 작성하게 하면 도움이 된다. 그리고 모든 팀원의 업무 영역을 명확히 정함으로써 각자 맡은 업무를 분명히 해 두고 중복을 피해야 한다.

주제와 팀이 확정되면 **연구 조사**Recherche를 통해 해당 주제의 2

차 문헌을 작성하고 구하며 또한 주제에 관해 이용 가능한 사료를 적시한다. 이렇게 파악된 배경지식을 토대로 하여 주제의 특수성을 부각하고, 그리하여 **핵심 질문**Leitfrage과 제시의 **주요 진술**Hauptaussage 그리고 목표집단을 결정한다. 그다음 단계로 또는 이 과정과 병행하여 이 주제를 어떤 **형식**Form으로 대중에게 내놓을지 확정한다. 어떤 사료가 있는가? 제시를 위해서는 어떤 사료가 어떤 미디어와 함께 특히 활용 가능한가? 사용할 수 있는 것이 이미지뿐인 경우에는 패널 전시나 웹사이트가 바람직하다. 3차원 자료가 있다면 전시를 선택할 수 있다. 소리(원본 음이나 시대 증인 또는 전문가 인터뷰)만 있는 경우에는 라디오 프로그램 또는 비디오 요소를 활용한 영상 제작 기획이 가능하다. 역사적 장소를 보여줄 때에는 가이드를 제공한다. 역사적 장소와 오디오 사료의 조합에서는 오디오워크Audio Walk*를 개발하고, 역사적 장소와 이미지의 조합은 지오캐싱 프로젝트로 구현될 수 있다. 이미지, 소리, 영상의 통합 제시는 영상, 웹사이트, 전시를 통해 가능하다.

주제와 구현 포맷이 확정되면 **프로젝트 정보**Projektdaten가 정해진다.

---

* 오디오워크는 예를 들면 박물관의 관람 경로를 따라가며 들을 수 있도록 소리, 음악, 연출안을 이용하여 스토리를 만드는 것이다. 조사, 미디어 수집, 연출안 작성, 오디오 녹음 및 편집 절차를 거쳐 만들어진다.

- 제목(프로젝트 제목은 변경 가능한 단계이지만 주제는 이미 결정됨)

- 발주자(구체적 또는 잠재적 기관)

- 팀(관리자와 팀원 및 각자의 업무)

- 목표(간결하게 정의된 프로젝트 결과물, 때에 따라서는 부분 목표)

- 시간(핵심 정보: 시작, 종료, 때에 따라서는 중간 단계)

- 예산(고객의 구체적 예산 또는 추정 비용 및 자금원 후보)

- 환경(잠재적 파트너 또는 경쟁자 및 때에 따라서는 당사자)

- 난제와 위험

이 주요 자료를 기초로 고객과 협상을 진행한다. 고객이 원하는 변경이나 추가 사항을 의논한다. 주문이 들어오면 계약을 체결하며, 여기에는 협상을 마친 프로젝트 정보가 들어간다. 이리하여 다음 단계의 계획을 세울 수 있는 법적 보장과 재정 보장이 마련된다.

다음 단계에서는 약식 계획 혹은 계약서를 기반으로 **세부 계획** Feinplanung을 작성하며 여기에 상세한 일정표, 작업계획, 비용계획이 들어간다. 세부 계획에서는 우선 모든 작업 과제를 규정하고 패키지로 기술한다. 연구 조사, 텍스트 작성, 인터뷰 같은 팀원의 작업 외에도 외부에 의뢰할 웹사이트 디자인과 프로그래밍, 전시 설치, 영상 제작 등을 포함한다. 외부에 의뢰할 작업에 대해서는 별도로 일정표와 재정계획을 작성한다.

모든 업무 패키지가 주요 자료와 함께 확정되면, 전체 일정표와 재정계획을 작성하고 중간 산출물의 완성(이정표라고도 불림) 및 제출에 관한 것을 팀에서 결정하거나 외부와 의논할 수 있다.

세부 계획 단계에서는 전체 프로젝트가 변경될 수 있다. 이 경우 발주자와 다시 의논하고 이를 계약서에 반영해야 한다. 개별 업무를 외부에 의뢰하고 그쪽에서 다른 일정표와 재정계획을 제시한 경우에는 특히 그렇다. 세부 계획이 세워진 다음에 비로소 구현 작업을 시작할 수 있다. 프로젝트 계획 세우기에 들이는 노력과 시간이 고단하고 지루하더라도, 프로젝트 시작 단계의 이 시간은 투자라는 것이 입증되었다. 이렇게 해야만 일정표와 작업계획에서 발생할 수 있는 문제를 조기에 인식하고 처리할 수 있다.

참고문헌

Burghard, Manfred: Einführung in das Projektmanagement. Definition, Planung, Kontrolle, Abschluß, Erlangen 2007.

Föhl, Patrick S./Glogner-Pilz, Patrick: Kulturmanagement als Wissenschaft. Grundlagen-Entwicklungen-Perspektiven. Einführung für Studium und Praxis, Bielefeld 2017.

3. 경력 개발

공공역사 분야에서 일하기 위한 단 하나의 최고의 경력 같은 것은 없다. 성공적인 공공역사가들은 탄탄한 연구와 풍부한 실무 경험, 그리고 다소의 행운이 경력을 쌓는 데 중요했다고 말한다. 중요한 것은 각자의 흥미와 능력에 맞는 분야를 찾는 것이다. 전공 공부와 실습은 이를 도와준다. 이제부터 학업과 직업교육을 위한 주의사항을 전달한다. 이를 따른다고 해서 반드시 일자리를 찾는 것은 아니지만, 거기에 이르는 길을 도와줄 것이다.

1—대학 교육

공공역사 분야에서 일하려면 어떤 경우에도 역사학 학사와 일반 역사학 석사 또는 공공역사 석사 과정을 마치는 것이 바람직하다. 다른 전공들과 마찬가지로 공공역사 역시 **해외 체류**Auslandsaufenthalt 경험을 권장한다. 해당 수업을 제공하는 해외 대학에서 교환학생으로 공부할 수도 있고, 선택한 나라의 기억문화 기관에서 인턴십을 할 수도 있다. 어느 쪽이든 다른 나라의 공공역사 이론과 실천을 통찰하고 스스로의 지평을 넓힐 수 있다. 다음에 제시하는 독일 대학들의 특화 교육 과정 현황을 살펴보면, 지난 몇 년간 공공역사 교육 과정의 공급은 뚜렷이 증가했고 아마도 계속해서 확대될 것 같다.

1. 독일어권의 공공역사 특화 과정
- 플렌스부르크대학교 학사 과정: 교수법과 교육대학에 중점을 둔 교육학 URL: https://www.uni-flensburg.de/portal-studium-und-lehre/studiengaenge/bachelor/bildungswissenschaften/geschichte
- 기센대학교 학사 과정(2007년부터) 및 석사 과정(2015/16년 겨울학기부터): 역사저널리즘 URL: http://www.uni-giessen.de/cms/fbz/fb04/institute/geschichte/fachjournalistik
- 베를린 자유대학교 석사 과정: 공공역사 URL: http://www.public-history.de
- 쾰른대학교 석사 과정: 공공역사 URL: http://histinst.phil-fak.uni-koeln.de/1072.html
- 함부르크대학교 석사 과정: 공공역사 중심 역사학 URL: https://www.geschichte.uni-hamburg.de/arbeitsbereiche/public-history.html

- 하이델베르크대학교 석사 과정: 응용역사/공공역사 중심 역사학 URL: http://www.uni-heidelberg.de/fakultaeten/philosophie/zegk/histsem/forschung/public-history.html
- 브레멘대학교 석사 과정: 예술문화교육 URL: http://www.kunst.uni-bremen.de/de/studium/ma-kunst-und-kulturvermittlung.html
- 아우크스부르크대학교 석사 과정: 역사교육 URL: http://www.philhist.uni-augsburg.de/de/lehrstuehle/geschichte/information
- 힐데스하임대학교 석사 과정: 문화교육 URL: https://www.uni-hildesheim.de/studienangebot/masterstudiengaenge-der-universitaet-hildesheim/kulturvermittlung-master-of-arts-ma
- 보쿰대학교 석사 과정: 공공역사 URL: http://www.ruhr-uni-bochum.de/histdidaktik/public_history.html

2. 국제적 학위 과정

독일 외 다른 나라들의 학위 과정 정보 개관은 다음 웹사이트 참조.

http://ncph.org/program-guide

http://www.umass.edu/history/public-history-resources

2—인턴십

전공 공부와 동시에 인턴십 수행이 대단히 중요한 이유는 방향을 정하고 관심사를 좁힐 수 있을 뿐 아니라 직업 세계와의 첫 접촉이기 때문이다. 최초의 인턴십 경험은 대학 입학 전에 고등학생 신분으로 이미 하는 경우가 많다. 청소년 인턴십은 3주간이며 대학생이나 대학 졸업자의 경우 수개월이다. 전일제 또는 시간제 모두 가능하다. 인턴십 기간과 구조는 고용주와 인턴 사이의 협의 사항이다. 졸업이 가까워지면 비교적 긴 인턴십을 하게 되는데, 이때에는 학교 수업에서 얻은 통찰을 응용하고 실험해 볼 수 있다.

인턴십은 최저임금 적용 대상이다. 그러나 학위 과정의 일부로 수행하는 이른바 의무 인턴십에는 해당하지 않는다. 인턴십 제공처 다수는 대학교가 발행한 증명서를 요구한다. 진로 탐색에 도움을 얻기 위한 자발적 인턴십 역시 최대 3개월까지 무보수로 수행한다.

인턴십의 목표는 특정 직업 분야의 업무에 대한 통찰을 얻는 것이다. 이를 토대로 해당 직업 영역을 미래의 관심사로 고려할 것인지를 인턴십 과정에서 결정한다. 그리고 최초의 직장 경험을 쌓고 실무를 배운다. 그 외에도 인턴십은 직업적 네트워크 구축을 돕는다.

인턴십 제공자의 목표는 자신의 직업 분야에 대한 통찰을 제공함으로써 잠재적 직원의 흥미를 불러일으키고 이들과 안면을 트는 것이다. 그러기 위해서는 인턴들이 다양한 프로젝트나 작업 분야의 통찰을 얻도록 도와야 하고 갖가지 업무를 직접 해 볼 기회를 줘야 한다. 많은 경우, 특히 졸업을 앞둔 시점에서 이뤄지는 인턴십은 인턴과 그들을 채용한 기관의 협업을 시험해 보는 기회이다. 인턴십을 마친 인턴이 곧바로 해당 기관이나 특정 프로젝트에 채용되는 경우도 드물지 않다.

의무 인턴십의 경우 학위 과정 맥락에서 **실습 보고서**Praktikums-bericht가 요구되기도 한다. 이는 자신의 인턴 활동을 성찰하는 기회다. 그러므로 보고서에는 인턴십 수행기관과 업무 분야를 설명하고 해당 인턴십과 자신의 활동을 분석한다. 자체 평가를 위해서는 긍정적 측면과 부정적 측면을 모두 돌아보는 것이 도움이 된다. 그리하여 이 직업 분야가 자신의 진로계획에 과연 적합한지, 그 이유는 무엇인지 최종 결산을 한다.

대부분 대학은 다양한 전공 과정에 맞춘 인턴십과 진로 상담을 구체적으로 제공한다. 역사학과는 개별 상담 외에도 역사 전공자의 직업 세계에 대한 통찰을 제공하는 세미나와 강연회를 연다. 그 외에도 지역에 공고된 인턴십 일자리 목록을 보유하고 있다. 인턴십 제공처 다수는 인턴 채용 시 모집 공고를 내지 않기도 한다. 그러므로 시민단체에 지원하는 것도 바람직하다. 지원할 때에는 자신의 관심사가 무엇인지 설명하고 지금까지 습득한 역량을 적시한다.

3—박사학위

대학 졸업 후 흔히 제기되는 질문은 박사학위 취득이 취업에 도움이 될지 아니면 오히려 방해가 될지다. 이 질문은 딱 잘라서 답하기 어렵다. 어떤 공공 서비스 분야, 예컨대 박물관이나 문화 행정 같은 곳은 박사 학위자를 원하거나 심지어 자격요건으로 두는 경우도 적지 않지만, 역사저널리즘 같은 분야에서는 오히려 불필요해 보인다. 그러나 양쪽 다 박사학위 소지자와 미소지자를 모두 채용한다. 이러한 혼합 현상은 어느 분야든 마찬가지다. 그래서 박사 과정은 연구에 관심이 있고 학위 논문Dissertation을 기꺼이 쓸 생각이 있는 사람에게 권장된다. 역사학 박사학위를 따는 데에는 약 3~4년이 필요하며 때로는 더 오래 걸리기도 한다. 따라서 박사 과정 학생들은 긴 호흡이 필요하며, 이 기간에는 자신의 연구 주제를 때로는 남들과 토론하기도 하지만 대부분 혼자서 독립적으로 작업할 수 있도록 준비해야 한다. 박사 과정을 위한 재정 조달은 장학금이나 연구프로젝트 조교 근무를 통해 가능하다. 그러나 직장인이 자기 돈으로 비전업 박사 과정을 수행할 수도 있다. 연구 주제는 도움 없이 직접 개발하거나 대규모 연구 프로젝트에 참여함으로써 정할 수도 있다. 박사 과정 장학금 공고나 박사 과정생 모집 공고 정보는 역사 연구자들에게 가장 중요한 온라인 플랫폼인 H-Soz-Kult에 정기적으로 올라온다. 대학들도 자체 박사 과정 프로그램의 개관을 제공한다. 도움이 될 만한 정보 플랫폼과 지원기관을 소개하면 다음과 같다.

- H-Soz-Kult (역사 연구자의 정보 플랫폼), URL: http://www.hsozkult.de
- Stipendienlotse (연방 연구교육부에서 운영), URL: https://www.stipendienlotse.de/datenbank.php
- e-fellows.net (디차이트 온라인 자매기관), URL: http://www.e-fellows.net/Studium/Stipendien/Stipendien-nach-Studien-phase/Promotionsstipendium
- 독일 고등교육진흥원, 구 '독일학술교류처' Deutscher Akademischer Austauschdienst (DAAD), URL: https://www.daad.de/ausland/studieren/stipendium/de/70-stipendien-finden-und-bewerben
- 독일연구재단 Deutsche Forschungsgemeinschaft, URL: http://www.dfg.de
- 폴크스바겐 재단 VolkswagenStiftung, URL: https://www.volkswagenstiftung.de
- 게르다 헨켈 재단 Gerda Henkel Stiftung, URL: https://www.gerda-henkel-stiftung.de
- 콘라드 아데나워 재단 Konrad-Adenauer-Stiftung, URL: http://www.kas.de
- 프리드리히 에버트 재단 Friedrich-Ebert-Stiftung, URL: https://www.fes.da

- 프리드리히 나우만 재단 Friedrich-Naumann-Stiftung, URL: https://www.freiheit.org

- 하인리히 뵐 재단 Heinrich-Böll-Stiftung, URL: https://www.boell.de

- 로자 룩셈부르크 재단 Rosa-Luxemburg-Stiftung, URL: https//www.rosalux.de

- 독일 개신교 장학재단 Evangelisches Studienwerk Villigst, URL: https://www.evstudienwerk.de

- 연방 정리재단 Bundesstiftung Aufarbeitung, URL: https://www.bundesstiftung-aufarbeitung.de

4—수습사원

어떤 분야와 기관에서는 정식 직원으로 채용하는 전 단계로 박사학위에 이어서 또는 박사학위 대신으로 수습 과정을 밟을 것을 요구한다. '수습사원Volontariat' 개념의 해석은 고용주마다 다르다. 기간은 보통 만 1년에서 2년이다. 급여는 공공부문 신입직원 수준이며, 연구직의 절반 정도다. 다소 박한 급여의 대가로 실무 경험을 쌓고 지도를 받으며 실무적 직무 역량 획득의 기회를 얻는다. 인턴십과 마찬가지로 지원하기 전에 해당 고용주에 관한 정보를 되도록 많이 확보할 필요가 있다. 특히 박물관,[12] 출판사와 언론사,[13] 신문잡지사, 라디오,[14] 텔레비전 방송국의 수습사원 제도는

전통이 깊다. 이 분야들에서 수습사원은 직업인으로 가는 관문이며 따라서 대단히 표준화되어 있다.[15]

4. 학문과 이벤트 사이에서:
공공역사의 연구지침과
윤리지침

공공역사는 광범위한 공중을 위한 역사 표현의 모든 형태를 포괄한다. 그러므로 역사학 지식은 축소되고 다른 미디어로 번역되며 흥미를 돋우고 재미를 주고 쉽게 이해할 수 있도록 자료가 추가된다. 그 결과 제기되는 의문은, 이러한 개입이 학문적 역사 연구 결과의 어느 지점까지 미쳐야 진지한 연구에서 얻은 핵심을 훼손하지 않을 수 있느냐는 것이다. 따라서 공공역사의 논점은 역사 제시에서 내용의 재미와 진지함을 동시에 얼마나 달성할 수 있느냐다. 모든 역사적 사건이 가벼운 오락에 적합하지는 않으며, 특히나 20세기의 전쟁과 폭력은 더더욱 아니다. 그렇더라도 그러한 역사 현상을 공중 일반에 어떻게 확산되도록 할 수 있는가? 세 번째 논점은 역사 표현의 내용, 형태, 결과에 주문자가 미칠 수 있는 잠재적 영향력이다.

이 질문 가운데 어느 것도 이제까지 공공역사 안에서 포괄적인 만장일치 답변이 이루어질 수 없었다. 독일의 역사학이나 공공역사 그 어느 쪽도 이를 위한 지침 목록 같은 것은 가결하지 못했다.[16] 그러나 공공역사가의 작업에 기초가 될 만한 권고와 합의는 있다.

이는 2장 2절 2항에서 정리한 내러티브, 상상, 다원적 관점에 기초한 **역사교육의 표준**을 지향하며, 또한 **역사 연구 방법**을 지향한다. 이에 따르면 연구자의 독립성, 사료에 대한 제한 없는 접근, 연구 결과의 조건 없는 출판이 보장되어야 한다. 사료 취급 과정은 세심하고 비당파적이어야 하며, 감독하에 이뤄져야 하고 투명해야 한다. 사용된 사료와 인용된 문헌을 출판물에 명시해야 하고 저자를 적시해야 한다.[17] 그리고 역사서술을 맥락화함으로써 역사적 맥락을 밝히는 것이 바람직하다. 서술은 종종 과거에 대해 있을 수 있는 다수의 관점 가운데 하나만을 펼치는 것이며 특정한 질문을 토대로 구성된 것이므로 과거를 직접적으로 모사한 것이 아님을 분명히 할 필요가 있다.[18] 이 요구는 대중적 역사서술에서 완벽하게 충족되기 어려울 때가 많은데, 왜냐하면 이는 매혹을 방해할 수 있기 때문이다. 매혹과 진지함이라는 목표를 동시에 추구하는 것은 항상 긴장 상태에 있게 되는데, 이는 공공역사의 특징이며 매번 다시 규명해야 한다. 이를 토대로 모든 공공역사가에게 부과되는 보편적 규범을 가결하려는 시도는 이제까지 독일에서는 모두 실패했다.

미국공공역사협회National Council on Public History가 발표한 **윤리 규정**Ethikkodex은 학문의 근본 문제보다 윤리 문제에 더 초점이 맞춰져 있다.

> "1. 공공역사가는 무형문화 자원을 포함한 모든 종류의 역사 기록과 자원의 보존, 관리, 접근의 옹호자로 봉사해야 한다.
>
> 2. 공공역사가는 진실하게 역사 연구를 수행하고 역사의 증거를 제시해야 한다.
>
> 3. 공공역사가는 역사 실천과 역사 제시에서 문화적 포용에 힘써야 한다.
>
> 4. 공공역사가는 연구에 기반을 둔 결정과 행동이 장기적 결과를 낳을 수 있음을 인식함으로써, 자신이 하는 일이 의도하는 목적(들)을 충분히 인지하고 있어야 한다.
>
> 5. 공공역사가는 역사 실천에 내재한 인간관계의 역동성에 대한 의식적인 관심을 유지해야 한다."[19]

이에 따르면 공공역사가들은 물질적·비물질적 유산을 보호하고 역사를 진지하게 그리고 누구나 접근할 수 있도록 제시해야 한다. 그리고 자신의 작업을 성찰하고 사회적 책임의식을 지녀야 한다. 이 규정은 독일박물관협회가 2006년 발표한 **박물관 표준** **Standards für Museen**을 다소 연상시킨다. 이 규정은 공공 박물관의 과제를 구체적으로 보호와 교육으로 정리한다. 서문에 따르면 다음과 같다.

> "박물관은 인류의 문화유산과 자연유산을 보존하고 매개한다.
> 박물관은 정보를 주고 교육을 하며 체험을 제공하고 개방, 관
> 용, 사회 교류를 장려한다. 박물관은 이윤을 추구하지 않는다.
> 인권, 특히 교육받을 권리 및 이로부터 도출되는 사회적 가치
> 를 준수하고 확산할 의무를 진다. 그리하여 역사적 회고에 갇
> 히지 않고 역사와의 직면을 현재와 미래를 위한 도전으로 이해
> 한다."[20]

　문화재 보호를 넘어 인권교육이 박물관과 기념관의 핵심 과제로
되어 있다. 나아가 기념관의 경우에는 **연방 기념관 계획**이 제시하는
기본조건Rahmenbedingungen이 따로 있다. 제목에 이미 기념관 사업
의 목표가 명시되어 있으니 "책임 인식, 정리 강화, 기억 심화"가 그
것이다. 그리고 프로젝트 기획의 질적 평가를 위한 척도로 다음 사
항을 열거한다.

> "사료 상태 및 연구 현황 검토, 독립적 역사 연구의 참여, 박물
> 관학과 교육학의 최신 지식 준수, 관람자 연구에 대한 특별 고
> 려, 목표집단을 지향하는 관람자 지원, 미디어와 텍스트 구상
> 의 단호함."[21]

여기에는 기념관 사업에서 주의를 기울여야 하는 사항이 정리되어 있지만, 구체적인 실행지침은 나와 있지 않다. 기념관 사업의 실제에 중요한 것은 이른바 **보이텔스바흐 합의**다. 1970년대에 교육학자들은 보이텔스바흐에서 학생들에게 역사를 가르치기 위한 지침에 합의했다. 이 합의는 오늘날까지도 기념관과 박물관의 역사서술과 교육 기획을 작성하는 기반으로 사용된다. 이에 따르면 관람자를 감정적으로 압도하거나 특정 견해를 일방적으로 주입하면 안 되고, 관람자 스스로가 판단할 수 있는 상황을 조성해야 한다. 논쟁은 공개적이어야 하고 토론이 필요하다.[22] 그러나 역사의 제시가 압도적으로 되는 지점이 어디인지, 논쟁의 한계가 어디까지인지는 정해진 바 없다. 그러므로 보이텔스바흐 합의는 방향을 잡는 것은 도와주지만, 실제 행동 요령은 알려 주지 않는다. 특히 현대사 제시에서 나치 독재나 동독 역사를 다룰 때는 당혹감과 계몽 사이에서 중심을 잡기 어려울 때가 많다. 이때는 사례마다 개별적으로 "압도 금지Überwältigungsverbot"와 "논쟁 계율Kontroversitätsgebot"을 준수하는 방법을 설명해야 한다.[23]

공공역사가들은 역사학과 교수법의 지침뿐만 아니라 윤리적 문제도 상대해야 한다. 이는 특히 전쟁과 폭력의 역사와 관련된다. 폭력 장면이나 폭력 피해자를 나타내는 이미지, 사진, 영상을 어떻게 취급할 것인가?[24] 여기서 문제는 표현의 한계를 넘어 트라우마를 경험한 사람들을 세심하게 다루는 일이다. 여기에도 마찬가지로 행동 요령은 적고 존엄 수호를 가리키는 지침은 많다. 결국은 각각의 경우마다 무엇을 어떻게 전시할지 세심하게 결정할 수밖에 없다. 이는 무기를 제시할 때도 마찬가지다. 무기를 기술 장치로 단독으로 나타내는 사례는 줄어드는 반면 문화적·사회적 맥락에서 보여 주는 사례가 늘고 있다.[25]

그러나 전쟁과 폭력이 박물관, 기념관, 영화, 잡지에서 표현되는 방식을 결정하는 것은 내용에서 다뤄지는 시기와 표현의 배후에 있는 문화 영역이다. 예를 들어 독일에서 나치가 어떻게 표현되는지는 독일 국내와 해외에서 특별한 관심을 끈다. 그래서 박물관의 경우 나치 역사는 되도록 건조하게 제시하고 가능한 한 정확하게 표현한다. 이 분야에는 연출이나 역사적 재현이 거의 없다.

그러나 공공역사의 윤리적 문제 가운데에는 박물관과 기념관이 인간의 유골을 다루는 방법에 관한 것도 있다. 독일박물관협회는 2013년 이와 관련한 권고를 발표했다.[26] 이 경우에도 인간 존엄에 대한 존중이 우선된다. 나아가 인간의 유골은 망자나 유족의 동의가 있어야만 전시할 수 있도록 하였다.

다양하게 언급한 합의와 권고는 각자의 행위 지향을 위한 지침이 될 수 있다. 그러나 표현할 수 있는 것의 구체적 한계는 언제나 새롭게 논의되고 사례별로 결정해야 한다. 틀에 찍어 내듯 모든 경우에 적용할 수 있는 일반적으로 유효한 규칙은 없다. 어떤 경우에도 공공역사가는 자신이 만든 결과물을 보여 주는 사회에 대해서만 책임을 지는 것이 아니라, 자신이 보여 주는 과거와 역사적 인물에 대해서도 책임이 있음을 자각해야 한다.[27]

Themeheft „Angewandte Geschichte", Geschichte in Wissenschaft und Unterricht, 66, (2015) 3/4.

Frech, Siegfried/Richter, Dagmar (편): Der Beutelsbacher Konsens. Bedetung, Wirkung, Kontroversen, Schwalbach/Ts. 2017.

Kühberger, Christoph/Sedmak, Clemens: Ethik der Geschichtswissenschaft, Wien 2008.

Kühberger, Christoph/Lübke, Christian/Terberger, Thomas (편): Wahre Geschichte – Geschichte als Ware. Die Verantwortung der historischen Forschung für Wissenschaft und Gesellschaft, Rahden/Westf. 2007.

Langewiesche, Dieter: Die Geschichtsschreibung und ihr Publikum. Zum Verhältnis von Geschichtswissenschaft und Geschichtsmarkt, in: Hein, Dieter/Hildebrand, Klaus/Schulz, Andreas (편): Historie und Leben. Der Historiker als Wissenschaftler und Zeitgenosse, München 2006, pp. 311~326.

5. 직업 분야

역사 붐의 결과로 이른바 역사 시장이 팽창하며 많은 가지각색 소비자의 다양한 수요를 충족시키고 있다. 그러나 공공역사 분야의 일자리 수는 졸업생 수에 비하면 여전히 적다. 박물관, 기념관, 영화와 텔레비전 방송 제작물, 잡지, 기획사 등은 역사 제시를 각기 다른 포맷으로 제공하기 때문에 공공역사가의 잠재적 취업 분야이다. 이제부터 미디어, 박물관, 기념관, 정치, 경제, 관광산업의 직업 분야를 약술할 것이다. 그리고 프리랜서에 관해 조금 언급하는 것으로 마무리하겠다.

1—미디어

미디어는 대체로 역사에 직접적으로 초점을 맞추지 않지만, 역사를 다루기는 한다. 역사를 전문으로 다루는 출판사나 잡지, TV 채널도 있다. 그래서 공공역사가들은 공영 텔레비전 방송국, 민간

영화 제작사, 공영 라디오, 잡지, 신문 등에 소속되거나 프리랜서로 일한다. 이들이 하는 일의 공통점은 이미지, 소리, 텍스트를 거쳐서 역사를 매개한다는 것이다. 그러나 포맷에 따라 사용할 수있는 역사가 다르다. 어떤 역사는 출판 분야에 적합하고, 또 어떤역사는 영상 구현에 적합하다. 역사가이며 저널리스트인 스벤 펠릭스 켈러호프Sven Felix Kellerhoff의 설명에 따르면 "현대사가 양질의 미디어에서 기회를 잡으려면 세 가지가 필요하다: 사실 정합성, 미디어 정합성, 대중 정합성."[28]

이에 따르면 표현은 역사적으로 검증할 수 있어야 하고, 간단한 설명과 이미지로 구현할 수 있어야 하며, 주제는 정서적 또는 개인적으로 제시할 수 있어야 한다. 그 외에도, 켈러호프의 공식에 따르면, 미디어에서 개별 주제를 특정 시기에 다루기 위한 계기가 필요하다.

이는 특정 사건의 기념일일 수도 있고, 새로운 연구 결과나 새로운 사료 발굴의 성과일 수도 있다. 중요한 것은, 공중을 위한 중요성이 명백히 인식되어야 한다는 점이다.

출판 저널리즘

일간지와 뉴스 편집 업무의 특징은 엄청난 시간적 압박이다. 오랫동안 조사해서 쓰는 주제, 예컨대 기념일이나 회고 또는 추모 기사도 물론 있지만, 특정한 소식에 대한 신속한 반응 작업이 대부분이기 때문이다. 신속하고 효과적인 조사와 목적의식적인 훑어 읽기가 필요하고, 신속한 작문도 필요하다. 이 분야의 글은 광범위한 공중이 이해할 수 있어야 하는 동시에 복잡한 사실관계를 진지하게 설명해야 한다. 이는 공공역사에서 반복되는 요구다. 텍스트의 난이도가 낮다는 것이 질이 낮다는 의미는 아니다. 오히려 반대로 복잡한 일을 간단하게 설명하는 것은 고급 기예다.

역사 주제를 전담하는 직원을 고용할 수 있는 것은 전국 규모 일간지 정도다. 전속 저널리스트는 광범위한 주제 영역을 담당하고, 특수한 주제는 프리랜서 직원이 맡는다. 《지오 에포크Geo Epoche》, 《다말스Damals》, 《피엠P.M.》*, 《게 게쉬히테G/Geschichte》, 《차이트 게쉬히테Zeit Geschichte》, 《슈피겔 게쉬히테Spiegel Geschichte》 같은 역사 전문지들에서도 직업역사가와의 협업은 부분적으로만 이뤄진다. 역사 전문잡지는 기사에서 다루는 주제를 장기적으로 취재한다(4장 2절 3항 참조). 유명한 인물과 잘 알려진 사건들에 치중하기 때문에 사람들에게 친숙한 기념일을 즐겨 다룬다. 편집자의 임

---

* P. M.은 '페터 모스라이트너Peter Moosleitner의 재미있는 잡지'의 줄임말로 1978년 함부르크에서 창간된 월간지다. 대중을 대상으로 전문지식을 다루며, 자연과학과 기술 분야에 주력하였으나 역사 분야도 다루고 있다.

무는 매 호의 주제와 기사를 확정하고, 알맞은 저자를 찾아 원고를 청탁하거나 직접 기사를 쓰고, 이에 맞춰 제목을 뽑고 사용할 이미지를 조사하고 저작권 문제를 해결하는 일이다.

참고문헌

Arnold, Klaus/Hömberg, Walter/Kinnebrock, Susanne (편): Geschichtsjournalismus. Zwischen Information und Inszenierung, Münster 2010.

Bösch, Frank: Journalisten als Historiker: Die Medialisierung der Zeitgeschichte nach 1945, in: Oswalt, Vadim/Pandel, Hans—Jürgen (편): Geschichtskultur. Die Anwesenheit von Vergangenheit in der Gegenwart, Schwalbach/Ts. 2009, pp. 47~62.

Kellerhoff, Sven Felix: Geschichte muss nicht knallen − Zwischen Vermittlung und Vereinfachung: Plädoyer für eine Partnerschaft von Geschichtswissenschaft und Geschichtsjournalismus, in: Barricelli/Michele/Hornig, Julia (편): Aufklärung, Bildung, „Histotainment"?, Zeitgeschichte in Unterricht und Gesellschaft heute, Frankfurt/M. 2008, pp. 147~158.

Hiller, Marlene P.: Der Spagat zwischen Öffentlichkeit und Wissenschaft. Oder: Geschichte schreiben für Liebhaber, in: Horn, Sabine/Sauer, Michael (편): Geschichte und Öffentlichkeit, 2009, pp. 161~168.

Popp, Susanne 외 (편): Populäre Geschichtsmagazine in internationaler Perspektive, Frankfurt/M. 2016.

라디오 방송

공영 라디오에는 교육 의무가 있어서 꼼꼼한 연구조사를 거친 썩 훌륭한 역사 방송 프로그램을 내보낸다. 이것이 민간 라디오 방송과 다른 점이다. 라디오는 신문 미디어와 비교하면 덧없다고 할 수 있다. 라디오 뉴스는 원래 한 번 들으면 끝이지만, 신문 기사는 얼마든지 다시 읽을 수 있기 때문이다. 따라서 오디오 방송은 인쇄 출판되는 기사보다 명확하고 이해하기 쉬워야 한다. 라디오 방송의 큰 장점은 말로 하는 텍스트의 구성력이 읽는 텍스트와는 다르다는 것, 텍스트를 지지하거나 보완하기 위해 다양한 사운드를 넣을 수 있다는 것이다.

라디오 방송 프로그램에서 다뤄져 온 역사는 대부분 지난 150년 동안의 역사다. 당사자의 육성과 언명이 담긴 원본 사운드가 존재하는 시대이기 때문이다. 해당 사운드의 주요 출처는 독일 라디오 아카이브Deutsche Rundfunkarchiv다.[29] 시간상으로 먼 주제는 인용문 낭독, 전문가 인터뷰, 음향을 통해 매개하며, 이는 방송을 듣는 사람들에게 원래 그런 소리였다고 생각하게 만든다. 현재적 관련성을 도출해 낼 수 있는 문화사적 주제들에 치중하는 편이다.

공영 라디오 방송 역시 많은 경우 프리랜서가 제작을 맡는다. 주제를 탐색해 약 1쪽 분량의 제안서Exposé를 만들어 프로그램 기획안으로 방송사에 전달한다. 그러려면 주제에 대한 탄탄한 배경지식이 있어야 한다. 기획안에는 구체적인 방송 시간과 사용할 포맷, 방송 분량이 이미 담겨 있다. 중요한 것은 대중을 낚을 고리가 있어야 하고 특별한 방송임을 부각해야 한다는 것이다. 이는 주제 자체에 있을 수도 있고, 인터뷰 대상자나 새로 발굴된 소리 기록일 수도 있다.

기획안이 통과되면 시대 증인 또는 전문가 인터뷰를 계획대로 수행하고 소리 기록을 조사하고 선별한다. 둘 다 즉시 글로 옮겨 두어야 한다. 다음 단계에서 갖가지 요소들로 구성된 방송 원고를 작성해야 하기 때문이다. 대사 전체와 방송에 활용할 소리 및 음악 지시를 방송 원고에 제시한다. 원고에는 연출 지시도 들어가 있다: 도입부의 주제 소개, 주제의 심화, 개별 측면의 설명, 요약, 그리고 결론에서는 처음으로 되돌아간다. 이때 다양한 소리 요소로 변화를 주고 해설은 꼭 필요한 만큼만 넣는다. 방송 제작은 팀 작업이지만 혼자서도 만들 수 있다. 라디오 프로그램 제작에서 주인공은 **작가**와 **프로듀서**다. 작가는 프로그램을 구상하고 방송 원고를 쓴다. 프로듀서는 대부분 방송국 직원으로 프로그램을 선정하고 작가와 방송 원고를 의논하고 방송국과 방송 시간을 협의한다. 좀 더 규모가 큰 연속 방송의 경우 시리즈 전체 연출을 작가와 의논하는 감독이 따로 있을 때도 있다.

영상 제작

영상 제작은 공동 작업이기 때문에 제작계획을 세심하게 문서화하는 일이 라디오 방송에서보다 훨씬 중요하다. 이 역시 아이디어의 모든 것을 방송사에 소개하는 것부터 시작한다. 제안서는 시청자를 낚을 고리와 현재적 관련성을 담아야 한다는 점도 마찬가지인데, 그것은 예를 들면 새로운 연구 결과나 사료 발굴 또는 역사적 사건의 기념일 등이다.[30] 이에 기초해 먼저 1~10장 분량의 제안서를 만든다. 여기에는 주제, 주인공, 제작물의 시대와 장소, 러닝 타임, 장르, 목표집단을 적시한다. 그리고 영상 구성의 첫 인상도 넣어야 한다. 방송국이 관심을 보이면 연출계획을 세운다. 다시 말해 원본 소리, 아카이브 자료, 장소의 새로운 촬영, 인터뷰, 활용할 그래픽 등으로 구성되는 영상 요소의 대략적 흐름을 정한다. 이것이 확정되면 제작비를 계산하고 최종적으로 연출안을 쓴다. 여기에는 다양한 촬영 과정에 대한 정보를 빠짐없이 담는다. 이를 기초로 아카이브 자료를 조사하고 촬영 스케줄을 협의하고 촬영을 한다. 촬영이 끝나면 촬영한 필름과 다른 영상 기록을 모두 보고 편집계획을 세운다. 이 시점에서 몇 시간이나 되는 분량의 전문가 또는 시대 증인 인터뷰 전체 영상에서 몇 분 정도의 분량을 잘라내 영상에 편집해 넣는다. 이렇게 해서 비로소 영상의 흐름이 구체적으로 결정된다. 이 과정에서 원래의 연출안에서 벗어날 수도 있는데, 예를 들면 인터뷰하다가 새로운 흥미로운 정보를 얻거나 조사 중에 새로운 자료를 발견했을 경우다. 편집이 완료되면 작가는 방송 원고를 쓴다. 여기에는 음악 및 영상에 사용된 화면의 배경 음향 지시도 포함된다. 원고를 쓸 때 지킬 점은 다음과 같다.

"화면을 보면 알 수 있는 것은 설명하지 말라. 원본 소리의 내용을 선취하지 말라. 흔한 클리셰와 공허한 문구를 사용하지 말라(예컨대 "전원적 목가는 기만적이다"와 같은). 정보를 제공할 때는 시청자의 주의를 화면에서 빼앗지 말고 화면을 보완해야 한다. 늘어놓지 말고 설명을 해라. 수동태 말고 능동태를 써라. 긴 복문을 사용하지 말라."[31]

제작이 여러 단계에 걸쳐 이루어지는 만큼 영상 제작에 관련된 몇몇 직업을 이미 거론하였다. 공공역사가의 관심을 끄는 것은 특히 **프로듀서, 작가, 감독, 제작자, 자료조사원**이다. 작가가 감독과 조사를 맡는 경우도 흔하다. 다양한 업무 영역을 수행하고 싶으면 프리랜서가 되든지 방송국이나 제작사에서 일하는 방법이 있다. 많은 경우에 영상 제작은 자체 직원과 프리랜서를 고용한 제작사들에 의해 방송국과 협의해 이루어진다.

텔레비전 방송국과 라디오에서 프로듀서는 프로그램 구성을 담당한다. 제작 제안을 선별하고, 프로그램 제작을 다소간 집중적으로 감독하거나 제작사가 만든 영상을 구매한다. 반면에 작가는 대부분 프리랜서이고 방송국이나 제작사의 고정 직원이 아니다. 아이디어를 만들어 방송국 프로듀서에게 제공한다. 프로듀서의 부탁으로 아이디어를 만들기도 한다. 작가는 연출안을 쓰고 감독은 영상으로 구현한다. 이 직업은 특별한 교육 과정 이수를 요구하지 않는다. 그러나 전공 학위를 취득하고 방송사나 제작사에서 수습

경험을 쌓으면 도움이 된다.[32]

참고문헌

Cippitelli, Claudia/Schwanebeck, Axel (편): Fernsehen macht Geschichte.
　　Vergangenheit als TV-Ereignis, Baden-Baden 2009.
Fischer, Thomas/Schuhbauer, Thomas: Geschichte in Film und Fernsehen. Theorie-
　　Praxis-Berufsfelder, Tübingen 2016.
Fischer, Thomas/Wirth, Rainer (편): Alles authentisch? Popularisierung der
　　Geschichte im Fernsehen, Konstanz 2008.
Lemke, Thomas: Dokumentarisches Fernsehen in der Bundesrepublik Deutschland.
　　Grundlagen der Produktion, der Technik und der quantitativen Entwicklung, 박
　　사학위청구논문, Hamburg 2012.

출판사

공공역사가는 출판사에 들어가 예컨대 '책으로 가는 긴 여정' 같
은 기획의 편집자가 될 수도 있다.[33] 저자를 물색하고 집필 주제를
제안할 수도 있고, 반대로 저자가 출판을 요청해 올 수도 있다. '자
신의' 저자와 접촉을 유지하는 것이 기본적으로 중요하다. 그리고
각종 학술대회에 방문해 자신의 출판사에 흥미로운 주제와 연구
경향을 포착하는 능력이 필요하다.

　　편집자Lektor*innen의 업무 범위는 출판사에 따라 천차만별이

다. 집필계획을 검토해 책을 기획하고 목차와 각 장과 완성된 초고의 손질에 이르기까지의 전 과정을 주도할 수도 있고, 원고의 최종 승인만을 결정할 수도 있다. 편집자의 임무는 출판사에 맞는 책인지 결정하고 필요하다면 수정지침을 주는 것이다. 출판사의 이윤은 책 판매에서 나오기 때문에 이 점은 특히 중요하다. 그러나 학술 서적을 내는 출판사들은 저자로부터 출판 비용을 출판 지원금 형태로 사전에 받고 일을 시작하기도 한다. 이 경우 편집자의 일은 대략적 교정과 레이아웃 정도의 원고 검토에 그친다.

규모가 큰 출판사에서는 편집자가 출판계획을 세우고 개별 출판물의 홍보와 광고를 기획한다. 출판사 프로그램 홍보 책자에 쓸 문구와 디자인을 만들고, 저자가 참여하는 강독회를 열고, 프랑크푸르트와 라이프치히에서 열리는 도서 박람회에 출판물을 전시한다.

참고문헌

Groothuis, Rainer: Wie kommen die Bücher auf die Erde? Über Verleger und Autoren, Hersteller, Verkäufer und: das schöne Buch. Nebst einer kleinen Warenkunde, Überarb. und erw. Neuausg., Köln 2007.

von Lucius, Wulf D.: Verlagswirtschaft: Ökonomische, rechtliche und organisatorische Grundlagen, Stuttgart 2007.

Blaschke, Olaf/Schulze, Hagen (편): Geschichtswissenschaft und Buchhandel in der Krisenspirale? Historische Zeitschrift, Beihefte, Band 42, München 2006.

2—박물관과 기념관

독일에는 현재 약 6,300개의 박물관이 있고 매년 약 1억 명이 관람한다.[34]* 이것이 모두 역사박물관은 아니지만, 이 수치는 박물관과 기념관이 공공역사가에게 흥미로운 직업 분야라는 점을 말해 준다. 내용 면에서 박물관 일은 변화무쌍하고 요구 사항이 많다. 자료를 수집하고 보존하고 연구하고 전시하는 일 외에도 역사교육과 마케팅 및 홍보까지 포함한다.

홍보Öffentlichkeitsarbeit와 **마케팅**Marketing 업무는 주로 박물관 사업을 공중에 알리는 일이다. 예를 들면 보도 자료를 작성하고 전단지와 포스터를 제작하고 웹사이트 내용을 채우고 언론에 연락을 취하고 관련 이벤트를 조직하는 것이다. 이런 맥락에서 경영 문제에 대한 박물관들의 관심이 점점 높아지고 있다. 경영 업무에는 우선 목표 설정과 목적집단의 확정이 있는데, 이는 각 박물관이 추구하는 이상형 설정과 밀접하게 관련된다. "목표 설정은 박물관의 사회적 역량, 필요성, 효과를 정의한다. 그리고 박물관이 없었더라면 발생했을 결핍을 밝혀 준다."[35] 경영의 또 다른 측면은 목표 설정과 활용된 자원을 고려해 박물관이 내보인 역량을 설정된 목표와 활용된 자원을 고려하여 정기적으로 평가하는 일이다. 경제성 요구가 증가한 결과로 입장료 이외의 추가 수입원이

---

* 이것은 6,700이라는 이 책 191쪽의 수치와 모순된다. 이 문장은 이유는 불분명하지만 2008년의 상황에 대한 보고로 보인다.

개발되었다. 예를 들면 이벤트 개최, 공간 임대, 협력 프로젝트, 그리고 이제는 당연해진, 본격적으로 물건을 파는 박물관 숍 등이 이에 속한다.

이외에도 박물관에서 공공역사가의 업무 영역은 소장품에 새로 들어오는 유물의 **등록**Regisitierung과 **목록 작성**Inventarisierung이다. 대형 박물관은 이 일을 위한 담당자를 따로 두는 경우가 많지만, 작은 박물관에서는 소장품 관리자가 맡는다. 유물의 재질, 크기, 무게 정보 외에도 유물에 관한 설명과 가능하다면 그것이 애초에 생겨난 배경에 대한 정보, 원래의 기능, 용도, 거쳐 온 소유자, 박물관에 들어오게 된 경로를 기록한다.

그러나 박물관에서 공공역사가의 핵심 업무는 수집과 전시이다. 박물관에서 중요한 직책은 **박물관 관리자**Kustos다. 이들은 "특정 대상 분야의 전문가로서 박물관 소장품을 감시하고 확대하고 정돈하고 작업한다."[36] 박물관 관리자의 일은 우선적으로 소장품 관리이지 전시가 아니다. 전시는 **큐레이터**Kurator*innen의 일이다. 큐레이터도 소장품을 관리할 수는 있지만, 대부분 전시와 관련된 시기에만 한다. 그러므로 전시 큐레이터는 **전시제작자**Ausstellungsmacher*innen로 불리기도 한다. 두 직업 모두 특정 소장품에 매여 있지 않으며, 박물관 외에도 다른 여러 장소에서 다양한 자료를 가지고 전시를 개발한다. 소장품 관리만을 담당하는 인력으로서 원래 의미의 박물관 관리자를 고용하는 박물관은 거의 없어졌기 때문에, 지금은 큐레이터라는 용어가 박물관 관리자까지를 포괄하는 상위 개념으로 나서게 되었다.[37] 1980년대 이후 프리랜서 전시제작자와 전시 기획사가 점점 증가하며 박물관에 서비스를 제공하게 되었다. 이는 특히 박물관의 "전시 프로젝트 지향성과 제도적 아웃소싱이 강화"된 결과다.[38]

큐레이터 또는 전시제작자의 업무는 개별 전시를 위한 유물을 선별하고 "이 주관적 선택에 객관적 의미를 입히는 것"이다.[39] 그러므로 이들은 어떤 역사를 어떤 자료를 가지고 이야기할지 결정한다. 그러나 '참여 박물관'에 대한 요구가 커지면서 박물관 큐레이터와 소장품 관리자는 전시물에 대한 자신들의 "단독 권력"을 포기하고 관람자와의 대화에서 유물을 수집하고 선별하고 전시하도록 촉구받게 되었다. 이를 위해서는 무엇보다 "중재 기술, 소통 감각, 능숙한 협상"이 필요하다(전시 개발에 대해서는 5장 3절 참조.).[40]

참고문헌

Alder, Barbara/de Brok, Barbara: Die perfekte Ausstellung. Ein Praxisleitfaden zum Projektmanagement von Ausstellungen, Bielefeld 2012.

Aumann, Phillip/Durr, Frank: Ausstellungen machen, München 2013.

박물관 교육

박물관 교육Museumspädagogik은 독일연방공화국(서독)에서 1970

년대에야 비로소 독립된 직업 분야가 되었다. 박물관이 광범위한 대중에 의식적 개방을 실천하면서 다양한 관람집단을 대상으로 하는 전시물 교육의 필요성이 생겨났다. 아동 프로그램과 청소년 프로그램, 가족 서비스와 성인 서비스가 개발되었다. 우선 무엇보다도 전시제작자와는 별도로 전시 안내를 기획하고 구현하며 안내 자료를 만드는 것이 과제였다. 이는 예나 지금이나 박물관 교육의 핵심 과제 가운데 하나다. 이 일은 사례를 받고 박물관에서 기획한 전시 안내를 맡는 임시 직원의 도움으로 이루어진다.

그러나 박물관 교육은 전시에만 집중하지는 않으며 소장품에도 관여하는데, 예를 들면 개별 유물을 전시와 무관하게 프로젝트 작업에 활용한다. 그 목표는 다음과 같다.

"박물관 관람객과 박물관 사이의 제한 없는 대화를 가능하게 하고, 광범위한 인구집단에 말을 걸고, 소장품이 품은 지식을 되도록 많은 이에게 개방하고 보편적으로 사용할 수 있는 기본 조건을 만드는 것이다."[41]

연방 박물관교육협회Bundesverband Museumspädagogik는 2008년 박물관 교육 및 매개 사업의 질적 기준Qualitätskriterien für die Bildungs- und Vermittlungsarbeit을 발표했다. 이는 특히 박물관 교육의 목표를 다음과 같이 명시한다.

"박물관 교육은 전시 내용을 일목요연하게 보이고, 질문을 던지고, 자극하고 고무하면서 새로운 지평을 연다."[42]

박물관 교육은 맥락을 제시하고, 전시물에 맞추어 통합적·학제적으로 작업하며, 특히 현재적 관련성과 행위 지향을 창출한다. 최근의 문헌에서는 박물관 교육자Museumspädagog*innen가 아니라 **박물관 사회자**Museumsmoderator*innen라는 용어를 쓴다. 그 의미는 다음과 같다.

"넓고 다양한 지식을 가지고, 박물관 관람자와 더불어 전시장의 전시품을 지식과 경험의 상호교류에 사용하는 사람."[43]

박물관 사회자에게는 소통 능력과 대화를 이끄는 능력이 필요하다. 왜냐하면 "교류와 토론의 장"을 만드는 것이 주 임무이기 때문이다. 그러므로 박물관 사회자는 전문적 주제와 교육에 숙달될 뿐만 아니라 의욕이 있어야 한다.

참고문헌

Czeck, Alfred/Kirmeier, Josef/Sgoff, Brigitte (편): Museumspädagogik. Ein Handbuch. Grundlagen und Hilfen für die Praxis, Schwalbach/Ts. 2014.

Schrübbers, Christiane (편): Moderieren im Museum. Theorie und Praxis der
dialogischen Besucherführung, Bielefeld 2013.

기념관 교육

박물관 교육 업무의 기본조건은 기념관 교육에도 똑같이 적용
된다. 이 기관의 과제는 박물관과 마찬가지로 특별한 역사지식을
매개하는 것이며, 기념관은 이에 특별히 해당 장소와 역사적 맥락
을 더해 매개한다. 그러나 기념관 교육에서는 "현재 지향적이고
행위 지향적인 정치교육"에 더 큰 가치가 부여되고, 또한 교육 작
업에 기억과 기념을 끌어들인다.[44] 그리하여 기념관의 기능과 형
태에 대한 이해 및 가능하다면 그 배경에 있는 정치적 논의를 매
개한다. 지식 매개의 과제는 그 장소의 기억 및 기념 기능과 긴장
관계에 있게 된다. "역사에서 배운다Aus der Geschichte lernen"는 의
미에서 정치교육에 무게를 두는 것은 점점 회의의 대상이 되고 있
다. 특히 범죄가 행해진 장소가 인권과 민주주의 가치의 교육에
특별히 적합하다는 가정이 도전받고 있다.[45]

기념관 교육 활동에는 박물관 안내와 마찬가지로 안내 자료 만
들기와 학생 및 청소년 워크숍을 위한 추가 프로그램이 포함된다.
특히 후자는 기념관에서 더욱 활발히 수행되고 있으며 2시간짜리
부터 며칠에 이르는 것까지 있다. 관람자들 스스로의 역사 논쟁과
과거에 일어나고 들었던 것을 성찰하도록 자극하는 것이 목표다.
교육 목표는 기념관이 제시하는 배경 정보를 이해하고 그것을 설

명하는 방법을 제공함으로써 관람자들이 사건을 다양한 시각에서 고찰하고 이를 기반으로 자신의 견해를 세우도록 하는 것이다.

참고문헌

Grylewski, Elke 외 (편): Gedenkstättenpädagogik. Kontext, Theorie und Praxis der Bildungsarbeit zu NS-Verbrechen, Berlin 2015.

Thimm, Barbara/Kössler, Gottfried/Ulrich, Susanne (편): Verunsichernde Orte. Selbstverständnis und Wieterbildung in der Gedenkstättenpädagogik, Frankfurt/M, 2010.

3—정치

정치는 미디어와 전시를 가로지르는 혹은 이들과 겹치는 직업 분야를 제공한다. 이 분야의 특징은 역사 제시의 특정 형태가 아니라 특정 주제와 기본조건이다. 정치 분야에는 좁은 의미에서는 정치가와 정당의 활동이 속하지만, 넓은 의미에서는 공공기관, 협회, 재단이 수행하는 활동도 포함된다. 정치재단, 정당, 연방의회, 주 의회, 지자체 의회, 시 의회, 지자체 행정기관, 주 행정기관, 연방 행정기관은 역사문화의 문제들을 논의하고 결정하며 공적 자금을 투입할 공공역사의 기본 틀을 만든다. 연설문 작성자부터 시청 기억문화 담당 직원, 문화부 박물관 담당 연구원에 이르기까지 모두가 공공역사가의 일자리다.

이 분야의 잠재적 고용주는 정치재단(콘라트 아데나워 재단, 프리드리히 에버트 재단, 프리드리히 나우만 자유 재단, 하인리히 뵐 재단, 한스 자이델 재단, 로자 룩셈부르크 재단) 외에도 연방 차원의 초당적 정치 기념재단[46]이 있다. 그 밖에도 역사 분야의 주제를 공개적으로 논하고 지원금을 주고 자체 프로젝트를 개발하고 그리고/또는 로비 활동을 벌이는 **재단**Stiftung과 **협회**Verein가 다수 있다. 예를 들면 기억·책임·미래재단과 사통당 독재 정리 연방재단 외에도 망각 반대·민주주의 찬성협회*Gegen Vergessen, für Demokratie*, 역사·정치·미디어 교육협회*Agentur für Bildung–Geschichte, Politik und Medien* 등이 있다. 이 기관들에서 공공역사가가 하는 일은 기획 개발, 프로젝트 제안서의 검토와 평가, 프로젝트 감독, 언론 보도 자료 작성, 입장 표명 등이다. 그 외에도 전시 기획, 영상 프로젝트 개발 등이 있고, 그리하여 앞에서 언급한 직업 분야와의 접점이 생긴다.

공공기관öffentliche Verwaltung의 경우 공공역사가들은 언론 및 홍보 부서 또는 커뮤니케이션 부서 외에도 박물관과 기념관 또는 기억문화 일반을 담당하는 부서에서 일한다. 예컨대 연방 정부의 문화·미디어 연방위원회Beauftragte der Bundesregierung für Kultur und Medien(BKM) 제4국Gruppe K4은 '역사, 기억Geschichte, Erinnerung'을 담당한다. 브란덴부르크주 학문·연구·문화부 Ministerium für Wissenschaft, Forschung und Kultur에서 '문화Kultur' 담당 제3국Abteilung 3 소속 제33과Referat 33는 '박물관, 기념물 보호와 보존, 기억문화Museen, Denkmalschutz und Denkmalpflege, Erinnerungskultur'를 담당한다. 베를린 시청에는 '문화국Kuturelle Angelegenheiten' 산하에 '아카이브·도서관·기념관·박물관·교양 미술기관 지원과Einrichtungsförderung für Archive, Bibliotheken, Gedenkstätten, Museen, Bildende Kunst'가 있고, 포츠담 시청에도 '문화·박물관과Kultur und Museum'가 있다. 행정기관의 이런 부서에 역사 전공자들이 있으며 지원지침을 작성하고 제안서를 평가하고 연설문을 작성하고 공공역사를 주제로 하는 행사를 기획한다.

이런 행사가 열리는 계기는 대개 박물관과 기념관 개관식, 기념물 제막식 같은 시급한 행사들 외에도 해마다 돌아오는 역사적 사건 기념일, 국가적 그리고 국제적 **기념일**Gedenktage이다. 법정 공휴일 가운데 공공역사 관점에서 특히 10월 3일 독일 통일의 날Tag der Deutschen Eiheit이 눈에 띈다. 그 밖에도 보편적으로 유명한 기념일은 아니지만 역사적 의미가 있는 날은 다음과 같다.[47]

- 1월 27일: 나치 희생자 기념일
- 5월 1일: 노동절
- 5월 9일: 유럽의 날
- 5월 23일: 제헌절
- 6월 17일: 동독 인민봉기 기념일
- 6월 20일: 피난과 추방 희생자 추모일
- 7월 20일: 독일인의 반나치 저항 기념의 날
- 8월 23일: 나치와 스탈린주의 희생자 기념의 날

특별한 날이지만 공식 기념일은 아닌 날로 11월 9일이 있다. 1918년 이날은 바이마르 공화국 성립일이며, 1938년 이날에 유대인 예배당과 상점의 포그롬[*]이 자행되었고, 1989년 이날 베를린 장벽이 열렸다. 기념할 거리가 많으므로 내용 없는 공허한 의례로 전락하지 않고 격에 맞게 치를 방법이 무엇인지 해마다 새롭게 질문이 제기된다. 공공역사가들이 나서야 할 과제다.

참고문헌

Fröhlich, Claudia/Heinrich, Host-Alfred: Geschichtspolitik. Wer sind ihre Aktuere, wer ihre Rezipienten?, Stuttgart 2004.

Sack, Hilmar: Geschichte im politischen Raum. Theorie – Praxis – Berufsfelder, Tübingen 2016.

Schmid, Harald (편): Geschichtspolitik und kollektives Gedächtnis. Erinnerungskulturen in Theorie und Praxis, Göttingen 2009.

Wolfrum, Edgar: Geschichte als Waffe. Vom Kaiserreich bis zu Wiedervereinigung, Göttingen 2001.

---

* 조직적·계획적인 소수민족 학살을 의미한다. 파리 주재 독일대사관의 서기관이 폴란드 출신 유대인 소년에게 피습된 사건을 빌미로 11월 9일에서 10일 아침까지 독일 전역에서 유대인을 대상으로 발생한 강력한 폭력 사태. '수정의 밤Kristallnacht' 또는 '깨진 유리의 밤'으로도 알려져 있다.

4—경제

민간경제는 지금까지 언급한 직무 활동을 포괄하는 공공역사 취업 분야를 제공한다. 이 분야의 특징은, 일단 역사 기획사를 제외하면 역사의 정리와 매개가 회사의 우선적 목적은 아니라는 점이다. 그럼에도 대기업에는 역사 커뮤니케이션, 회사 박물관, 역사 아카이브처럼 스스로의 역사를 연구하고 보여 주는 부서가 있다. 이에 비해 중소기업은 역사가를 고용하는 자체 부서는 없지만, 회사 기념일 등 특별한 계기가 있을 때 프리랜서나 역사 기획사에 기업사 정리와 제시를 의뢰한다.

역사 기획사

여기서 말하는 '역사 기획사Geschichtsagenturen'는 공공기관이 아니라 역사 정리를 용역으로 제공하는 기관이다. 역사학과와 대학 안팎의 연구소들이 정부기관이나 개별 기업의 의뢰로 해당 기관의 역사 연구 용역을 제공하는 경우가 점점 늘고 있다.[48] 이에 비해 역사 기획사는 영리 기업이다.[49] 이런저런 고객들의 요구에 맞춘 용역을 제공하는 역사 연구자들은 항상 있었지만, 이와 같은 공급이 전문 직업화되고 한층 제도화된 것은 1990년대 말 이래의 역사 붐의 결과다. 기업사 중심의 역사 기획사 외에 이른바 전시 기획사도 있으며, 이 내용은 박물관 편에서 이미 다루었다. 다양한 기획사의 상품은 겹치는 경우도 있다. 기업사는 인쇄물로만 제시되는 것이 아니라 전시, 웹사이트, 영상으로도 표현되기 때문이다.

응용 기업사 영역에서 활동하는 역사 기획사의 숫자는 지난 몇 년간 눈에 띄게 증가했다. 그러나 이 영역에 대한 신뢰할 만한 연구는 아직 없다. 현재 독일에서는 약 40개의 장기적으로 운영되는 기획사가 집계되고 있는데, 그들 대부분은 '1인 기업Ein-Person-Betriebe'이지만 여러 명의 역사 전공자를 직원으로 고용하는 회사도 6개나 된다.[50] 이들의 업무는 **역사 마케팅**History Marketing/Geschichtsmarketing이며, 이는 역사 표현을 마케팅 목적으로 활용하는 것으로 이해된다.[51] 그러나 역사 기획사는 마케팅 기획사와는 다르다. 역사 기획사는 역사를 진지하게 표현하는 것을 우선적 과제로 보고 있으며 마케팅은 그다음이기 때문이다. 이들은 역사 마케팅을 역사의 도움을 받아 해당 업계나 회사 또는 제품의 신뢰를 얻는 방법으로 이해하고 있기는 하지만, 마케팅에만 초점을 맞추면 역사의 동원으로 이어져 신뢰 상실을 가져올 수 있다는 점도 논의한다.[52] 이와는 반대로 마케팅 기획사는 역사를 일차적으로 특정 관심사에 맞춰 변형시킬 수 있는 자원으로 본다. '역사 마케팅'은 이 두 접근법을 모두 의미한다.

역사 기획사의 작업 과정에서는 **주문 확보**Auftragsakquise가 중요하다. 비교적 신생 서비스업인 이 분야에서 고객을 기다리고만 있을 수는 없기 때문이다. 기업들이 스스로의 역사를 돌아보는 때는 "해마다 돌아오는" 기념일이다. 따라서 기획사들은 우선 시장조사를 한다. 지역에 존재하는 회사들 가운데 역사가 길고 규모가 있어서 전문가에게 기업사 서술을 맡길 만한 곳은 어디인가? 조사 후에 잠재적 고객에 직접 연락한다. 기업이 관심을 보이면 고객의 희망 사항과 기획사가 공급할 수 있는 것에 관해 협상이 이뤄진다. 용역 제공자로서 역사 기획사는 주문자의 요구에 맞춰야 하지만, 이 일이 해당 기업사를 드러내고 다루는 일이라는 인식을 고객이 갖게 하도록 노력한다.

계약이 체결되면 고객 회사가 보유한 자료와 기타 아카이브 **조사**Recherche를 시작하고 전·현직 직원들과 사장들을 인터뷰한다. 발견한 사료를 맥락화하고 해석하려면 해당 기업이 속한 업계의 역사를 잘 알아 두는 것이 중요하다. 기록, 영상, 오디오 및 비디오 자료를 수집하고 저작권 문제를 해결하면 이제 비로소 **제품**Produkt 이 만들어진다. 구체적으로 말하면 이것은 조사한 사료를 토대로 기업 아카이브를 구축하는 일 그리고/또는 기업의 역사를 책, 웹사이트, 영상, 전시 등 다양한 형태로 제시하는 일이다. 늦어도 이 시점에서는 고객이 원하는 것이 결정되어야 한다: 증정용 도서, 회사 안에서 전시회 개최, 영상, 또는 웹사이트. 이때 다양한 미디어가 나란히 제공될 수 있고 그 내용은 서로 보완될 수 있다.

참고문헌

Kühberger, Christoph/Lübke, Christian/Terberger, Thomas (편): Wahre Geschichte

– Geschichte als Ware. Die Verantwortung der historischen Forschung für
Wissenschaft und Gesellschaft, Rahden/Westf. 2007.

Kühberger, Christoph/Pdlat, Andreas (편): Vergangenheitsbewirtschaftung. Public
History zwischen Wirtschaft und Wissenschaft, Innsbruck 외 2012.

역사 관광

관광경제는 성장하는 서비스 산업이다. 관광산업은 19세기 중
반 오락과 휴양 여행의 형태로 시작되었고 1950년대 이후 대중교
통의 확대와 함께 지역 경제의 주요 요소가 되었다. 이 서비스 제
공자에는 여행사, 운송회사, 호텔 및 레스토랑, 오락 및 휴양 서비
스 공급자가 속한다. 19세기 말 이래 유명한 역사적 사건이 일어
난 역사적 명소와 장소들도 관광지로 포함되었다.[53] 역사 붐은 역
사 관광의 확산을 가져왔다. 이는 공공역사 전문가들의 성장하는
취업 시장이지만, 이를 위한 구체적인 직업 훈련은 아직 없다.[54]
이 분야에 취직해 서비스 상품을 개발하려 한다면, 무엇보다도 다
음과 같은 질문이 필요하다: 거리, 도시, 지역의 역사가 이야기되
는 형태가 무엇인지, 공간에서 역사를 이야기하는 것의 특별함이
무엇인지, 이러한 매개에 활용할 수 있는 보조 수단은 무엇인지.
역사적 장소의 관광 상품화가 이에 다시금 미치는 효과는 무엇인
지도 공공역사가의 흥미를 끈다.

사람들은 특정 장소를 방문하여 역사를 '소비한다komsumieren'.
이는 '역사주의Historism'로도 표현된다.[55] 특별한 영역인 **타나 투**

어리즘Thana-Tourismus'은 망자를 찾아가는 여행이다. 전몰자 묘지 방문, 구 강제수용소나 교도소 또는 전장 여행이 이에 속한다. 이런 맥락에서 **다크 투어리즘**Dark Tourism'이라는 말도 쓴다.[56] 이는 죽음과 고통의 장소를 여행하는 것, 그리고 역사적 행위가 실행된 장소, 예컨대 '볼프샨체Wolfschanze'*나 바이에른주 오버잘츠베르크Obersalzberg** 같은 독재의 장소를 방문하는 것을 말한다.

역사 관광에는 해외로 떠나는 며칠짜리 역사 여행, 당일치기 도시 역사 투어나 해설사가 안내해 주는 도심 구경, 선택된 장소로의 자전거 투어나 버스 투어 등이 모두 포함된다. 특정 장소를 전문으로 취급하는 지역 공급자가 있는가 하면 전 세계를 누비는 운영자도 있다. 이 분야에서 공공역사가의 일은 지역의 역사 매개의 모든 것을 포괄한다. 대부분 주제나 지리 중심의 역사 **가이드**Führung 형태로 이뤄진다. 이 안내는 기획, 조사, 모집을 거쳐 실행에 이른다.

이 일은 대개 프리랜서 혹은 사례비를 받고 진행되므로 진입이 비교적 쉽다. 학생들의 경우 학업에 병행해 이 분야에서 아르바이트 활동을 할 수 있다. 도심 가이드, 박물관 가이드, 기념관 가이드 또한 역사 매개의 경험을 비교적 빨리 쌓을 기회다. 여기에서 공공역사가는 공중을 직접 만나고 역사를 흥미로우면서도 진지하게 매개하는 방법을 실험해 볼 수 있다.

---

* '늑대굴'이라는 뜻. 제2차 세계대전 당시 히틀러의 동부전선 지휘본부를 말한다.
** 히틀러의 휴양지가 있었던 곳.

Gröbner, Valentin: Touristischer Geschichtsgebrauch: Über einige Merkmale neuer Vergangenheiten im 20. und 21. Jahrhundert, in: Historische Zietschrift (2013), pp. 408~428.

Mütter, Bernd: HisTorismus. Geschichte in der Erwachsenenbildung und auf Reisen, Bd. 1 u. 2, Oldenburg 2008.

Schwarz, Angela/Mysliwietz-Fleiß, Daniela: Reisen in die Vergangenheit. Geschichtstourismus im 19. und 20. Jahrhundert, Köln 외 2018.

프리랜서

이 책에서 지금까지 언급한 직업 분야에 취직할 기회 말고도 프리랜서 일은 항상 가능하다. 그러려면 역사학 전문지식 외에도 일련의 역량이 필요한데, 이는 일반적으로 대학의 역사학과는 물론 공공역사 전공에서도 거의 다루지 않는다. 여기에는 경영학 기초지식, 고객 유치 기술과 협상 기술이 들어간다. 잠재고객을 적극적으로 만나는 것, 자신의 역량과 포트폴리오를 보이는 것, 납품일과 가격을 협상하는 것은 보통 실무에 들어가서야 비로소 배운다. 이런 이유로 프리랜서로 독립하기 위한 관문으로 역사 기획사 같은 곳에서 실무 경험을 쌓는 것이 좋다.

그리고 생각이 비슷한 사람들과 경험 및 기회를 교환하려면 독일박물관협회, 독일언론인협회Deutsche Journalisten-Verband, 기업사학회GUG(Gesellschaft für Unternehmensgeschichte), 프리랜서 문화연구자

연방협회BfK(Bundesverbnad freiberuflicher Kulturwissenschaftler), 또는 독일역사가협회Verband der Historiker und Historikerinnen Deutschlands 산하 응용역사·공공역사 연구회Arbeitsgruppe Angewandte Geschichte/ Public History 같은 단체에 가입하는 것도 도움이 된다.

역사학과와 공공역사 전공자 가운데 많은 이가 최초의 도급 계약과 함께 프리랜서로서 직업 활동을 시작하고 첫 경험을 쌓는다. 가격과 보수를 협상할 때에는 합의된 지불 금액은 항상 세전 금액이며 여기서 세금과 보험료를 떼야 함을 명심한다. 보수 산정에 참고가 되도록 BfK 웹사이트에 권장 보수가 제시되어 있다.[57] 장기적 프리랜서로 일할 것이 확실해지면 예술가 사회보장보험 KSK(Künstlerso-zialkasse)에 가입하는 것이 바람직하다. KSK는 의료보험, 연금보험, 요양보험 납부액의 고용주 부담분을 내주어 "독립예술가와 작가가 피고용인과 같은 법정 사회보험의 보호를 누리도록"[58] 해 준다. 그러나 이에 가입하기 위해서는 특정 조건을 충족해야 한다.

옮긴이 해제

퍼블릭 히스토리 또는 공공역사는 영미권을 중심으로 지난 수십 년간 확립되고 대학에 안착했다. 독일에서는 1970년대에 나타난 역사 붐이 지속된 결과 2000년대 이래 공공역사의 제도화가 이루어졌다. 특히 2008년에는 베를린 자유대학교 역사학부가 독일 최초로 공공역사 석사 과정을 개설했다. 베를린 자유대의 역사교육 전공 교수인 마르틴 뤼케와 포츠담 현대사연구소 공공역사 부서장인 이름가르트 췬도르프가 공동으로 집필한 이 책의 원제는《공공역사 입문》(2018)으로, 두 사람이 지난 10년간 베를린 자유대 공공역사 석사 과정에서 학생들을 가르친 경험을 토대로 쓴 수업 교재다. 공공역사의 현황과 전망을 개념, 이론, 방법론, 직업 영역에 이르기까지 광범위하게 정리하고 요약적으로 제시한다.

공공역사는 미디어 연구, 문화 연구 등과 협업하는 학제적 분야이며, 역사교육과의 접점이 크다. 독일에서 역사교육은 역사적 내용과 역사지식의 응용을 전달하기 위한 방법, 형태, 보조 자료 등을 발전시키는 것을 목표로 하는 역사학 분과로 인식된다. 역사교육의 개념을 엄격하게 제한하면 초중등학교에서 역사지식을 습득하는 것에 한정되지만, 넓게 적용하면 공공 장소에서 말과 글을 통해 행해지는 역사서술 모두와 관련된다. 이 경우 문화센터의 역사 강좌는 물론 박물관, 명승지, 유적지 등의 가이드까지 포함하는 넓은 영역을 아우른다. 독일의 역사교육은 이미 오래전부터 학교 밖에서의 역사 매개에 관심을 두어 왔다. 독일 대학의 공공역사는 공공 공간에서 이루어지는 역사 제시presentation와 표현representation에 대한 고찰과 분석을 내용으로 한다.

이 책은 공공역사 호황의 이유를 역사 연구 자체의 변화에서 찾는다. 1970년대 미국을 시작으로 역사서술의 중심이 정치사에서 사회사로 이동하고, '네가 서 있는 곳을 파라'는 구호를 내건 역사 작업장 운동이 전개되며, 역사를 매개하고 서술하거나 드러내는 적절한 형태에 대한 공중의 요구가 증가했다. 이 요구를 견인한 것은 역사 전공자 수의 증가였다. 이는 공공역사 호황의 또 다른 이유로 이어진다. 포츠담 현대사연구소 소장 중 한 사람이며 미디어 역사의 전문가인 프랑크 뵈쉬는 예컨대 미국의 공공역사 발전을 1970년대 이래 대학 팽창의 결과로 보는 견해를 소개한 바 있다. 증가하는 역사 전공 졸업생들의 고용 위기를 학계와 학교 밖에서의 새로운 분야 개척으로 극복하고자 했던 노력의 결과였다는 것이다. 이 책 역시 대학의 공공역사 교육 과정 확대가 역사학 전공 졸업생 다수에게 전문연구자나 역사 교사가 되지 않고도 역사를 다루거나 역사와 관련 있는 분야에 취업할 수 있는 전망을 열어 줄 것이라는 희망적 기대를 드러낸다.

베를린 자유대의 공공역사 석사 과정을 시작으로 이 분야의 확장과 함께 새로운 학위 과정이 계속해서 생겨나고 있으며 그 결과 전공자 수가 증가하는 중이다. 전통적 역사학부에서도 점차 공공역사 수업을 커리큘럼에 늘려 가는 추세다. 이 책은 독일에서 공공역사의 제도화를 선도해 온 두 기관인 베를린 자유대학 역사학부와 포츠담 현대사연구소의 협력의 결과물이다. 이 책은 공공역사의 다양한 분야와 업무에 종사하는 사람들을 '공공역사가'로 호명한다. 일차적으로는 공공역사 전공 학생들을 위한 교재로 집필했지만, 현장에서 활동하는 공공역사가들이 자신들의 일을 점검하고 전문화를 도모하는 데 도움을 줄 수 있기를 기대한다. 나아가 확대일로인 공공역사 분야에 어떤 형태로든 관계하고 있는 이들 모두에게 좋은 길잡이가 되기를 희망한다.

국제적 차원에서 공공역사의 최근 현황을 조망하는 입문서는 이미 몇 종 있다. 그러나 독일은 미국이나 영국과 비교해 자신의 길을 모색할 필요가 있었고 이것이 이 책의 집필 배경이다. 이는 물론 각국이 서로 다른 공공역사를 갖는다는 의미는 아니다. 다만 공공역사 탄생과 전개의 토양과 배경은 조금씩 다르다. 이 점에서 2018년에 나온 이 얇은 책은 독일적 맥락에서 공공역사가 전개되어 온 과정, 현황, 전망을 포괄적으로 조망하고 있으며, 이 주제로는 독일어권 최초의 입문서다. 이 책이 출간된 다음 해에 공공역사를 다룬 책이 두 권 더 나왔다.

이 책에서 두 저자는 공공역사의 역사와 개념, 방법론과 이론, 교육 과정과 취업 전망까지 그야말로 '독일 대학 공공역사의 모든 것'을 광범위하게 다룬다. 그 결과로 각 분야를 깊이 있게 다루지는 못한다. 책의 분량이 제한되어 있고 '입문'이기 때문이다. 이와 같은 한계를 보완하기 위해 각 장 끝에 해당 주제에 대한 더 깊은 지식을 얻기 위한 참고문헌과 웹사이트 목록을 충실하게 제시했다.

이 책은 총 여섯 장으로 구성되어 있다. 제1장은 미국에서 시작된 공공역사의 전개와 독일에서의 발전 과정을 간략히 서술하고 개념 정의를 소개한다. 여기서 알 수 있는 것은 공공역사에 대한 접근이 각 나라마다 다양하다는 것이다("공공역사의 의미는 시간에 따라 문화권에 따라 각 지역과 국가와 국제적 맥락에 따라 변해 왔다"–32쪽). 이로부터 비롯되는 개념적 모호성의 불가피함("공공역사는 정의하는 것보다 설명하는 것이 더 쉽고, 보면 이해할 수 있다"–32쪽) 그리고 다양성은 공공역사 자체의 확장성으로 해석된다.

췬도르프는 공공역사를 "역사학계 밖의 광범위한 공중을 지향하는 역사서술의 모든 형태이며 또한 역사 제시를 탐구하는 역사학 하위분과"(34쪽)로 정의함으로써 연구 분야인 동시에 연구 대상으로 규정한다. 이것이야말로 실무적 직업교육에 중점을 두는 미국 대학의 공공역사와 다른 점으로 소개된다. 독일의 공공역사에서는 우선 "공공의 역사의 제시와 표현을 다루어 이를 분석하고 여기에 드러난 역사상을 해체함으로써 공공역사의 이용과 오용을 연구하는 것"(34쪽)이라는 비판적 성격이 강조된다. 둘째로 독일에서 공공역사의 중심은 현대사에 있는데, 그 이유는 현대사 자체의 비극성과 역동성 외에도 사용할 수 있는 시청각 자료가 풍부하고 기술적으로 접근하기 쉽기 때문이다. 마지막으로 독일에서의 공공역사는 특히 역사교육과 역사 연구의 접점에 위치해 있으며 이 차원에서 기억문화와 역사문화가 공공역사의 인식론적 선도 개념으로 소개된다. 저자들은 기억문화와 역사문화의 차이를 본질적인 것으로 보지 않으며, 공공역사를 이 두 경쟁하는 개념들을 포괄하는 일종의 '지붕' 개념으로 보는 것에 동의한다. 역사문화와 기억문화는 공공역사의 사회적 차원과 집단적 차원에 대한 서술과 분석이며, 이로부터 공공역사의 공공성이 나온다.

역사교육과 공공역사의 관계를 깊이 있게 제시하는 제2장은 마르틴 뤼케가 썼다. 제1장에서 설명한 공공역사의 핵심은 "역사지식과 인식을 공중 일반에 매개Vermittlung하는 일에 대한 교의와 분석"이었는데, 이때 '매개'란 역사지식을 일방적으로 전달하는 것이 아니라, 개인이 각자의 삶에서 과거를 역사로 사용할 수 있도록 전문지식을 제공하는 것, 즉 자기 것으로 만든다는 의미를 담은 '전유Aneignung'이다. 역사교육의 기본 전제는 "지나간 과거는 기준에 따라 전유됨으로써 역사가 되고, 이와 같은 전유 과정을 거쳐서 비로소 역사가 탄생한다"(54쪽)는 것이다. 이 점에서 뤼케는 '역사 학습historisches Lernen'을 "지나간 과거의 실재를 각자

이야기하거나 상상하여 역사로 만드는 생산적이고 자의적인 전유 과정"(55~56쪽)으로 정의한다.

뤼케는 독일 역사교육의 주요 원리인 내러티브, 역사적 상상, 다원적 관점을 공공역사의 "제품 생산"을 위한 기준으로 세우고자 한다. 이 책은 역사를 다루는 것은 본질적으로 정치적인 일이라는 전제에서 출발한다. 다원적 관점이 강조되는 이유다. 특히 공공역사에는 현재적·사회적 논의와의 관련성이 한층 더 요구된다. 이 점에서 뤼케는 역사 전유의 사회적 장소를 논할 수 있는 이론지식으로 다양성과 포용을 참조한다. 이는 역사적 다양성 연구, 젠더와 섹슈얼리티의 역사, 무엇보다도 다양성과 상호교차성 연구, 퀴어이론, 탈식민 문화이론 등과 관련된 역사교육 이론 논쟁에 천착해 온 뤼케의 전문 분야이기도 하다.

다양성과 교차성 이론의 토대는 사회 불평등이며, 그 인식을 돕는 사고 틀은 인종, 계급, 젠더와 같은 사회적 범주 및 성 정체성이나 몸 같은 매개 변수다. 이는 원래 사회과학의 도구이지만 역사학에서도 과거와 현재의 사회를 분석하고 이를 구조적으로 연결하는 데 사용된다. 공공의 역사를 제시하고 합의하는 일에는 현재의 권력 구조가 작동함을 인식할 필요가 있으며, 이런 의미에서 포용적 역사문화와 기억문화는 특정 역사서술에 모든 것을 통합하는 것이, 그래서 '분할된 기억'을 '공유된 기억'으로 만드는 노력이 아니라 '상충하는 기억들'을 협상하고 그 충돌과 갈등 속에서 이 기억들이 병존할 수 있는 기억 경관을 만드는 것이라고 뤼케는 강조한다. 왜냐하면 이렇게 함으로써 일반적으로 통용되는 거대 서사에서 배제되는 서발턴과 그들의 행위가 역사에 들어갈 자리를 만들 수 있기 때문이다.

그러나 이런 틀은 지나치게 규범적으로 보이기도 한다. 다만 뤼케는 이를 공공역사의 현황이나 당위로서보다는 미래지향적 전망으로 제시한다. 따라서 이러한 원칙들의 제시는 분석 차원에서 그친다. 일단은 이를 공공역사 '제품 생산'을 위한 출발점 또는 지향점으로 자리 잡도록 하는 것이 목표다. 이 점에서 뤼케가 사례로 제시한 아르메니아인 제노사이드나 동성애 역사의 공공역사화 시도에 대한 비판적 분석은 이와 같은 틀이 구체적으로 어떻게 응용될 수 있을지 생각해 볼 수 있게 한다.

제3장은 공공역사의 '도구'인 방법론을 다룬다. 여기서는 새롭게 주목받는 분야인 물질문화, 이미지 역사, 소리 역사, 구술사, 그리고 다소 논란이 있는 리빙 히스토리("살아 움직이는 역사")를 소개한다. 각각의 대상은 유물(물건), 이미지, 소리, 시대 증인, 퍼포먼스(공연)다. 이는 광범위한 대중을 위한 공공의 역사 표현 내지는 연출을 위한 수단으로 지금까지도 흔히 사용되어 온 것들이고, 그런 의미에서는 완전히 새로운 것은 아니다. 그런 의미에서 공공역사의 학제적 성격을 보여 주는 장이다. 그런데 이 부분은 해당 분야의 지식이 없는 상태에서는 잘 읽히지 않는다. 앞뒤 맥락을 알 길 없는 인용문이 줄줄이 이어지기 때문이기도 하고, 특히 각 분야의 전문 개념들과 지적 기원들은 전통적인 역사학 전공자들

에게는 낯선 편이다. 그에 비해 구술사와 시대 증인을 다루는 부분에서는 구술사 인터뷰를 진행하는 방법을 단계별로 친절하게 설명한다. 또한 시대 증인의 존엄을 지키고 공감하면서도 어떻게 그들의 이야기를 비판적으로 접근하고 역사 매개에 활용할 것인지를 원칙적으로 논한다.

이 장의 마지막 절에서 다루는 리빙 히스토리는 생소한 것 같지만 과거의 장면을 재연하는 TV 쇼와 다큐멘터리 등을 떠올리면 대중에게 이미 익숙한 분야다. 이 분야가 특히 논란인 이유는 '살아 움직이는 역사'를 직접 느끼기를 원하는 공중의 욕구에 가장 잘 부합하고, 그만큼 재연된 역사를 과거의 실재인 듯 믿게 하는 효과를 낼 수 있기 때문이다. 이에 대해 역사 연구와 교육의 전문가들은 얼마든지 올바르게 비판할 수 있다. 그러나 저자들이 보기에는 이는 잘못된 것은 아니지만 해당 장르들의 속성을 고려하면 공정하지 않다. 그런 점에서 비판보다는 리빙 히스토리가 역사 매개를 위해 가질 수 있는 가능성에 주목하면서 이 분야에 대해 특히 역사교육의 더 많은 관심을 촉구한다.

제4장의 주제는 미디어다. 구텐베르크의 유산 위에 성립된 근대 역사학이 커뮤니케이션 기술과 형태가 변화하는 시대에 도전받고 있다는 진단은 어제 오늘 나온 것이 아니다. 역사 연구 방법과 매체로 지금까지 절대적으로 중요했던 것은 전통적 매체인 텍스트였다. 이 책은 역사소설, 역사 전문서, 역사 전문잡지, 만화를 통해 출판 미디어 자체가 텍스트 형태에서 이미지 형태로 넘어가는

이행 과정에 있음을 설득력 있게 보인다. 그 외에도 영화와 TV 다큐멘터리를 비롯한 영상, 특히 컴퓨터 게임이 공공역사 실천의 중요한 장소로 떠오르고 있음을 소개한다.

그러므로 이 장의 주제는 공공역사의 다양한 접근법이다. 대중매체 및 그것을 통해 구성되는 역사이고, 그 핵심은 '진본성'이라는 개념이다. 저자들은 통속화된 형태로 제시되는 대중적 역사에서 경험적 타당성을 따지는 깐깐한 선생님 같은 태도를 경계한다. 그러나 이는 경험적 타당성 요구를 포기하라는 이야기가 아니며, 이는 오히려 항상 필요하다. 다만 뤼케는 '원래부터 존재하는 역사'를 미디어가 수동적으로 재생하고 매개하는 것이 아니라, 사실은 '진실한' 역사를 만드는 것은 미디어라는 생각에서 출발한다. 이때 미디어가 만들어 내는 진본성은 '진본적 허구Authentizitätsfiktion'로 표현되며, 그 이론적 토대는 역사의 구성적 특징이다.

공공역사 수용자는 '재미있고' '진실한' 역사를 요구한다. 그리고 이와 같은 요구를 만족시키는 일은 한편으로는 서사의 경험적 타당성을 충족시키고, 그러면서도 대중 친화적 방식으로 역사를 제시하면서 미학적 요구까지 챙겨야 하는 까다로운 일이다. 이와 같은 작업을 다양한 미디어를 매개로 수행되는바, 여기서 공공역사의 미디어 수용과 비판이 제기해야 하는 질문은 "그것이 상상하는 역사상, 이를 수행하는 문학적 미학적 수단, 그리고 정치와 사회를 반영하는 분석이라는 의미에서 이 역사상이 갖는 정치적 지향성의 특징이 무엇이냐는 것이다"(151쪽).

제5장은 박물관과 기념관이 역사를 다루는 방법을 논한다. 박물관과 기념관은 공공역사의 중심 분야이며, 이 분야에서 독일은 "보물창고"다. 이 기관들의 중요성은 2018년 기준으로 독일에 존재하는 박물관의 수가 6,700개에 이른다는 사실로 증명된다. 이장의 내용은 앞에서 다뤘던 물질문화, 이미지, 소리, 시대 증인, 리빙 히스토리 및 미디어와 상당히 겹친다. 그럼에도 특별히 별도의 장을 할애한 것은 박물관과 기념관이 공공역사의 핵심 기관이기 때문이며, 그 전시와 교육 작업이 공공역사의 방법론과 미디어 영역을 두루 포괄하기 때문이다.

이 장은 독일에서 박물관과 기념관의 역사와 현황에 대한 체계적 서술 외에 기본적인 연구 방법으로 전시 분석을 제시한다. 여기에는 역사학의 사료 비판 방법론이 응용된다. 이 책은 또 공공역사 전공 학생들과 실무 종사자를 독자로 고려하는 만큼 전시 제작과 교육을 위한 실용적 안내서 역할도 겸한다. 이 장의 집필자인 이름가르트 췬도르프는 독일 역사의 집과 드레스덴 군사사박물관 등에 근무했고 이 분야의 풍부한 실무 경험을 지니고 있다. 그는 또한 현대사 온라인 저널 편집자이고 '공공역사와 기억문화' 연구 프로젝트의 책임자다. 그는 대학의 공공역사 전공 과정에서 이론과 실무, 역사교육의 개념들, 이론과 방법론, 실무 지향으로 구성되는 긴밀한 조합이 앞으로도 계속 중요할 것이라고 전망한다.

이와 같은 전제에서 공공역사가가 되기 위한 독일 대학의 교육과 훈련 과정을 다루는 마지막 제6장을 쾬도르프가 썼다. 이 장이 특별히 흥미로운 이유는 학부 과정부터 실습과 인턴, 박사 과정을 포괄하는 직업 경로를 실용적으로 다루기 때문이다. 각 단계의 개요, 내용, 학비 조달 방법, 졸업논문(또는 작품) 주제까지 세심하게 조언한다. 이 점에서 이 마지막 장은 학업 및 진로 상담에 해당한다. 한국에서 독일 대학은 '훔볼트의 인문교육 이상'으로 알려져 있지만, 독일의 대학들은 학생들의 직업적 진로라는 현실의 문제에 세심하게 신경을 쓴다. 취업과는 거리가 멀어 보이는 역사학에서도 '역사가와 직업'을 다루는 책이 규칙적으로 갱신되며 역사 연구자들을 위한 취업 시장 정보를 제공한다.

이 장은 또 공공역사 학위 과정에 있지 않은 사람이 이 분야의 직업을 가지려면 어떤 계획을 세워야 하는지도 알려 준다. 여기서 제시되는 직업 영역은 꽤 다양하다. 출판, 방송(라디오 및 영상 프로듀서, 작가, 감독, 제작자, 자료조사원), 출판사(편집자), 박물관과 기념관, 정치권과 각종 재단(정치인 연설문 작성, 기억문화 프로젝트 기획 개발, 프로젝트 제안서 검토와 평가, 프로젝트 감독, 홍보 자료 작성, 대변인 등), 민간기업(역사 기획사, 역사 마케팅, 기업사 서술 용역 등)에 이르기까지. 이와 같은 직업 전망을 시장 상황에 맞추어 보완, 확대, 갱신한다. 그렇게 실용적인 정보와 조언을 건네면서도, 실무 작업에서 역사 연구의 근본과 윤리적 책임을 강조한다.

이렇게 해서 이 책은 독일의 공공역사 현황에 대한 일목요연한 개관을 제시한다. 이를 위해 주요 행위자, 기관들, 협회와 조직들,

저널, 기타 출판기관들을 소개한다. 이를 바탕으로 독자들은 공공역사가를 직업으로 삼게 될 경우에 어떤 분야가 자신에게 맞을 것이며 그를 위해 어떤 과정을 밟아야 하고 어떤 자질이 필요한지 좀 더 명확한 그림을 그려 볼 수 있다.

이 모든 내용을 200쪽 분량의 얇은 책에 꼼꼼히 채워 넣었다. 이 책은 현재 공공역사에서 중요한 주제와 분야를 요약적으로 제시하고, 관련 인접 분야를 소개하며 윤리적 측면까지 다루고 있다. 예컨대 민간 분야의 공공역사가가 주문자에게 경제적으로 종속된 상황에서 발생할 수 있는 문제, 역사 연구가 요구하는 질적 수준을 공공역사 표현(정확히 말하면 제품 생산)에 관철하는 문제 등을 다룬다. 독일에서도 공공역사는 역동적으로 전개되는 새로운 분야로, 이와 같은 문제들에 대한 관찰, 분석, 제언은 이제 시작되고 있다. 아직 확립된 규범이 있는 것이 아니다.

이 책은 공공역사가가 되려는 사람, 공공역사 훈련에 관심 있는 사람에게 유용하다. 이미 어떤 형태로든 이 분야에 종사하고 있는 사람들에게도 대중적 역사 표현이나 소비 행태를 성찰할 수 있는 자극을 줄 것이다. 예컨대 역사 기록과 매개에서 시대 증인이 수행하는 갖가지 기능, 공공의 역사 표현이 수용자에 미치는 영향, 기존 공공역사 표현에 대한 비판적 분석, 공동체의 역사상에 대한 고찰, 스스로의 박물관 관람에 대한 비판적 고찰 등이 그렇다. 그럼에도 아쉬운 부분은 있다. 특히 디지털 미디어를 다루는 부분이 그렇다. 지금 훈련을 시작하는 공공역사 전공 학생들은 앞으로 이 분야에서 더 많이 활동할 것이고, 이 분야는 미래에 훨씬 더 확장될 것이다. 그런 측면에서 소셜 미디어의 다양한 형태와 유튜브 등에 대한 논의가 빠진 점은 보완이 필요해 보인다.

독일어 원본의 장점은 본문이 입문 수준으로 간략한 데 비해 더 깊은 정보를 원하는 이들을 위한 참고문헌과 도움 받을 수 있는 웹사이트 목록을 충실하게 보완한 것이다. 이를 길잡이 삼아 각각의 주제를 깊이 있게 공부할 수 있다. 그러나 한국어 번역본에서는 그 장점이 모두 사라진다. 한국의 공공역사 현황과 전망을 이론과 실제를 망라해 다루는 별도의 책이 필요한 이유다. 그리고 본문에 제시된 웹사이트 중 일부는 이 책이 출간된 지 2년밖에 지나지 않았는데도 이미 유효하지 않다. 서문에서 안내하는 출판사 웹사이트 제공 링크 목록 중에도 사라진 웹페이지가 간혹 있다.

이 책은 독일의 맥락에서 대학에서의 공공역사 훈련과 이후의 직업적 진로에 대해 정보를 요약적으로 충실히 전달한다. 그럼에도 이 책의 노고가 아카데미 역사 연구의 우려와 '재미있는' 역사 표현 사이에 존재하는 긴장감을 해소해 주지는 못할 것이다. 왜냐하면 공공역사는 "경험적 타당성과 역사 서사가 역사적 상상을 미학으로 완결하려는 대중의 욕망과 팽팽하게 만나는 지점에 존재"(7쪽)하기 때문이다. "공공역사 작업은 그 사이를 규칙적으로 오가는 줄타기와 같다. 한편으로는 역사의 실증에 대한 책임을 다해야 하고 다른 한편으로는 정서적·미학적으로 정당한 대중의 요구에 응해야 하기 때문이다"(서문 7쪽). 이 긴장관계야말로 공공역사의 본질에 속한다.

이 책은 대한민국역사박물관의 기획으로 한국어로 번역되어 독자들을 만날 수 있게 되었다. 특히 주진오 전 관장님은 공공역사에 일찍이 관심을 갖고 학계에서의 실천뿐만 아니라 박물관에서의 입문서 발간을 기획하고 추진하였다. 번역과 출간에 박물관의 하정옥 선생님과 도서출판 푸른역사의 노고가 컸다. 역자는 애초에 감수자로 참여할 예정이었지만 곡절 끝에 번역 작업을 맡아 진행하게 되었다. 초벌 번역 원고 2장을 고유경 선생님이 읽고 논평해 주었고, 5장의 박물관 관련 전문 용어와 번역에 박물관의 이경순 선생님이 도움을 주셨다. 서문 일부를 배기정 선생님이 읽고 번역어 선정에 도움을 주셨다. 이동기 선생님은 애초에 이 책의 번역을 추천하였으며 몇 개의 번역어와 내용 오류를 바로잡아 주었다. 그럼에도 촉박한 출간 일정으로 여전히 남아 있을 오류들을 미처 바로잡지 못한 채 독자들을 만나게 되었다. 기회가 되는대로 수정해 나갈 수 있기를 희망한다. 아무쪼록 이 책이 한국에서 공공역사에 대한 논의가 깊어지는 데 기여할 수 있기를 바란다.

2020년 12월
정용숙

도판과 표

약어

AGAG	응용역사·공공역사 연구회 Arbeitsgruppe Angewandte Geschichte/Public History	
BKM	연방 문화·미디어 위원회 Bundesbeauftragte für Kultur und Medien	
EVZ	기억·책임·미래재단 Stiftung Erinnerung, Verantwortung und Zukunft	
DHM	독일역사박물관 Deutsches Historisches Museum	
HTW	기술·경제 응용과학대학 Hochschule für Technik und Wirtschaft	
HTWK	기술·경제·문화 응용과학대학 Hochschule für Technik, Wirtschaft und Kultur	
IC MEMO	공공범죄 피해자 기억 국제기념박물관위원회 International Committee of Memorial Museums in Remenbrance of the Victims of Public Crimes	
ICOM	국제박물관협의회 Internationl Council of Musuems	
IFPH	국제공공역사협회 International Federation for Public History	
IHRA	국제홀로코스트기억협회 International Holocaust Remembrance Association	
NCPH	미국공공역사협(의)회 National Council on Public History	
SYP	공공역사 전공 학생과 신진연구자 Studierende und Young Professionals der Public History	

주석

1장 공공역사란 무엇인가

1 Denise D. Meringolo, Museums, Monuments, and National Parks. Toward a New Genealogy of public History, Amherst 2012, p. xiv.

2 공공역사자료센터 웹사이트 참조, URL: http://www.publichistory.org/education/where_study.asp (검색일 2017. 11. 13).

3 미국공공역사협회 웹사이트 참조, URL: http://www.ncph.org (검색일 2017. 11. 13).

4 공공역사가 웹사이트 참조, URL: http://tph.ucpress.edu (검색일 20171. 11. 13).

5 호주공공역사센터 웹사이트 참조, URL: https://www.uts.edu.au/research-and-teaching/our-research/australian-centre-public-history (검색일 2017. 11. 13).

6 《퍼블릭 히스토리 리뷰》 웹사이트 참조, URL: http://epress.lib.uts.edu.au/journals/index.php/phrj (검색일 2017. 11. 13).

7 Ashton, Paul/Kean, Hilda (편): People and their Pasts. Public History Today, Basingstoke 2009.

8 국제공공역사협회 웹사이트 참조, ULR: https://ifph.hypotheses.org (검색일 2017. 11. 13).

9 국제공공역사협회 웹사이트 참조, URL: http://ifph.hypotheses.org/412 (검색일 2017. 11. 13).

10 Lindqvist, Sven: Grabe, wo du stehst. Handbuch zur Erforschung der eigenen Geschichte [1978], 스웨덴어에서 독일어로 Manfred Dammeyer 옮김(Bonn 1989).

11 Grotrian, Etta: Kontroversen um die Deutungshoheit. Museumsdebatte, Historikerstreit und „neue Geschichtsbewegung" in der Bundesrepublik der 1980er Jahre, Zeitschrift für Religions—und Geistesgeschichte 61, 2009, pp. 372~389, 여기서는 379쪽부터 참조. Etta Grotrian, "Geschichtswerkstätten und Alternative Geschichtspraxis in den Achtzigern," Hardtwig; Schug, History Sells, 2009, pp. 243~253 참조.

12 Bösch, Frank/Constanstin Goschler, "Der Nationalsozialismus und die deutsche Public History", Public History, 2009, pp. 7~23, 여기서는 21쪽 참조.

13 연구회 웹사이트 참조, URL: http://www.historikerverband.de/arbeitsgruppen/ag—angewandte—geschichte.html (검색일 2017. 11. 13).

14 공공역사 전공 학생과 신진연구자 SYP 웹사이트 참조, URL: http://www.historikerverband.de/arbeitsgruppen/ag—angewandte—geschichte/ueber—die—ag/studierende—und—young—professionals.html (검색일 2017. 11. 13).

15 《퍼블릭 히스토리 위클리》 참조, URL: http://public—history—weekly.oldenbourg—verlag.de/ (검색일 2017. 11. 13).

16 Bösch/ Goschler, "Der Nationalsozialismus und die deutsche Public History", p. 20.

17 Kelly, Robert: "Public History: Its Origins, Nature, and Prospects," The Public Historian 1 (1978), 1, pp. 16~28, 여기서는 16쪽 참조.

18 Meringolo, Museums, Monuments, and National Parks, p. xvii.

19 Cole, Charles C.: Public History: What Difference Has It Made?, in: The Public Historian, 16 (1994), 4, pp. 9~35, 여기서는 11쪽.

20 미국공공역사협회의 정의 인용 출처는 Corbett, Kathy/Miller, Dick: What's in a Name?, H-Public Discussion Networks, May 2007, URL: http://h-net.msu.edu/cgi-bin/logbrowse.pl?trx=vx8dist=h-public&month=0705&week=e&msg=aVngv/iJbMn6XgpXbtnoiw&user=&pw= (검색일 2017. 11. 13).

21 NCPH 웹사이트 참조, URL: http://ncph.org/what-is-public-history/about-the-field/ (검색일 2017. 11. 13).

22 Tomann, Juliane 외: Diskussion Angewandte Geschichte: Ein neuer Ansatz?, Version: 1.0, in: Docupedia-Zeitgeschichte, 2011년 2월 15일, URL: http://docupedia.de/zg/Diskussion_Angewandte_Geschichte?oldid=106405 (검색일 2017. 11. 13).

23 Zündorf, Irmgard: Public History und Angewandte Geschichte-Konkurrenten oder Komplizen?, in: Nießer/Tomann, Angewandte Geschichte, 2014, pp. 63~76 참조.

24 Cauvin, Thomas: Public History. A Textbook of Practice, New York 2016, p. 11.

25 Weible, Robert: Defining Public History: Is it Possible? Is it Necessary?, in: Perspectives on History. The News magazine of the American Historical Association, 46 (2008), 3, URL: https://www.historians.org/publications-and-directories/perspectives-on-history/march-2008/

defining‑public‑history‑is‑it‑possible‑is‑it‑necessary (검색일 2017. 11. 13).

26 Ashton, Paul: Introduction: Going Public, in: Public History Review, 17 (2010), pp. 1~15, 여기서는 1쪽 참조.

27 Noiret, Serge: Internationalisierung der Public History, in: Public History Weekly, 2 (2014), 34, URL: https://public‑history‑weekly.degruyter. com/2‑2014‑34/internationalizing‑public‑history/ (검색일 2017. 11. 13).

28 Demantowsky, Marko: „Public History"‑Aufhebung einer deutschsprachigen Debatte?, in: Public History Weekly, 3 (2015) 2, URL: https://public‑history‑weekly.degruyter.com/3‑2015‑2/public‑history‑ sublation‑german‑debate/ (검색일 2017. 11. 13).

29 Bösch/Goschler, Der Nationalsozialismus und die deutsche Public History, p. 10.

30 Knoch, Habbo: Wem gehört die Geschichte? Aufgaben der „Public History" als wissenschaftlicher Disziplin, in: Hasberg/Thünemann, Geschichtsdidaktik in der Diskussion, 2016, pp. 303~345, 여기서는 304쪽.

31 Zündorf, Irmgard: Zeitgeschichte und Public History, Version: 2.0, in: Docupedia‑Zeit‑geschichte, 2016년 9월 6일 자 참조, URL: http:// docupedia.de/zg/Zuendorf_public_history_v2_de_2016 (검색일 2017. 11. 13).

32 Knoch, Wem gehört die Geschichte?, 343쪽부터.

33 Samida, Stefanie: Public History als Historische Kulturwissenschaft: Ein Plädoyer, Version: 1.0, in: Docupedia‑Zeitgeschichte, 2014년 6월 17일, URL: http://docupedia.de/zg/Public_History_aIs_Historische_ Kulturwissenschaft?oldid=97436 (검색일 2017. 11. 13).

34 Nolte, Paul: Öffentliche Geschichte. Die neue Nähe von Fachwissenschaft,

Massenmedien und Publikum: Ursachen, Chancen und Grenzen, in: Barricelli/Hornig, Aufklärung, Bildung, „Histotainment", 2008, pp. 131~146, 여기서는 136쪽.

35 Sabrow, Martin/Jessen, Ralph/Große Kracht, Klaus (편): Zeitgeschichte als Streitgeschichte. Große Kontroversen seit 1945, München 2003.

36 Jordanova, Ludmilla: History in Practice, London 2000, p. 141.

37 Requate, Jörg: Öffentlichkeit und Medien als Gegenstände historischer Analyse, in: Geschichte und Gesellschaft, 25 (1999), pp. 5~32, 여기서는 9쪽.

38 Schirrmacher, Arne: Nach der Popularisierung. Zur Relation von Wissenschaft und Öffentlichkeit im 20. Jahrhundert, in: Geschichte und Gesellschaft, 34 (2008), pp. 73~95, 여기서는 86쪽.

39 Faulstich, Werner: „Unterhaltung" als Schlüsselkategorie von Kulturwissenschaft: Begriffe, Probleme, Stand der Forschung, Positionsbestimmung, in: Ders./Knop, Unterhaltungskultur, 2006, pp. 7~20, 여기서는 8쪽.

40 앞의 글, 14쪽.

41 Maase, Kaspar: Grenzenloses Vergnügen? Zum Unbehagen in der Unterhaltungskultur, in: Frizzoi/Tomkowiak, Unterhaltung, 2006, pp. 49~67, 여기서는 53쪽.

42 Demantowsky, „Public History".

43 이 장에서 다루는 개념들은 비슷한 형태로 이미 출판한 바 있다. 다음을 참조하라. Lücke, Martin: Fühlen-Wollen-Wissen. Geschichtskulturen als emotionale Gemeinschaften, in: Brauer/Lücke, Emotionen, Geschichte und historisches Lernen, 2013, pp. 11~26.

44 Rüsen, Jörn: Geschichtskultur, in: Bergmann 외, Handbuch der

Geschichtsdidaktik, 1997, pp. 38~41, 여기서는 38쪽 참조.

[45] Rüsen, Jörn: Geschichtsbewusstsein, in: Pethes/Ruchatz, Gedächtnis und Erinnerung, 2001, pp. 223~226, 여기서는 223쪽부터 참조.

[46] Cornelißen, Christoph: Erinnerungskulturen, Version 2.0: in: Docupedia-Zeitgeschichte, 2012년 10월 22일, URL: https://docupedia. de/zg/Erinnerungskulturen_Version_2.0_Christoph_Cornelißen (검색일 2017. 11. 13).

[47] 앞의 글.

[48] Hasberg, Wolfgang: Erinnerungs- oder Geschichtskultur? Überlegungen zu zwei (un-)vereinbaren Konzeptionen zum Umgang mit Gedächtnis und Geschichte, in: Hartung, Museum und Geschichtskultur, 2006, pp. 32~59, 여기서는 55쪽부터 참조.

[49] 앞의 글, 56쪽.

[50] Schieder, Theodor: Geschichtsinteresse und Geschichtsbewußtsein heute, in: Burckhardt, Geschichte zwischen Gestern und Morgen, 1974, pp. 73~102, 여기서는 78쪽부터 참조. 인용 출처는 Jeismann, Karl-Ernst: Geschichtsbewußtsein-Theorie, in: Bergmann 외, Handbuch der Geschichtsdidaktik, 1997, pp. 42~44, 특히 42쪽.

[51] Rüsen, Jörn: Was ist Geschichtskultur? Überlegungen zu einer neuen Art, über Geschichte nachzudenken, in: Füßmann/Grütter/Rüsen, Historische Faszination, 1994, pp. 3~26, 여기서는 5쪽 참조.

[52] Rüsen, Geschichtskultur, p. 38.

[53] Pandel, Hans-Jürgen: Geschichtskultur, in: Mayer, Wörterbuch Geschichtsdidaktik, 2009, pp. 86~87, 여기서는 86쪽.

[54] Schönemann, Bernd: Geschichtsdidaktik, Geschichtskultur,

Geschichtswissenschaft, in: Günther-Arndt, Geschichtsdidaktik, 2003, pp. 11~22, 여기서는 17쪽.

[55] Hasberg, Erinnerungs- oder Geschichtskultur?, p. 50.

[56] 이와 같은 이론이 사회학적인지 심리학적인지 이쯤에서 명백히 해 둘 필요가 있다. 위르겐 하버마스Jürgen Habermas의 의사소통행위 이론에서 답을 찾을 수 있을 텐데, 이에 따르면 역사의 설명은 역사의식의 표현인 동시에 이질적 역사문화의 소통행위로 파악된다. 그러나 이 문제는 여기서 깊이 다루지 않는다.

[57] Rüsen, Geschichtskultur, p. 39.

[58] Rüsen, Was ist Geschichtskultur?, p. 12.

[59] 앞의 글, 13쪽.

[60] 여기서 이 개념들을 따로 다룰 여지가 있다면 미학이론 및 감정과 미적 감각의 관계를 자세히 논함으로써 이 개념들 사이의 연관성을 좀 더 면밀히 천착할 수 있을 것이다. 이는 본문에서 간략히 소개한 역사문화의 현상학을 넘어선다.

[61] Hasberg, Erinnerungs- oder Geschichtskultur?, p. 50.

[62] Rüsen, Geschichtskultur, p. 40.

[63] 앞의 글.

[64] Hasberg, Erinnerungs- oder Geschichtskultur?, p. 50.

[65] 앞의 글.

2장 역사교육과 공공역사

[1] 이 장은 다음 책을 번역하여 수정하였다. Lücke, Martin: The Change Approach for Combining History Learning and Human Rights

Education, in: Lücke 외, Change, 2016, pp. 39~49.

2 Zündorf, Zeitgeschichte und Public History.

3 Sauer, Michael: Sinnbildung über Zeiterfahrung, in: Public History Weekly, 2 (2014) 4, URL: http://public-history-weekly.degruyter.com/2-2014-4/sinnbildung-ueber-zeiterfahrung/ (검색일 2017. 11. 13).

4 이에 대해서는 논문 Sauer, Sinnbildung über Zeiterfahrung에 관한 온라인 저널 《Public History Weekly》의 논의를 참고.

5 Völker, Bärbel: Handlungsorientierung im Geschichtsunterricht, 2판, Schwalbach/Ts. 2008.

6 자의Eigen-Sinn 개념에 대해서는 다음을 참조. Lindenberger, Thomas: Eigen-Sinn, Herrschaft und kein Widerstand, Version 1.0, in: Docupedia-Zeitgeschichte, 2014년 9월 2일, URL: http://www.docupedia.de/zg/Eigen-sinn (검색일 2017. 11. 13). 역사 학습 과정의 자의에 대해서는 Lücke, Martin: Inklusion und Geschichtsdidaktik, in: Riegert/Musenberg, Inklusiver Fachunterricht in der Sekundarstufe, 2015, pp. 197~206 참조.

7 베를린 자유대학교 역사교육과.

8 이 장은 다음 글의 변형본이다. Sieberkrob, Matthias/Lücke, Martin: Narrativität und sprachlich bildender Geschichtsunterricht-Wege zum generischen Geschichtslernen, in: Caspari/Jostes/Lütke (편), Sprachen-Bilden-Chancen, 2017, pp. 221~233.

9 Pandel, Hans-Jürgen: Historisches Erzählen. Narrativität im Geschichtsunterricht, Schwalbach/Ts. 2010, p. 39.

10 Barricelli, Michele: Schüler erzählen Geschichte. Narrative Kompetenz im Geschichtsunterricht, Schwalbach/Ts. 2005, 19쪽부터.

[11] Barricelli, Michele: Narrativität, in: Barricelli/Lücke, Handbuch Praxis des Geschichtsunterrichts, 2012, pp. 255~280, 여기서는 257쪽.

[12] 다음을 참조. Lehne, Adrian/Lücke, Martin: Teaching Queer History. Ein Queer History Month in Berlin, in: Invertito, 15 (2013), pp. 205~208; 같은 이, Teaching Queer History. Ein Projekt zur Geschichte sexueller Vielfalt am Arbeitsbereich Didaktik der Geschichte, in: Zentrale Frauenbeauftragte der Freien Universität Berlin (편), Wissenschaftlicher-Rundbrief 2 (2013), pp. 11~14.

[13] Schörken, Rolf: Historische Imagination und Geschichtsdidaktik, Paderborn 1994.

[14] 다음을 참조. Iser, Wolfgang: Der Akt des Lesens. Theorie ästhetischer Wirkung, 3. Aufl. München 1990; Ricoeur, Paul: Zeit und Erzählung, 3 Bände, München 1988~1990.

[15] Schörken, Historische Imagination und Geschichtsdidaktik, p. 35.

[16] Pflüger, Christine: Historische Imagination, in: Mayer 외, Wörterbuch Geschichtsdidaktik, 2006, p. 105.

[17] 이 장은 다음 논문의 개정본이다. Lücke, Martin: Multiperspektivität, Kontroversität, Pluralität, in: Barricelli/Lücke, Handbuch Praxis des Geschichtsunterrichts, 2012, pp. 281~288.

[18] Bergmann, Klaus: Multiperspektivität, in: 같은 이, Handbuch der Geschichtsdidaktik, 1979, pp. 216~218, 여기서는 216쪽.

[19] Bergmann, Klaus: Multiperspektivität. Geschichte selber denken, Schwalbach/Ts. 2000, pp. 20~39 참조.

[20] 앞의 책, 71~293쪽 참조.

[21] Bergmann, Klaus: Multiperspektivität, in: Mayer/Pandel/Schneider,

Handbuch Methoden im Geschichtsunterricht, 2007, p. 65.

22 이에 관한 더 자세한 내용을 보려면 예컨대 Damisch, Hubert: Der Ursprung der Perspektive, München 2010.

23 Bergmann, Klaus: Multiperspektivität, in: Bergmann 외, Handbuch der Geschichtsdidaktik, 1997, pp. 301~303, 여기서는 301쪽.

24 사회적 화자의 위치에 관해 상세한 내용을 보려면 Lücke, Martin: Multiperspektivität, Kontroversität, Pluralität, in: Barricelli/Lücke, Handbuch Praxis des Geschichtsunterrichts, 2012, pp. 281~288, 특히 286쪽.

25 Bergmann, Multiperspektivität, 2007, p. 65.

26 앞의 글, 65쪽부터.

27 앞의 글, 66쪽.

28 앞의 글.

29 Bergmann, Multiperspektivität, 2000, 57쪽부터.

30 앞의 책, 58쪽.

31 앞의 글.

32 Rüsen, Was ist Geschichtskultur?, p. 13.

33 이 장은 다음 논문의 개정판이다. Lücke, Martin: Diversität und Intersektionalität als Konzepte der Geschichtsdidaktik, in: Barricelli/Lücke, Handbuch Praxis des Geschichtsunterrichts, 2012, pp. 136~146.

34 Mayer, Ulrich/Pandel, Hans-Jürgen: Kategorien der Geschichtsdidaktik, in: Bergmann 외, Handbuch der Geschichtsdidaktik, 1979, pp. 180~184, 여기서는 182쪽.

35 앞의 글.

36 Lutz, Helma/Vivar, Maria T.H./Supik, Linda: Fokus Intersektionalität- Eine Einleitung, in: 같은 이, Fokus Intersektionalität, 2010, pp. 9~31, 여

기서는 9쪽.

[37] Smykalla, Sandra/Vinz, Dagmar: Geschlechterforschung und Gleichstellungspolitiken vor neuen theoretischen, methodologischen und politischen Herausforderungen, in: 같은 이, Intersektionalität zwischen Gender und Diversity, 2011, pp. 10~18, 여기서는 10쪽.

[38] Winker, Gabriele/Degele, Nina: Intersektionalität. Zur Analyse sozialer Ungleichheiten, Bielefeld 2009, pp. 7~8.

[39] Bergmann, Klaus: Gegenwartsbezug im Geschichtsunterricht, 2. Aufl. Schwalbach/Ts. 2008, p. 22.

[40] Klinger, Cornelia/Knapp, Gudrun-Axeli: Achsen der Ungleichheit- Achsen der Differenz: Verhältnisbestimmung von Klasse, Geschlecht, „Rasse"/Ethnizität, in: 같은 이/Sauer (편), Achsen der Ungleichheit, 2007, pp. 19~41, 여기서는 21쪽.

[41] Miles, Robert: Die Idee der „Rasse" und Theorien über Rassismus: Überlegungen zur britischen Diskussion, in: Bielefeld, Das Eigene und das Fremde, 1998, pp. 189~221, 여기서는 209쪽; Miles, Robert: Rassismus. Einführung in die Geschichte und Theorie eines Begriffs, Hamburg 1999, pp. 93~103, 인용 출처는 Kerner, Ina: Differenzen und Macht. Zur Anatomie von Rassismus und Sexismus, Frankfurt/M. 2009, p. 51.

[42] Lutz/Vivar/Supik, Fokus Intersektionalität, p. 19.

[43] 앞의 글, 19쪽부터.

[44] 앞의 글, 21쪽.

[45] 다음을 참조. Butterwegge, Christoph: Armut in einem reichen Land. Wie das Problem verharmlost und verdrängt wird, Frankfurt/M. 2009, pp. 225~234; Reitzig, Jörg: Prekariat, soziale Verunsicherung und

Vereinzelung–die Rückkehr der sozialen Frage, in: Lösch/Thimmel, Kritische Politische Bildung, 2010, pp. 289~302, 여기서는 289쪽.

46 계급 범주를 천착함으로써 사회 구조 분석의 정전 역할을 하는 텍스트들을 조망하려면 Solga, Heike/Powell, Justin/Berger, Peter A. (편): Soziale Ungleichheit. Klassische Texte zur Sozialstrukturanalyse, Frankfurt/M. 2009.

47 Weber, Max: Wirtschaft und Gesellschaft, Tübingen 1921/22, 233쪽부터.

48 Connell, Raewyn: Gender, Cambridge 2002, p. 10.

49 Lücke, Martin: Halbe Kraft voraus. Überlegungen während einer Suche nach dem Ort von Gender in der Geschichtsdidaktik, in: Barricelli/Becker/Heuer, Jede Gegenwart hat ihre Gründe, 2011, pp. 214~226, 여기서는 218쪽부터.

50 Hagemann–White, Carol: Intersektionalität als theoretische Herausforderung für die Geschlechterforschung, in: Smykalla/Vinz, Intersektionalität zwischen Gender und Diversity, 2011, pp. 20~33, 여기서는 31쪽.

51 Mayer/Pandel, Kategorien der Geschichtsdidaktik, 180쪽부터.

52 Kerner, Ina: Differenzen und Macht. Zur Anatomie von Rassismus und Sexismus, Frankfurt/M. 2009, p. 51.

53 Winker/Degele, Intersektionalität, pp. 18~20.

54 앞의 책, 19~20쪽.

55 앞의 책, 20~21쪽.

56 Lücke, Halbe Kraft voraus, p. 225.

57 이 글은 2015년 7월 9일 베를린에서 열린 학술대회 《해시태그 기억. 논쟁 #erinnern.kontrovers》에서 마르틴 뤼케가 행한 강연 〈포용적 기억문화를 찾

아서〈Auf der Suche nach einer inklusiven Erinnerungskultur〉의 개정판이다. 이 학술대회는 역사·정치·미디어 교육협회Agentur für Bildung-Geschichte, Politik und Medien e.V가 '기억·책임·미래재단Stiftung Erinnerung, Verantwortung und Zukunft 및 베를린 자유대 역사교육학과와 공동으로 개최하였다. 웹페이지 참조, URL: http://erinnern.hypotheses. org/463 (검색일 2017. 11. 13). 논문도 참조하라. Lücke, Martin: Auf der Suche nach einer inklusiven Geschichts-und Erinnerungskultur, in: Alavi/Lücke, Geschichtsunterricht ohne Verlierer!?, 2016, pp. 58~87.

58 UN 장애인 권리 협약 '교육' 조항, URL: http://www.behindertenrechtskon-vention.info/bildung-3907/ (검색일 2017. 11. 13).

59 UN 장애인 권리 협약 3번 조항 '일반 규정'. 인용 출처는 URL: http://www. behindertenrechtskonvention.info/allgemeine-grundsaetze-3765/ (검색일 2017. 11. 13).

60 Gauck, Joachim: Besuch im Museum Lugar de Memoria, URL: http:// www.bundespraesident.de/SharedDocs/Reden/DE/Joachim-Gauck/ Reden/2015/03/150321-LugarMemoria-Lima-Peru.html (검색일 2017. 11. 13).

61 Hinz, Andreas: Inklusion, in: Antor/Bleidick, Handlexikon der Behindertenpädagogik, 2006, pp. 97~99, 여기서는 97쪽.

62 Reich, Kersten: Inklusive Didaktik. Bausteine für eine inklusive Schule, Weinheim 2015, pp. 31~36. 인용 출처는 Musenberg, Oliver/Riegert, Judith: Inklusiver Fachunterricht als didaktische Herausforderung, in: 같은 이, Inklusiver Fachunterricht in der Sekundarstufe, 2015, pp. 13~14.

63 Wagner, Monika: 2015년 4월 23일 자 논평, URL: https://www.tagesschau. de/multimedia/video/video-79613.html 또는 URL: https://www.

youtube.com/watchtvseDthEtNeEaQ (검색일 2017. 11. 13).

64 2004년 8월 14일 오카카라라에서 열린 헤레로 봉기 기념행사에서 연방 장관 하이데마리 비조렉-조일의 연설, URL: http://www.windhuk.diplo.de/ Vertretung/windhuk/de/03/Gedenkjahre_2004_2005/Seite_Rede_ BMZ_2004-08-14.html (검색일 2017. 11. 13.).

65 예컨대 다음 웹사이트 참조, URL: http://www.zeit.de/politik/deutschland/ 2015-07/herero-nama-voelkermord-deutschland-norbert-lammert- joachim-gauck-kolonialzeit (검색일: 2017. 11. 13).

66 Lange, Nadine: Die Ausstellung Homosexualität_en. Die Verschiebung der Mitte, in: Der Tagesspiegel, 2015년 6월 26일 자, URL: http://www. tagesspiegel.de/berlin/queerspiegel/die-ausstellung-homosexualitaet_en- die-verschiebung-der-mitte/11971118.html (검색일: 2017. 11. 13).

67 Presse- und Informationsamt der Bundesregierung: Kulturstaatsministerin Grütters zur Ausstellung „Homosexualität_en": Bekenntnis zu Toleranz und Vielfalt in unserer Gesellschaft. URL: https://www.bundesregierung. de/Content/DE/Pressemitteilungen/BPA/2015/06/2015-06-25-bkm- homosexualitaet.html (검색일: 2017. 11. 13).

68 이에 보완적으로 남성 동성애 역사에 대한 기억문화 논의 참조. Lücke, Martin: Scheinerfolge und Emanzipationsstillstand-Männliche Homosexualitäten in der Weimarer Republik, in: Domeier 외, Gewinner und Verlierer, 2015, pp. 27~43.

3장 공공역사 방법론

[1] Ludwig, Andreas: Materielle Kultur, Version: 1.0, in: Docupedia-Zeitgeschichte, 2011년 5월 30일, pp. 1~18, 여기서는 2쪽. URL: http://docupedia.de/zg/Materielle_Kultur (검색일 2017. 11. 13).

[2] Hahn, Hans Peter/Eggert, Manfred K.H./Samida, Stefanie: Einleitung, in: 같은 이, Handbuch Materielle Kultur, 2014, pp. 1~12, 여기서는 4쪽.

[3] Ruppert, Wolfgang (편): Fahrrad, Auto, Fernsehschrank. Zur Kulturgeschichte der Alltagsdinge, Frankfurt/M. 1993 참조.

[4] Korff, Gottfried: Zur Eigenart der Museumsdinge (1992), in: Eberspächer/König/Tschofen: Gottfried Korff: Museumsdinge deponieren-exponieren, Köln 2. erg. Auflage 2007, pp. 140~145, 여기서는 141쪽.

[5] Pomian, Krzysztof: Der Ursprung des Museums. Vom Sammeln, Berlin 1988 참조.

[6] Attfield, Judy: Wild Things: The Material Culture of Everyday Life (Materializing Culture), Oxford 2000.

[7] Ludwig, Materielle Kultur, p. 5.

[8] Schulze, Mario: Wie die Dinge sprechen lernten. Eine Geschichte des Museumsobjektes 1968~2000, Bielefeld 2017 참조.

[9] Hagemann, Susanne: „Leere Gesten"? Darstellungsmuster in Ausstellungen zur NS-Zeit, in: Museumsverband des Landes Brandenburg, Entnazifizierte Zone?, 2015, pp. 77~92, 여기서는 88쪽.

[10] Zündorf, Irmgard: Dingliche Ostalgie? Materielle Zeugnisse der DDR und ihre Präsentation, in: Ulbricht, Schwierige Orte, 2013, pp. 77~95, 여기서는 77쪽부터.

[11] Hoffmann, Detlef: Zeitgeschichte aus Spuren ermitteln. Ein Plädoyer für ein Denken vom Objekt aus, in: Zeithistorische Forschungen, 4 (2007), pp. 200~210, 여기서는 206쪽.

[12] MacGregor, Neil: Eine Geschichte der Welt in 100 Objekten, München 2011.

[13] Paul, Gerhard, Visual History, Version: 3.0, in: Docupedia-Zeitgeschichte, 2014년 3월 13일, URL: http://docupedia.de/zg/Visual_History_Version_3.0_Gerhard_Paul (검색일 2017. 11. 13).

[14] Schönemann, Sebastian: Kulturelles Bildgedächtnis und kollektive Bilderfahrung. Die visuelle Semantik der Erinnerung am Beispiel des Fotos des Jungen aus dem Warschauer Ghetto, in: Zeitschrift für Geschichtsdidaktik 12 (2013), p. 46~60, 여기서는 46쪽.

[15] 앞의 글, 47쪽.

[16] 앞의 글, 48쪽부터.

[17] 앞의 글, 49쪽.

[18] Paul, Gerhard: Von der historischen Bildkunde zur Visual History. Eine Einführung, in: 같은 이, Visual History, 2006, pp. 7~36, 여기서는 7쪽.

[19] 다음 글은 이와 같은 해설을 요약해 서술한 것이다. Paul, Von der historischen Bildkunde zur Visual History, pp. 7~36. 그리고 Paul, Visual History도 참조하라.

[20] Paul, Von der historischen Bildkunde zur Visual History, 9쪽부터.

[21] Hamann, Christoph: Bildquellen im Geschichtsunterricht, in: Barricelli/Lücke, Handbuch Praxis des Geschichtsunterrichts, 2012, pp. 108~124, 여기서는 111쪽.

[22] 예컨대 다음 전시들을 통해서다. 독일역사박물관에서 1996~1997년 열린 〈정

당의 과제: 새로운 독일. 동독의 이코노그라피Parteiauftrag: Ein neues Deutschland. Zur Ikonographie der DDR 1996~1997〉, 독일 러시아박물관에서 열린 사진전 또는 1995~1999년의 〈절멸전쟁. 독일 국방군 범죄 1941~1944Vernichtungskrieg. Verbrechen der Wehrmacht 1941 bis 1944〉 전시회, 2001~2004년의 〈독일 국방군 범죄. 절멸전의 규모 1941~1944 Verbrechen der Wehrmacht. Dimensionen des Vernichtungskrieges 1941~1944〉.

[23] Paul, Von der historischen Bildkunde zur Visual History, p. 14.

[24] 앞의 글, 18쪽.

[25] 앞의 글. 파울의 인용 출처는 Heßler, Martina: Bilder zwischen Kunst und Wissenschaft. Neue Herausforderungen für die Forschung, in: Geschichte und Gesellschaft, 31 (2005), 2, pp. 266~292, 여기서는 272쪽.

[26] Bredekamp, Horst: Drehmomente-Merkmale und Ansprüche des iconic turn, in: Burda/Maar, Iconic Turn, 2005, pp. 15~26 참조.

[27] 이 모든 논의의 토대는 Paul, Visual History.

[28] 앞의 글, 6쪽.

[29] 앞의 글, 13쪽.

[30] 앞의 글, 7쪽. 다음 글도 참조. Bredekamp, Schlussvortrag: Bild-Akt-Geschichte, in: Geschichtsbilder. 46. Deutscher Historikertag vom 19~22. September 2006 in Konstanz. Berichtsband, Konstanz 2007, p. 289~309, 특히 309쪽.

[31] Paul, Visual History, p. 13.

[32] 앞의 글, 14쪽.

[33] 앞의 글, 21쪽.

[34] Paul, Gerhard: Visual History und Geschichtsdidaktik, in: Zeitschrift für

Geschichtsdidaktik 12 (2013), pp. 9~26, 여기서는 22쪽.

35 Morat, Daniel: Der Klang der Zeitgeschichte. Eine Einführung, in: Zeithistorische Forschungen, 8 (2011), pp. 172~177, 여기서 언급된 부분은 p. 172.

36 Missfelder, Jan-Friedrich: Der Klang der Geschichte. Begriffe, Traditionen und Methoden der Sound History, in: Geschichte in Wissenschaft und Unterricht, 66 (2015), 11/12, pp. 633~649, 여기서는 635 쪽.

37 앞의 글, 637쪽.

38 앞의 글.

39 Morat, Der Klang der Zeitgeschichte, p. 174, 176.

40 Missfelder, Der Klang der Geschichte, p. 647.

41 앞의 글.

42 앞의 글, 648쪽.

43 Missfelder, Jan-Friedrich: Period Ear. Perspektiven einer Klanggeschichte der Neuzeit, in: Geschichte und Gesellschaft, 38 (2012), pp. 21~47, 여기서 는 35쪽.

44 Müller, Jürgen: „The Sound of Silence". Von der Unhörbarkeit der Vergangenheit zur Geschichte des Hörens, in: Historische Zeitschrift, 292 (2011), pp. 1~29, 여기서는 7~8쪽.

45 Morat, Daniel: Introduction, in: 같은 이, Sound of Modern History, 2014, pp. 1~7, 여기서는 3쪽.

46 Morat, Der Klang der Zeitgeschichte, p. 172.

47 Hacke, Daniela: Hearing Cultures. Plädoyer für eine Klanggeschichte des Bauernkriegs, in: Geschichte in Wissenschaft und Unterricht, 66 (2015),

11/12, pp. 650~662, 여기서는 650쪽.

48 Lindqvist, Grabe, wo du stehst [1978] 참조.

49 다음을 참조. Niethammer, Lutz (편): „Die Jahre weiß man nicht, wo man die heute hinsetzen soll". Faschismuserfahrungen im Ruhrgebiet, Berlin/ Bonn 1983; 같은 이 (편): „Hinterher merkt man, daß es richtig war, daß es schiefgegangen ist." Nachkriegserfahrungen im Ruhrgebiet, Berlin/Bonn 1983.

50 Wierling, Dorothee: Oral History und Zeitzeugen in der politischen Bildung. Kommentar zu einem Spannungsverhältnis, in: Ernst, Geschichte im Dialog?, 2014, pp. 99~107, 여기서는 99쪽.

51 Welzer, Harald: Das Interview als Artefakt. Zur Kritik der Zeitzeugenforschung, in: BIOS, 13 (2000), 1, pp. 51~63, 여기서는 52쪽.

52 Plato, Alexander von: Interview-Richtlinien, in: 같은 이/Leh/Thonfeld, Hitlers Sklaven, 2008, pp. 443~450 참조.

53 Geppert, Alexander C.T.: Forschungstechnik oder historische Disziplin? Methodische Probleme der Oral History, in: Geschichte in Wissenschaft und Unterricht, 45 (1994), 5, pp. 303~323, 여기서는 310쪽 참조.

54 Sabrow, Martin: Der Zeitzeuge als Wanderer zwischen Welten, in: 같은 이/Frei, Die Geburt des Zeitzeugen nach 1945, 2012, pp. 13~32, 여기서는 14쪽부터 참조.

55 Rothfels, Hans: Zeitgeschichte als Aufgabe, in: Vierteljahreshefte für Zeitgeschichte, 1 (1953), pp. 1~8, 여기서는 2쪽.

56 Sabrow, Der Zeitzeuge, p. 14.

57 Passens, Kathrin: Dialogische Kommunikationssituationen ermöglichen. Zur Rolle der Moderation in Zeitzeugengesprächen zur DDR-

Geschichte, in: Ernst: Geschichte im Dialog?, 2014, pp. 238~247 참조.

58 Bösch, Frank: Geschichte mit Gesicht. Zur Genese des Zeitzeugen in Holocaust-Dokumentationen seit den 1950er Jahren, in: Fischer/Wirtz: Alles authentisch?, 2008, pp. 51~72, 여기서는 68쪽 참조.

59 Beier-de Haan, Rosmarie: Geschichte, Erinnerung, Repräsentation. Zur Funktion von Zeitzeugen in zeithistorischen Ausstellungen im Kontext einer neuen Geschichtskultur, in: Kalinke, Zeitzeugenberichte, 2011/2012, pp. 1~15, 여기서는 12쪽. URL: http://www.bkge.de/52803. html (검색일 2017. 11. 13).

60 다음을 참조. Körte-Braun, Bernd: Erinnern in der Zukunft: Frag das Hologramm, in: Yad Vashem E-Newsletter für die deutschsprachigen Länder, o. J., URL: http://www.yad-vashem.org.il/yv/de/education/ newsletter/10/article_korte.asp (검색일 2017. 11. 13).

61 Anderson, Jay: Living History: Simulating Everyday Life in Living Museums. American Quarterly, 34 (1982) 3, pp. 290~306, 여기서는 291쪽.

62 다음을 참조. Hochbruck, Wolfgang: Geschichtstheater. Formen der „Living History". Eine Typologie, Bielefeld 2013; 같은 이: ‚Belebte Geschichte': Deliminationen der Anschaulichkeit im Geschichtstheater, in: Korte/Paletschek, History goes Pop, 2009, pp. 215~230.

63 Drieschner, Carsten: Living History als Freizeitbeschäftigung–Der Wikingerverein „Opinn Skjold e. V.", in: Schleswig. Kieler Blätter zur Volkskunde, 37 (2005), pp. 31~61, 여기서는 32쪽.

64 Samida, Stefanie: Inszenierte Authentizität: Zum Umgang mit Vergangenheit im Kontext der Living History, in: Fitzenreiter, Authentizität, 2014, pp. 139~150, 여기서는 141쪽.

[65] 앞의 글.

[66] Senecheau, Miriam/Samida, Stefanie: Living History als Gegenstand Historischen Lernens. Begriffe–Problemfelder–Materialien, Stuttgart 2015, pp. 42.

[67] Schindler, Sabine: Living History und die Konstruktion von Vergangenheit in amerikanischen historic sites, in: Echterhoff/Saar, Kontexte und Kulturen des Erinnerns, 2002, pp. 163~179, 여기서는 164쪽.

[68] Walz, Markus: Sehen, Verstehen. Historisches Spiel im Museum– zwischen Didaktik und Marketing, in: Carstensen/Meiners/Mohrmann, Living History im Museum, 2008, pp. 15~45 참조.

[69] Lässig, Simone: Clio in Disneyland? Nordamerikanische Living History Museen als außerschulische Lernorte, in: Zeitschrift für Geschichtsdidaktik, 5 (2006), pp. 44~69, 여기서는 60쪽.

[70] Fischer, Thomas/Schuhbauer, Thomas: Geschichte in Film und Fernsehen, Theorie–Praxis–Berufsfelder, Tübingen 2016, p. 27.

[71] Pirker, Eva Ulrike/Rüdiger, Mark: Authentizitätsfiktionen in populären Geschichtskulturen: Annährungen, in: Pirker 외, Echte Geschichte, 2010, pp. 11~30 참조.

[72] Fischer/Schuhbauer, Geschichte in Film und Fernsehen, p. 126.

4장 공공역사와 미디어

[1] Korte, Barbara/Paletschek, Sylvia: Geschichte in populären Medien und Genres. Vom historischem Roman zum Computerspiel, in: 같은 이,

History goes Pop, 2009, S. 9~60, 여기서는 9쪽.

2 앞의 글, 10쪽.

3 앞의 글, 19쪽.

4 Oswalt, Vadim/Pandel, Hans-Jürgen: Einleitung, in: 같은 이, Geschichtskultur, 2009, p. 7~13, 여기서는 9쪽.

5 앞의 글, 9쪽.

6 앞의 글.

7 앞의 글, 11쪽.

8 Pirker, Eva Ulrike 외 (편): Echte Geschichte. Authentizitätsfiktionen in populären Geschichtskulturen, Bielefeld 2010.

9 Schmidt, Siegfried J.: Lernen, Wissen, Kompetenz, Kultur. Vorschläge zur Bestimmung von vier Unbekannten, Heidelberg 2005, p. 85.

10 Pirker, Eva Ulrike/ Rüdiger, Mark, Authentizitätsfiktionen in populären Geschichtskulturen: Annäherungen, in: Pirker, Echte Geschichte, 2010, pp. 11~30, 여기서는 12쪽.

11 앞의 글, 14쪽 참조. 또한 Pandel, Hans-Jürgen: Authentizität, in: Mayer 외, Wörterbuch Geschichtsdidaktik, 2009, pp. 30~31 참조.

12 Pirker/Rüdiger: Authentizitätsfiktionen, p. 15 참조. 또한 Koselleck, Reinhart: Darstellung, Ereignis und Struktur, in: 같은 이, Vergangene Zukunft, 1989, pp. 144~157, 여기서는 153쪽 참조.

13 Pirker/Rüdiger: Authentizitätsfiktionen, p. 17 참조.

14 앞의 글 참조.

15 앞의 글, 18~19쪽 참조.

16 앞의 글, 20쪽.

17 앞의 글.

[18] 앞의 글, 21쪽.

[19] Korte/Paletschek, Geschichte in populären Medien und Genres, p. 17.

[20] 앞의 글, 21쪽.

[21] 앞의 글, 21쪽.

[22] Rox-Helmer, Monika: Fiktionale Texte im Geschichtsunterricht, in: Oswalt/Pandel, Geschichtskultur, 2009, pp. 98~112, 여기서는 102쪽.

[23] Korte/Paletschek, Geschichte in populären Medien und Genres, p. 26.

[24] 앞의 글, 27쪽.

[25] Nissen, Martin: Historische Sachbücher-Historische Fachbücher: Der Fall Werner Maser, in: Korte/Paletschek, History goes pop, pp. 103~120, 여기서는 104쪽 참조.

[26] 앞의 글, 105쪽.

[27] Hanemann, Andy/Oels, David: Einleitung, in: 같은 이, Sachbuch und populäres Wissen im 20. Jahrhundert, 2008, pp. 7~25, 여기서는 17쪽.

[28] Nissen, Historische Sachbücher-Historische Fachbücher, pp. 105~107.

[29] 확장된 정의의 토대는 다음과 같다. Spieß, Christian: Zwischen Wissenschaft und Unterhaltungsanspruch. Aktuelle Geschichtsmagazine im Vergleich, in: Horn/Sauer, Geschichte und Öffentlichkeit, 2009, pp. 169~176, 특히 169쪽; Spieß, Christian: Zeitgeschichte in populären Geschichtsmagazinen, in: Popp 외, Zeitgeschichte-Medien-Historische Bildung, 2010, pp. 61~76, 특히 62쪽.

[30] Spieß, Zeitgeschichte in populären Geschichtsmagazinen, p. 69.

[31] 앞의 글, 66~67쪽.

[32] 앞의 글, 73~73쪽.

[33] Zündorf, Irmgard: Die Vermarktung historischen Wissens.

Geschichtsmagazine als Produkte der Public History, in: Popp/
Schumann/Crivellari, Fabio, Populäre Geschichtsmagazine in
internationaler Perspektive, 2016, pp. 53~69, 여기서는 63쪽.

34 《슈피겔》지는 여기서 더 나아가 개인의 역사서술의 표현과 수집을 위한 전용
웹사이트를 오픈했다. URL: http://www.einestages.de (검색일 2017. 11. 13).

35 Hiller, Marlene P.: Der Spagat zwischen Öffentlichkeit und Wissenschaft.
Oder: Geschichte schreiben für Liebhaber, in: Horn/Sauer, Geschichte
und Öffentlichkeit, 2009, pp. 161~168, 여기서는 166쪽.

36 Kellerhoff, Sven Felix: Viel ist nicht genug. Historiker im professionellen
Journalismus, in: Kleinehagenbrock/Petersen, Berufsfelder für
Historikerinnen und Historiker sowie Studierende anderer
Geisteswissenschaften, 2011, pp. 48~59 참조.

37 《다말스Damals》 전임 편집장의 진술이다. Marlene P. Hiller: Geschichte für
Liebhaber. Oder: was Damals seinen Lesern zu bieten hat, in: Geschichte
in Wissenschaft und Unterricht, 54 (2003), pp. 85~90, 특히 86쪽.

38 Ribbens, Kees: Die Darstellung des Zweiten Weltkrieges in Europäischen
Comics. Eine Fallstudie populärer Geschichtskultur, in: Korte/Paletschek,
History goes pop, 2009, pp. 121~145, 여기서는 123쪽.

39 Gundermann, Christine: Jenseits von Asterix. Comics im
Geschichtsunterricht, Schwalbach/Ts. 2. Aufl. 2017, pp. 59.

40 크리스티네 군더만의 단행본 제목이기도 하다. Gundermann, Jenseits von
Asterix.

41 앞의 책, 62쪽.

42 앞의 책, 62~63쪽.

43 앞의 책, 64쪽.

[44] 앞의 책, 66쪽.

[45] 앞의 책, 67~76쪽 참조.

[46] Gundermann, Jenseits von Asterix, p. 82.

[47] Pandel, Geschichtskultur, p. 30 참조.

[48] Gundermann, Jenseits von Asterix, pp. 82~83.

[49] Korte/Paletschek: Geschichte in populären Medien und Genres, pp. 32~33.

[50] Fischer, Thomas/Schuhbauer, Thomas: Geschichte in Film und Fernsehen. Theorie-Praxis-Berufsfelder, Tübingen 2016.

[51] 앞의 책, 9쪽.

[52] 앞의 책, 35~36쪽.

[53] Fischer/Schuhbauer, Geschichte in Film und Fernsehen, p. 31~32를 표로 체계화한 것.

[54] Fischer/Schuhbauer, Geschichte in Film und Fernsehen, p. 36.

[55] 예컨대 von Borries, Bodo: Historischer „Spielfilm" und „Dokumentation" -Bemerkung zu Beispielen, in: Kühberger/Lübke/Terberger, Wahre Geschichte-Geschichte als Ware, 2007, pp. 187~212, 특히 208쪽 참조.

[56] Handro, Saskia: Mutationen. Geschichte im kommerziellen Fernsehen, in: Oswalt/Pandel, Geschichtskultur, 2009, pp. 75~97, 여기서는 76쪽.

[57] 앞의 글.

[58] Keilbach, Judith: Fernsehbilder der Geschichte. Anmerkungen zur Darstellung des Nationalsozialismus in den Geschichtsdokumentationen des ZDF, in: 1999. Zeitschrift für Sozialgeschichte des 20. und 21. Jahrhunderts, 17 (2002), 2, pp. 102~113, 여기서는 102쪽.

[59] Handro, Mutationen, p. 80.

[60] 앞의 글, 82쪽.

[61] Lersch, Edgar/Viehoff, Reinhold: Geschichte im Fernsehen. Eine Untersuchung zur Entwicklung des Genres und der Gattungsästhetik geschichtlicher Darstellungen im Fernsehen 1995 bis 2003, Düsseldorf 2007 참조.

[62] 앞의 책, 21쪽.

[63] 귀도 크노프가 이끄는 ZDF 현대사 시리즈의 다큐테인먼트라는 미디어 포맷을 역사교육 시각에서 분석한 최초의 연구 가운데 하나로 Oliver Näpel: Historisches Lernen durch 'Dokutainment'?–Ein geschichtsdidaktischer Aufriss. Chancen und Grenzen einer neuen Ästhetik populärer Geschichtsdokumentation, analysiert am Beispiel der Sendereihen Guido Knopps, in: Zeitschrift für Geschichtsdidaktik 2 (2003), pp. 213~244. 그 외에도 Linne, Karsten: Hitler als Quotenbringer – Guido Knopps mediale Erfolge, in: 1999. Zeitschrift für Sozialgeschichte des 20. und 21. Jahrhunderts, 17 (2002), 2, pp. 90~101 참조. 귀도 크노프의 작품 가운데 특히 홀로코스트 표현에 관해서는 Loewy, Hanno: Bei Vollmond: Holocaust. Genretheoretische Bemerkungen zu einer Dokumentation des ZDF, in: 1999. Zeitschrift für Sozialgeschichte des 20. und 21. Jahrhunderts, 17 (2002), 2, pp. 114~127 및 Frahm, Ole: Von Holocaust zu Holokaust. Guido Knopps Aneignung der Vernichtung der europäischen Juden, in: 1999. Zeitschrift für Sozialgeschichte des 20. und 21. Jahrhunderts, 17 (2002), 2, pp. 128~138. 이 기록물에서 시대 증인의 역할에 관해서는 특히 Blanke, Horst Walter: Stichwortgeber. Die Rolle der „Zeitzeugen" in G. Knopps Fernsehdokumentationen, in: Oswalt/Pandel, Geschichtskultur, 2009, pp. 63~74. 그 외에도 Bösch, Frank: Film, NS-Vergangenheit und

Geschichtswissenschaft: Von „Holocaust" zu „Der Untergang", in: Vierteljahrshefte für Zeitgeschichte, 55 (2007), pp. 1~33 참조.

[64] Lersch/Viehoff: Geschichte im Fernsehen, p. 26.

[65] Fischer, Thomas: Ereignis und Erleben. Entstehung und Merkmale des zeitgenössischen dokumentarischen Geschichtsfernsehens, in: Korte/ Paletschek (편): History goes pop, pp. 191~202, 여기서는 198쪽.

[66] 앞의 글, 197쪽.

[67] Keilbach, Judith: Geschichte im Fernsehen, in: Horn/Sauer, Geschichte und Öffentlichkeit, pp. 151~168, 특히 157쪽 참조.

[68] Brauburger, Stefan: Fiktionalität oder Fakten: welche Zukunft hat die zeitgeschichtliche Dokumentation, in: Korte/Paletschek, History goes pop, 2009, pp. 203~213, 여기서는 209쪽.

[69] Keilbach, Geschichte im Fernsehen, p. 154 참조.

[70] 앞의 글 참조.

[71] Brauburger, Fiktionalität oder Fakten: Welche Zukunft hat die zeitgeschichtliche Dokumentation?, p. 204.

[72] Cohen, Daniel/Rosenzweig, Roy: Digital History. A Guide to Gathering, Preserving, and Presenting the Past on the Web, URL: http://chnm.gmu. edu/digitalhistory/ (검색일 2017. 11. 13).

[73] DeGroot, Jerome: Consuming History. Historians and heritage in Contemporary populär culture, Oxon 2009 참조.

[74] Demantowsky, Marko/Pallaske, Christoph (편): Geschichte lernen im digitalen Wandel, Berlin/München/Boston 2015 참조.

[75] Danniau, Fien: Public History in a Digital Context. Back to the Future or Back ⋯⋯ to Basics?, in: BMGN−Low Countries Historical Review, 128

(2013), 4, pp. 118~144 참조.

76 Danker, Uwe, Schwabe, Astrid: Geschichte im Internet, Stuttgart 2017.

77 Bernsen, Daniel/ Kerber, Ulf (편): Praxishandbuch Historisches Lernen und Medienbildung im digitalen Zeitalter, Opladen 2017.

78 DeGroot, Consuming History 참조.

79 이 문제에서 이 책은 지겐의 역사학자 앙겔라 슈바르츠의 설명에 중점을 둔다. 컴퓨터 게임의 중세 표현에 관해서는 특히 칼 하인체의 연구가 있다. Heinze, Carl: Mittelalter Computer Spiele. Zur Darstellung und Modellierung von Geschichte im populären Computerspiel, Bielefeld 2012. 게이머의 참여 가능성과 관련한 컴퓨터 게임의 체계화에 관해서는 De Groot; Consuming History. 컴퓨터 게임이 20세기의 전쟁을 주제화하는 문제를 다룬 저서로 Bender, Steffen: Virtuelles Erinnern. Kriege des 20. Jahrhunderts in Computerspielen, Bielefeld 2012.

80 Schwarz, Angela: „Wollen Sie wirklich nicht weiter versuchen, diese Welt zu dominieren?" Geschichte in Computerspielen, in: Korte/Paletschek (편): History goes pop, 2009, pp. 313~340 참조.

81 Angela Schwarz: Computerspiele—ein Thema für die Geschichtswissenschaft?, in: 같은 이, „Wollten Sie auch immer schon einmal pestverseuchte Kühe auf Ihre Gegner werfen?", 2010, pp. 7~33.

82 Bender, Virtuelles Erinnern, p. 47 ff.

5장 박물관과 기념관

1 국제박물관협의회International Council of Museums, URL: http://www.

icom-deutschland.de/schwerpunkte-museums-definition.php (검색일 2017. 11. 13).

2 박물관과 기념관의 유사점과 차이점에 관해서는 다음을 보라. Kößler, Gottfried: Aura und Ordnung. Zum Verhältnis von Gedenkstätten und Museen, in: Gryglewski 외, Gedenkstättenpädagogik, 2015, pp. 67~81; Knigge, Volkhard: Gedenkstätten und Museen, in: 같은 이/Frei, Verbrechen erinnern. Die Auseinandersetzung mit Holocaust und Völkermord, 2002, pp. 378~389.

3 Bohnenkamp, Anne 외 (편): Häuser der Erinnerung. Zur Geschichte der Personengedenkstätte in Deutschland, Leipzig 2015 참조.

4 예컨대 Francois, Etienne/ Schulze, Hagen (편): Deutsche Erinnerungsorte. 전 3권, München 2001 참조.

5 Williams, Paul: Memorial Museums. The global rush to commemorate atrocities, Oxford 2007, p. 8.

6 이에 관해 다음을 보라. Pieper, Kathrin: Die Musealisierung des Holocaust. Das Jüdische Museum Berlin und das US Holocaust Memorial Museum in Washington D.C. Ein Vergleich, Köln 2006.

7 공공범죄 피해자 기억 국제기념박물관위원회International Committee of Memorial Museums in Remembrance of the Victims of Public Crimes 웹사이트 참조, URL: http://icom.museum/the-committees/international-committees/international-committee/international-committee-of-memorial-museums-in-remembrance-of-the-victims-of-public-crimes/ (검색일 2017. 11. 13).

8 Korff, Bildwelt Ausstellung, p. 332.

9 Wegner, Nora: Publikumsmagnet Sonderausstellung-Stiefkind

Dauerausstellung?, Bielefeld 2015 참조.

[10] Baur, Joachim: Ausstellen. Trends und Tendenzen im kulturhistorischen Feld, in: Graf/Rodekamp, Museen zwischen Qualität und Relevanz, 2012, pp. 131~144, 여기서는 132쪽 및 136쪽.

[11] 후술하는 역사적 개요는 테 헤젠의 입문서에 기반을 둔다. te Heesen, Anke: Theorien des Museums zur Einführung, Hamburg 2012.

[12] te Heesen, Theorien des Museums, p. 71.

[13] 앞의 책, 103쪽.

[14] Baensch, Tanja/Kratz-Kessemeier, Kristina/Wimmer, Dorothee (편): Museen im Nationalsozialismus. Akteure-Orte-Politik, Köln 2016 참조.

[15] Walz, Markus: Museen in der Zeit des Nationalsozialismus, in: 같은 이, Handbuch Museum, pp. 57~61 참조.

[16] Scheunemann, Jan: „Gegenwartsbezogenheit und Parteinahme für den Sozialismus." Geschichtspolitik und regionale Museumsarbeit in der SBZ/DDR 1945~1971, Berlin 2009, pp. 364 f. 그 외에도 같은 이: Museen in der DDR, in: Walz, Handbuch Museum, pp. 61~65 참조.

[17] Korff, Gottfried: Die „Ecomusees" in Frankreich-eine neue Art, die Alltagsgeschichte einzuholen (1982), in: 같은 이, Museumsdinge deponieren-exponieren, 2007, pp. 75~84 참조.

[18] te Heesen, Theorien des Museums, p. 150.

[19] Spickernagel, Ellen/Walbe, Brigitte (편): Das Museum-Lernort contra Musentempel, Gießen 1976.

[20] Thaa, Lotte/Borcke, Tobias: 1977. Die Zeit der Staufer, in: Schulze/te Heesen/Dold, Museumskrise und Ausstellungserfolg, 2015, pp. 80~95, hier p. 80. 이외에도 Große Burlage, Martin: Große historische Ausstellungen

in der Bundesrepublik Deutschland 1960~2000, Münster 2005 참조.

[21] Thiemeyer, Thomas: Inszenierung, in: Gfrereis/Thiemeyer/Tschofen, Museen verstehen, 2015, pp. 45~62.

[22] Simon, Nina: The participatory museum, Santa Cruz 2010, 온라인에서도 이용할 수 있다. URL: http://www.participatorymuseum.org (검색일 2017. 11. 13).

[23] Clifford, James: Museums as Contact Zones, in: 같은 이: Routes, Cambridge/ Mass. 1997, pp. 188~219 참조.

[24] Gesser, Susanne 외: Das partizipative Museum, in: 같은 이, Das partizipative Museum, 2012, pp. 10~15, 여기서는 10쪽부터.

[25] Staatliche Museen zu Berlin-preußischer Kulturbesitz. Institut für Museumsforschung (편): Statistische Gesamterhebung an den Museen der Bundesrepublik Deutschland für das Jahr 2015, Berlin 2016, URL: http://www.smb.museum/fileadmin/website/Institute/Institut_fuer_ Museumsforschung/Publikationen/Materialien/mat70.pdf (검색일 2017. 11. 13).

[26] Schlussbericht der Enquete-Kommission „Kultur in Deutschland", Bundestags-Drucksache 16/7000, 2017년 12월 11일, p. 119. URL: http:// dip21.bundestag.de/dip21/btd/16/070/1607000.pdf (검색일 2017. 11. 13).

[27] Baur, Joachim: Spezialmuseen, in: Graf/Rodekamp, Museen zwischen Qualität und Relevanz, 2012, pp. 357~365, 여기서는 358쪽.

[28] te Heesen, Anke: Objekte der Wissenschaft. Eine wissenschaftshistorische Perspektive auf das Museum, in: Baur, Museumsanalyse, 2010, pp. 213~230, 여기서는 214쪽.

[29] Beier, Rosmarie (편): Geschichtskultur in der Zweiten Moderne,

Frankfurt/M. 2000.

[30] Baur, Ausstellen, pp. 140/141 참조.

[31] Endlich, Stefanie: Orte des Erinnerns – Mahnmale und Gedenkstätten, in: Reichel/Schmid/Steinbach, Der Nationalsozialismus–Die zweite Geschichte, 2009, pp. 350~377, 여기서는 350쪽 참조. 이 논문은 1945년부터 현재까지 동독과 서독의 기념관들 각각의 발전에 대해 훌륭한 개관을 제시한다.

[32] Thamer, Hans–Ulrich: Die westdeutsche Erinnerung an die NS–Diktatur in der Nachkriegszeit, in: März/Veen, Woran erinnern?, 2006, pp. 51~70, 여기서는 55쪽부터.

[33] Reemtsma, Jan–Philipp: Wozu Gedenkstätten, in: Aus Politik und Zeitgeschichte, 25~26 (2010), pp. 3~9, 여기서는 4쪽.

[34] 기념관의 사진 전시에 관해 다음 글을 보라. Brink, Cornelia: Ikonen der Vernichtung: öffentlicher Gebrauch von Fotografien aus nationalsozialistischen Konzentrationslagern nach 1945, Berlin 1998, pp. 179~230; Heyl, Matthias: Bildverbot und Bilderfluten, in: Bannasch/Hammer, Verbot der Bilder – Gebot der Erinnerung, 2004, pp. 117~129, 특히 126쪽부터; 이외에도 Knoch, Habbo: Die Tat als Bild. Fotografien des Holocaust in der deutschen Erinnerungskultur, Hamburg 2001 참조.

[35] Knigge, Volkhard: Gedenkstätten und Museen, in: 같은 이/Frei, Verbrechen erinnern, 2002, pp. 378~389, 여기서는 383쪽.

[36] Knoch, Spurensuche, pp. 210 ff.

[37] Knigge, Gedenkstätten, p. 384.

[38] Siebeck, Cornelia: 50 Jahre „arbeitende" NS–Gedenkstätten in der Bundesrepublik. Vom gegenkulturellen Projekt zur staatlichen

Gedenkstättenkonzeption – und wie weiter?, in: Gryglewski 외, Gedenkstättenpädagogik, 2015, pp. 19~43, 여기서는 32쪽.

[39] 기념관 계획의 발전에 대해서는 Garbe, Detlef: Die Gedenkstättenkonzeption des Bundes: Förderinstrument im geschichtspolitischen Spannungsfeld, in: Gedenkstätten–Rundbrief, 6 (2016), pp. 3~17 참조.

[40] Fortschreibung der Gedenkstättenkonzeption des Bundes. Verantwortung wahrnehmen, Aufarbeitung verstehen, Gedenken vertiefen, Drucksache 166/9875, 2008년 6월 19일, p. 19, URL: https://www.bundesregierung. de/Content/DE/StatischeSeiten/Berg/BKM/2016-10-25- gedenkstaettenkonzeption.html (검색일 2017. 11. 13).

[41] 앞의 글, 3쪽.

[42] 앞의 글, 9쪽.

[43] '기억·책임·미래재단 설립법(2000년 8월 2일). URL: http://www.stiftung– evz.de/stiftung/gesetz–der–stiftung–evz.html (검색일 2017. 11. 13).

[44] Fortschreibung der Gedenkstättenkonzeption des Bundes, 2008, p. 2.

[45] Rudnick, Carola S.: Die andere Hälfte der Erinnerung. Die DDR in der deutschen Geschichtspolitik nach 1989, Bielefeld 2011 참조.

[46] 이외에도 다음 글을 보라. Beutelsbacher Konsens, Website der Bundeszentrale für politische Bildung, 2011년 4월 7일, URL: http:// www.bpb.de/die–bpb/51310/beutelsbacher–konsens (검색일 2017. 11. 13).

[47] Knoch, Habbo: Spurensuche. NS–Gedenkstätten als Orte der Zeitgeschichte, in: Bösch/Goschler, Public History, 2009, pp. 190~218.

[48] Knoch, Habbo: „Ferienlager" und „gefoltertes Leben". Periphere Räume in ehemaligen Konzentrationslagern, in: Hammermann/Riedel, Sanierung, Rekonstruktion, Neugestaltung, 2014, pp. 32~49, 여기서는 32쪽.

[49] 앞의 글, 41쪽.

[50] 이 헌장에 대한 상세한 안내는 하랄드 슈미트의 독일어 번역에 따른다. 슐레스비히홀슈타인 기억의 장소와 기념관 뉴스레터 제4호(2013년 11월호) 참조, URL: http://progedenkstaetten-sh.de/wp-content/uploads/Carta-dtsch. pdf (검색일 2017. 11. 13).

[51] Flügel, Kathrin: Einführung in die Museologie, Darmstadt 2005, p. 16; 이외에도 Waidacher, Friedrich: Museologie-knapp gefasst, Köln 외 2005 참조.

[52] Eine Sammlung seiner Vorträge und Aufsätze findet sich in: Korff, Gottfried: Museumsdinge deponieren-exponieren, hrsg. von Martina Eberspächer, Gudrun Malene König, Bernhard Tschofen, 2. erg. Auflage Köln 외 2007.

[53] Macdonald, Sharon: Museen erforschen. Für eine Museumswissenschaft in der Erweiterung, in: Baur, Museumsanalyse, 2010, pp. 49~69, 여기서는 50쪽부터.

[54] Muttenthaler, Roswitha/Wonisch, Regina: Rollenbilder im Museum. Was erzählen Museen über Frauen und Männer, Schwalbach/Ts. 2010 참조.

[55] Bluche, Lorraine 외 (편): NeuZugänge. Museen, Sammlungen und Migration. Eine Laborausstellung, Bielefeld 2013 참조.

[56] 다음을 참조. Simon, Nina: The participatory museum, Santa Cruz 2010; Gesser, Susanne 외 (편): Das partizipative Museum. Zwischen Teilhabe und User Generated Content. Neu Anforderungen an kulturhistorische Ausstellungen, Bielefeld 2012.

[57] Elpers, Sophie/Palm, Anna (편): Die Musealisierung der Gegenwart. Von Grenzen und Chancen des Sammelns in Kulturhistorischen Museen,

Bielefeld 2014, p. 15.

[58] Gesser, Das partizipative Museum, p. 11.

[59] Meijer van Mensch, Stadtmuseum und „Social Inclusion", p. 83.

[60] Vogel, Brigitte: Inklusion–Integration–Migration. Das Museum als Raum für gesellschaftspolitische Herausforderungen?, in: Geschichte in Wissenschaft und Unterricht, 68 (2017) H 1/2, pp. 39~51, 여기서는 44쪽.

[61] Gryglewski, Elke: Gedenkstättenarbeit in der heterogenen Gesellschaft, in: 같은 이 외, Gedenkstättenpädagogik, 2015, pp. 166~178, 여기서는 174 쪽부터.

[62] Bluche 외, NeuZugänge 참조.

[63] Deutscher Museumsbund e. V. (편): Museen, Migration und kulturelle Vielfalt. Handreichungen für die Museumsarbeit, Berlin 2015, URL: http://www.kultur-oeffnet-welten.de/media/images_content/qs/leitfaden_kulturellevielfalt.pdf (검색일 2017. 11. 13).

[64] Deutscher Museumsbund e. V./Bundesverband Museumspädagogik e. V./ Bundeskompetenzzentrum Barrierefreiheit e. V. (편): Das inklusive Museum. Ein Leitfaden zu Barrierefreiheit und Inklusion, Berlin 2013, URL: http://www.pro-retina.de/dateien/ea_das_inklusive_museum.pdf (검색일 2017. 11. 13).

[65] Macdonald, Museen erforschen, pp. 57 ff.

[66] Noschka-Roos, Annette (편): Besucherforschung in Museen- Instrumentarium zur Verbesserung der Ausstellungskommunikation, Munchen 2003 참조.

[67] 박물관 연구소Institut für Museumsforschung 웹사이트를 보라. URL: http://www.smb.museum/museen-und-einrichtungen/institut_fuer_

museumsforschung/aufgaben/besucherforschung.html (검색일 2017. 11.
13); 칼스루에 관람자 평가 및 연구센터(Zentrum für Evaluation und
Besucherforschung Karlsruhe) 웹페이지, URL://www.landes-museum.
de/website/Deutsh/Service/ZEB/Das_ZEB.htm (검색일 2017. 11. 13).

68 te Heesen, Anke: Exponat, in: Gfrereis/Thiemeyer/Tschofen, Museen
verstehen, 2015, pp. 33~44 참조.

69 Thomas Thiemeyer: Geschichtswissenschaft: Das Museum als Quelle, in:
Baur, Museumsanalyse, 2010, pp. 73~94, 여기서는 76쪽.

70 그러나 박물관협회가 이 주제에 관해 하나의 실마리를 발표했다. Deutscher
Museumsbund (편): Nachhaltiges Sammeln. Ein Leitfaden zum Sammeln
und Abgeben von Museumsgut, Berlin/Leipzig 2011, URL: http://www.
museumsbund.de/wp-content/uploads/2017/03/leitfaden-nachhaltiges-
sammeln.pdf (검색일 2017. 11. 13).

71 Asmuss, Burkhard: „Chronistenpflicht" und „Sammlerglück". Die
Sammlung „Zeitgeschichtliche Dokumente" am Deutschen Historischen
Museum, in: Zeithistorische Forschungen, 4 (2007), 1~2, pp. 177~188 참조.

72 등록과 목록화 과정에서 기록되는 구체적 내용은 다음을 보라. Flügel,
Einführung, p. 73.

73 Fehr, Michael: Müllhalde oder Museum. Endstation in der
Industriegesellschaft, in: Ders./Grohé, Geschichten, Bild, Museum, 1989,
pp. 182~196 참조.

74 Pomian, Der Ursprung des Museums, p. 95.

75 Michael Parmentier, Mit Dingen erzählen. Möglichkeiten und Grenzen
der Narration im Museum, in: Natter/Fehr/Habsburg-Lothringen, Die
Praxis der Ausstellung, 2012, pp. 147~164 참조.

[76] Korff, Gottfried: Zur Eigenart der Museumsdinge (1992), in: 같은 이: Museumsdinge, 2007, pp. 140~145, 여기서는 141쪽.

[77] Parmentier, Mit Dingen erzählen, p. 161.

[78] Thiemeyer, Geschichtswissenschaft, pp. 76 ff 또한 참조.

[79] 소장품의 실내 온도에 관해서는 다음을 보라. Flügel, Einführung p. 85 ff; 목재, 회화, 섬유, 유리, 금속 등 특수한 물체군의 보존법은 앞의 글 90쪽부터 보라.

[80] Gesser, Das partizipative Museum, p. 11.

[81] Elpers, Sophie/Palm, Anna (편): Die Musealisierung der Gegenwart. Von Grenzen und Chancen des Sammelns in Kulturhistorischen Museen, Bielefeld 2014 참조.

[82] De Jong, Steffi: Bewegte Objekte. Einleitende Gedanken zur Musealisierung des Zeitzeugen, in: Schmidt/Krämer/Voges, Politik der Zeugenschaft, 2011, pp. 243~264, 여기서는 260쪽부터.

[83] Eschebach, Insa: Zur Visualisierung von Erinnerungen in der Gedenkstättenpraxis. In: Grieger/Gutzmann/Schlinkert, Die Zukunft der Erinnerung, 2008, pp. 37~46, 여기서는 44쪽부터.

[84] Wierling, Dorothee: Zeitgeschichte ohne Zeitzeugen. Vom kommunikativen zum kulturellen Gedächtnis–drei Geschichten und zwölf Thesen, in: BIOS, 21 (2008), pp. 28~36, 여기서는 35쪽부터.

[85] Passens, Kathrin: Dialogische Kommunikationssituationen ermöglichen. Zur Rolle der Moderation in Zeitzeugengesprächen zur DDR–Geschichte, in: Ernst, Geschichte im Dialog?, 2014, pp. 238~247 참조.

[86] 다음을 참조. Beier-de Haan, Rosmarie: Geschichte, Erinnerung, Repräsentation. Zur Funktion von Zeitzeugen in zeithistorischen Ausstellungen im Kontext einer neuen Geschichtskultur, in: Kalinke,

Zeitzeugenberichte 2011/2012, URL: http://www.bkge.de/52803.html (검색일 2017. 11. 13).

87 Baur, Joachim: Museumsanalyse: Zur Einführung, in: 같은 이, Museumsanalyse, 2010, pp. 7~14, 여기서는 8쪽.

88 Pieper, Kathrin: Resonanzräume. Das Museum im Forschungsfeld Erinnerungskultur, in: Baur, Museumsanalyse, 2010, pp. 187~212, 여기서는 203쪽.

89 예를 들어 군사박물관, 유대박물관, 이민박물관 등에 관한 포괄적 박물관 분석이 있다. 다음을 참조하라. Thiemeyer, Thomas: Fortsetzung des Krieges mit anderen Mitteln. Die beiden Weltkriege im Museum, Paderborn 2010; Pieper, Kathrin: Die Musealisierung des Holocaust. Das Jüdische Museum Berlin und das Holocaust Memorial Museum in Washington D.C., Köln 외 2006; Baur, Joachim: Die Musealisierung der Migration. Einwanderungsmuseen und die Inszenierung der multikulturellen Nation, Bielefeld 2009.

90 Baur, Museumsanalyse 참조.

91 Thiemeyer, Geschichtswissenschaft: Das Museum als Quelle, in: Baur, Museumsanalyse, 2010, pp. 73~94 참조.

92 다음을 참조. Scholze, Jana: Medium Ausstellung. Lektüren musealer Gestaltung in Oxford, Leipzig, Amsterdam und Berlin, Bielefeld 2004; Parmentier, Mit Dingen erzählen, pp. 150 ff.

93 Scholze, Medium Ausstellung, pp. 27 f 참조.

94 Thiemeyer, Inszenierung, p. 56 ff.

95 Scholze, Jana: Kultursemiotik: Zeichenlesen in Ausstellungen, in: Baur, Museumsanalyse, p. 137.

[96] 앞의 글.

[97] Geertz, Clifford: Dichte Beschreibung. Beiträge zum Verstehen kultureller Systeme, Frankfurt/M. 1983 참조.

[98] 문헌에서 전시 제작은 '마법의 삼각'으로 묘사된다. 각 꼭짓점은 전시제작자, 교육전문가, 디자이너와 그래픽 전문가이다. Kirchhoff, Heike/Schmitdt, Martin (편): Das magische Dreieck. Die Museumsausstellung als Zusammenspiel von Kuratoren, Museumspädagogen und Gestaltern, Bielefeld 2007 참조.

[99] Parmentier, Mit Dingen erzählen, p. 150.

[100] te Heesen, Einführung, p. 191.

[101] 전시 기획에 관해서는 다음을 보라. Janeke, Kristiane: „Nicht gelehrter sollen die Besucher eine Ausstellung verlassen, sondern gewitzter". Historiker zwischen Theorie und Praxis, in: Zeithistorische Forschungen, 4 (2007), 1~2, pp. 189~199, 특히 190쪽.

[102] te Heesen, Einführung, p. 182.

[103] 예컨대 독일역사박물관과 독일연방공화국 '역사의 집 재단'의 '살아 있는 온라인 박물관LeMO(das Lebendige Museum Online)'을 보라. http://www.dhm.de/Lemo (검색일 2017. 11. 13).

[104] De Jong, Bewegte Objekte, pp. 243~264 참조.

[105] Eschebach, Insa: Zur Visualisierung von Erinnerungen in der Gedenkstättenpraxis, in: Grieger/Gutzmann/Schlinkert, Die Zukunft der Erinnerung, 2008, pp. 37~46 참조.

[106] 박물관에서 텍스트의 위계와 형태에 관해서는 Dawid, Evelyn/Schlesinger, Robert (편): Text in Museen und Ausstellungen, Bielefeld 2002을 보라.

[107] Parmentier, Mit Dingen erzählen, pp. 161 f.

108 다음을 참조. Beier-de Haan, Rosmarie: Geschichte, Erinnerung, Repräsentation. Zur Funktion von Zeitzeugen in zeithistorischen Ausstellungen im Kontext einer neuen Geschichtskultur, in: Kalinke, Zeitzeugenberichte 2011/2012, pp. 1~15, URL: http://www.bkge.de/52803.html (검색일 2017. 11. 13).

109 Schrübbers, Christiane: Moderieren im Museum, in: 같은 이, Moderieren im Museum, 2013, pp. 39~46 참조.

6장 공공역사 교육

1 다음을 참조. Cauvin, Thomas: Why We Should all Become Public Historians?, in: Public History Weekly, 4 (2016), 42, URL: https://public-history-weekly.degruyter.com/4-2016-42/why-we-should-all-become-public-historians/ (검색일 2017. 11. 13).

2 Jordan, Stefan: Theorien und Methoden der Geschichtswissenschaft. Orientierung Geschichte, Paderborn, 2009 참조(이 책의 제3판이 나와 있다).

3 Sabrow, Martin/Jessen, Ralph/Große Kracht, Klaus (편): Zeitgeschichte als Streitgeschichte. Große Kontroversen seit 1945, München 2002 참조.

4 Thamer, Hans-Ulrich: Vom Tabubruch zur Historisierung? Die Auseinandersetzung um die „Wehrmachtsausstellung", in: Sabrow/Jessen/Große Kracht, Zeitgeschichte als Streitgeschichte, 2002, pp. 171~186 참조.

5 다음을 참조. Kirsch, Jan-Holger (편): Das Holocaust-Mahnmal und die Geschichte seiner Entstehung. Pressestimmen, digitale Reprints, Rezensionen, Bibliographie in: Zeitgeschichte-online, Juni 2005, URL:

http://www.zeitgeschichte-online.de/thema/das-holocaust-mahnmal-und-die-geschichte-seiner-entstehung (검색일 2017. 11. 13); Kirsch, Jan-Holger: Nationaler Mythos oder historische Trauer. Der Streit um ein zentrales „Holocaust Mahnmal" für die Berliner Republik, Köln 외 2003.

6 Bergmann, Klaus: Personalisierung, Personifizierung, in: Bergmann 외 Handbuch der Geschichtsdidaktik, 1997, pp. 298~300 참조.

7 Brauer, Juliane/Lücke, Martin (편): Emotionen, Geschichte und historisches Lernen. Geschichtsdidaktische und geschichtskulturelle Perspektiven, Göttingen 2013 참조.

8 다음 참조. Saupe, Achim: Authentizität, Version: 3.0, in: Docupedia-Zeitgeschichte, 2015년 8월 25일, URL: http://docupedia.de/zg/saupe_authentizitaet_v3_de_2015 (검색일 2017. 11. 13).

9 기념물의 발전에 관해 다음을 참조. Lipp, Wilfried: Denkmalpflege und Geschichte, in: Borsdorf/Grütter, Orte der Erinnerung, 1999, pp. 131~167; Schmidt, Leo: Einführung in die Denkmalpflege, Stuttgart 2008.

10 시청각적 서술의 분석에 관해 Fischer/Schuhbauer, Geschichte in Film und Fernsehen, pp. 13 ff 참조.

11 Gröbner, Valentin: Touristischer Geschichtsgebrauch: Über einige Merkmale neuer Vergangenheiten im 20. und 21. Jahrhundert, in: Historische Zeitschrift, (2013), pp. 408~428 참조.

12 박물관협회의 수습직원 분과 웹사이트를 보라. 이 단체는 박물관, 기념관, 기타 유사 문화기관의 수습직원의 이해를 대변하는 기관으로 이해된다. URL: http://www.museumsbund.de/fachgruppen-und-arbeitskreise/arbeitskreis-volontariat/ (검색일 2017. 11. 13).

13 독일 저널리스트협회의 해당 웹사이트를 보라. URL: www.djv.de/startseite/ info/themen-wissen/aus-und-weiterbildung/volontariat.html (검색일 2017. 11. 13).

14 다음을 보라. URL: www.djv.de/fileadmin/_migrated_uploads/media/ Volontariat_in_oeffentlich-rechtlichen_Sendern.pdf (검색일 2017. 11. 13).

15 박물관의 경우 예컨대 해당 실마리가 있다. 다음을 참조. Deutscher Museumsbund (편): Leitfaden für das wissenschaftliche Volontariat am Museum, URL: http://www.museumsbund.de/wp-content/ uploads/2017/03/leitfaden-volontariat-2009.pdf (검색일 2017. 11. 13).

16 미국, 영국, 스위스 같은 나라들의 경우 역사학을 위한 해당 규범이 있다. 그 개관은 Arendes, Cord/Siebold, Angela: Zwischen akademischer Berufung und privatwirtschaftlichem Beruf. Für eine Debatte um Ethik-und Verhaltenskodizes in der historischen Profession, in: Geschichte in Wissenschaft und Unterricht, 66 (2015), 3/4, pp. 152~166, 여기서는 161쪽 부터.

17 vom Bruch, Rüdiger: Geschichtswissenschaft, in: Jordan, Lexikon Geschichtswissenschaft, 2002, pp. 124~129 참조.

18 Bergmann, Klaus: Multiperspektivität. Geschichte selber denken, Schwalbach/Ts. 2000 참조.

19 NCPH code of ethics and professional conduct, 2007, URL: http://ncph. org/about/governance-committees/#code%20of%20Ethics%20&%20 Prof%20Conduct (검색일 2017. 11. 13).

20 Deutscher Museumsbund (편): Standards für Museen, Kassel/Berlin 2006, Sp. 6, URL: http://www.icom-deutschland.de/client/media/8/standards_ fuer_museen_2006.pdf (검색일 2017. 11. 13).

[21] Deutscher Bundestag: Fortschreibung der Gedenkstättenkonzeption des Bundes. Verantwortung wahrnehmen, Aufarbeitung verstehen, Gedenken vertiefen, Drucksache 16/9875, 2008년 6월 19일, p. 19, URL: https://www.bstu.bund.de/SharedDocs/Downloads/DE/bundestag_fortschreibung-gedenkstaettenkonzept-bund.pdf (검색일 2017. 11. 13).

[22] Widmaier, Benedikt/Zorn, Peter: Brauchen wir den Beutelsbacher Konsens? Eine Debatte der politischen Bildung, Bonn 2016; Frech, Siegfried/Richter, Dagmar (편): Der Beutelsbacher Konsens. Bedeutung, Wirkung, Kontroversen, Schwalbach/Ts. 2017 참조.

[23] Pohl, Karl Heinrich: Wann ist ein Museum „historisch korrekt"? „Offenes Geschichtsbild", Kontroversität, Multiperspektivität und „Überwältigungsverbot" als Grundprinzipien musealer Geschichtspräsentation, in: Hartung, Museum und Geschichtskultur, 2006, pp. 273~286 참조.

[24] Bannasch, Bettina/Hammer, Almuth (편): Verbot der Bilder-Gebot der Erinnerung. Mediale Repräsentationen der Schoah, Frankfurt/M. 2004; 또한 Geißler, Cornelia: Individuum und Masse-Zur Vermittlung des Holocaust in deutschen Gedenkstättenausstellungen, Bielefeld, 2015도 보라. 특히 6장 2절은 집단학살의 제시와 표현의 적절성을 다룬다. 329~343쪽.

[25] 이에 관해 드레스덴의 연방군 군사사박물관의 상설 전시를 참조하라.

[26] Empfehlungen des Deutschen Museumsbundes zum Umgang mit menschen Überresten in Museen und Sammlungen, 2013 URL: http://www.museumsbund.de/wp-content/uploads/2017/04/2013-empfehlungen-zum-umgang-mit-menschl-ueberresten.pdf (검색일 2017. 11. 13).

[27] Kühberger, Christoph/Sedmak, Clemens: Die Verantwortung der

Historikerinnnen und Historiker–Systematische Reflexionen zu einem Teilbereich einer Ethik der Geschichtswissenschaft, in: Kühberger/Lübke/ Terberger, Wahre Geschichte–Geschichte als Ware, 2007, Spp. 1~26 참조.

28 Kellerhoff, Sven Felix: Viel ist nicht genug. Über Historiker im professionellen Journalismus, in: Kleinehagenbrock/Petersen, Geschichte studiert – und dann?, 2011, pp. 48~59, 여기서는 50쪽.

29 독일 라디오 아카이브Deutsches Rundfunkarchiv, URL: http://www.dra. de/ (검색일 2017. 11. 13).

30 후술하는 설명은 토마스 슈바우어Thomas Schuhbauer의 서술에 기초한다. Fischer/Schuhbauer, Geschichte in Film und Fernsehen, pp. 114 ff.

31 Fischer/Schuhbauer: Geschichte in Film und Fernsehen, pp. 123 f.

32 독일의 제작사 목록을 제작자협회인 '독일제작자동맹 – 영화와 텔레비전Die Allianz Deutscher Produzenten – Film & Fernsehen'에서 제공한다. URL: http://www.produzentenallianz.de/die-produzentenallianz/uber/ verband/mitglieder.html (검색일 2017. 11. 13).

33 Pehle, Walter H.: Der lange Weg zum Buch. Historische Sach–und Fachbücher, in: Horn/Sauer, Geschichte und Öffentlichkeit, 2009, pp. 194~202.

34 Deutscher Bundestag (편): Kultur in Deutschland. Schlussbericht der Enquete–Kommission des Deutschen Bundestages, Regensburg 2008, pp. 118 ff.

35 Dauschek, Anja: Management als Museumsaufgabe, in: Aus Politik und Zeitgeschichte, 57 (2007), 49, Spp. 10~26, 여기서는 22쪽. Dauschek, Anja (편): Museumsmanagement: Amerikanische Strategien in der deutschen Diskussion, Ehestorf 2001 또한 참조.

[36] te Heesen, Einführung, p. 25.

[37] Flügel, Einführung, p. 71.

[38] Baur, Ausstellen, p. 135.

[39] Krankenhagen, Stefan: Geschichte kuratieren, in: 같은 이/Vahrson, Geschichte kuratieren, 2017, pp. 9~14, 여기서는 9쪽.

[40] Gerchow, Jan 외 (편): Nicht von Gestern! Das historische museum frankfurt wird zum Stadtmuseum für das 21. Jahrhundert, in: Gesser 외, Das partizipative Museum, 2012, pp. 22~32, 여기서는 30쪽.

[41] Grünwald Steiger, Andreas: Information-Wissen-Bildung: Das Museum als Lernort, in: Walz, Handbuch Museum, 2016, pp. 278~282, 여기서는 278쪽.

[42] Deutscher Museumsbund e. V./Bundesverband Museumspädagogik in Zusammenarbeit mit dem Österreichischen Verband der Kulturvermittlerinnen im Museums- und Ausstellungswesen und Mediamus-Schweizerischer Verband der Fachleute für Bildung und Vermittlung im Museum (편): Qualitätskriterien für Museen: Bildungs- und Vermittlungsarbeit, Berlin 2008, p. 8, URL: http://www. museumswesen.smwk.sachsen.de/download/Qualitaetskriterien_ Museen_2008.pdf (검색일 2017. 11. 13).

[43] Schrübbers, Christiane: Einleitung, in: 같은 이, Moderieren im Museum, 2013, pp. 15~21, 여기서는 15쪽.

[44] Haug, Verena: Gedenkstättenpädagogik als Interaktion. Aushandlungen von Erwartungen und Ansprüchen vor Ort, in: Gryglewski, Gedenkstättenpädagogik, 2015, pp. 113~126, 여기서는 114쪽.

[45] Thimm, Barbara/Kößler, Gottfried/Ulrich, Susanne: Einführung, in: 같은

이, Verunsichernde Orte, 2010, pp. 9~17, 특히 10쪽부터 참조.

46 연방 정치 기념재단들의 공동 웹사이트 참조, URL: http://www.
politikergedenkstiftungen.de/ (검색일 2017. 11. 13).

47 기념일에 관한 자세한 설명은 Sack, Hilmar: Geschichte im politischen
Raum. Theorie – Praxis – Berufsfelder, Tübingen 2016, pp. 102~106.

48 이에 관해 다음을 보라. Mentel, Christian (편): Zeithistorische
Konjunkturen. Auftragsforschung und NS-Aufarbeitung in der
Bundesrepublik, in: Zeitgeschichte-online, Dezember 2012 (2015년 6월 갱
신), URL: http://www.zeitgeschichte-online.de/thema/zeithistorische-
konjunkturen (검색일 2017. 11. 13).

49 Obermüller, Gerhard/Prüfer, Thomas: Aus Geschichten Geschäfte
machen. Kleine Pragmatik des Historischen, in: Nießer/Tomann,
Angewandte Geschichte, 2014, pp. 77~96 참조.

50 Prüfer, Thomas: Markt und Möglichkeiten angewandter
Unternehmensgeschichte, in: Geschichte in Wissenschaft und Unterricht,
66 (2015), 3/4, pp. 133~140, 여기서는 135쪽.

51 Crivellari, Fabio: ,History Marketing'. Geschichte zwischen Wissenschaft
und Verkaufsargument, in: Akkumulation, 32 (2012), pp. 13~28, 여기서는
27쪽.

52 Grieger, Manfred: Zur Hybridisierung der Unternehmensgeschichte
durch Verwissenschaftlichung, Marketingisierung und Eventisierung: das
Beispiel Volkswagen, in: Kühberger/Pudlat, Vergangenheitsbewirtschaf-
tung, 2012, pp. 96~119, 여기서는 105쪽.

53 Gröbner, Touristischer Geschichtsgebrauch, pp. 417 f.

54 Eder, Walter: Geschichte und Tourismus, in: Bergmann 외, Handbuch

der Geschichtsdidaktik, 1997, pp. 718~727, 여기서는 722쪽부터 참조.

55 Hochmuth, Hanno: HisTourismus. Public History und Berlin-Tourismus, in: Kühberger/Pudlat, Vergangenheitsbewirtschaftung, 2012, pp. 173~182, 여기서는 173쪽.

56 Stone, Philip R.: A dark tourism spectrum. Towards a typology of death and macabre related tourist sites, attractions and exhibitions, in: Tourism, 54 (2006), 2, pp. 145~160, 여기서는 146쪽. Lennon, John J./Fohley, Malcom: Dark Tourism, London/New York 2000도 보라.

57 프리랜서 문화연구자 연방협회 회원 서비스, URL: http://www.b-f-k.de/service/info-honorare.php (검색일 2017. 11. 13).

58 예술가 사회보장보험 웹사이트 참조, URL: http://www.kuenstlersozialkasse.de/ (검색일 2017. 11. 13).

참고문헌

Alder, Barbara/de Brok, Barbara: Die perfekte Ausstellung. Ein Praxisleitfaden zum Projektmanagement von Ausstellungen, Bielefeld 2012.

Anderson, Jay: Living History: Simulating Everyday Life in Living Museums. American Quarterly, 34 (1982), 3, pp. 290~306.

Arendes, Cord/Siebold, Angela: Zwischen akademischer Berufung und privatwirtschaftlichem Beruf. Für eine Debatte um Ethik – und Verhaltenskodizes in der historischen Profession, in: Geschichte in Wissenschaft und Unterricht, 66 (2015), 3/4, pp. 152~166.

Arnold, Klaus/Hömberg, Walter/Kinnebrock, Susanne (편): Geschichtsjournalismus. Zwischen Information und Inszenierung, Münster 2010.

Arnold, Klaus: Geschichtsjournalismus–ein Schwellenressort? Arbeitsweisen, Themen und Selbstverständnis von Geschichtsjournalisten in Deutschland, in: 같은 이/Hömberg/Kinnebrock, Geschichtsjournalismus, 2010, pp. 87~107.

Ashton, Paul/Kean, Hilda (eds.): People and their Pasts. Public History

Today, Basingstoke 2009.

Ashton, Paul: Introduction: Going Public, in: Public History Review, 17 (2010), pp. 1~15.

Asmuss, Burkhard: „Chronistenpflicht" und „Sammlerglück". Die Sammlung „Zeitgeschichtliche Dokumente" am Deutschen Historischen Museum, in: Zeithistorische Forschungen, 4 (2007), 1~2, pp. 177~188.

Attfield, Judy: Wild Things: The Material Culture of Everyday Life (Materializing Culture), Oxford 2000.

Aumann, Philipp/Duerr, Frank: Ausstellungen machen, München 2013.

Baensch, Tanja/Kratz−Kessemeier, Kristina/Wimmer, Dorothee (편): Museen im Nationalsozialismus. Akteure−Orte−Politik, Köln 2016.

Bannasch, Bettina/Hammer, Almuth (편): Verbot der Bilder−Gebot der Erinnerung. Mediale Repräsentationen der Schoah, Frankfurt/M. 2004.

Barricelli, Michele/Hornig, Julia (편): Aufklärung, Bildung, „Histotainment"? Zeitgeschichte in Unterricht und Gesellschaft heute, Frankfurt/M. 2008.

Barricelli, Michele/Lücke, Martin (편): Handbuch Praxis des Geschichtsunterrichts, 2 Bde., Schwalbach/Ts. 2012.

Barricelli, Michele: Narrativität, in: Barricelli/Lücke, Handbuch Praxis des Geschichtsunterrichts, 2012, pp. 255~280.

Barricelli, Michele: Schüler erzählen Geschichte. Narrative Kompetenz im Geschichtsunterricht, Schwalbach/Ts. 2005.

Baur, Joachim (편): Museumsanalyse. Methoden und Konturen eines neuen Forschungsfeldes, Bielefeld 2010.

Baur, Joachim: Ausstellen. Trends und Tendenzen im kulturhistorischen Feld, in: Graf/Rodekamp, Museen zwischen Qualität und Relevanz, 2012, pp. 131~144.

Baur, Joachim: Die Musealisierung der Migration. Einwanderungsmuseen und die Inszenierung der multikulturellen Nation, Bielefeld 2009.

Baur, Joachim: Museumsanalyse: Zur Einführung, in: 같은 이, Museumsanalyse, 2010, pp. 7~14.

Baur, Joachim: Spezialmuseen, in: Graf/Rodekamp, Museen zwischen Qualität und Relevanz, 2012. pp. 357~365.

Behindertenrechtskonvention der Vereinten Nationen, URL: http://www. behindertenrechtskonvention.info/bildung-3907/ (검색일 2015. 11. 13) und http://www.behindertenrechtskonvention.info/allgemeine-grundsaetze-3765/ (검색일 2017. 11. 13).

Beier, Rosmarie (편): Geschichtskultur in der Zweiten Moderne, Frankfurt/M. 2000.

Beier-de Haan, Rosmarie: Erinnerte Geschichte-Inszenierte Geschichte. Ausstellungen und Museen in der Zweiten Moderne, Frankfurt/M. 2005.

Beier-de Haan, Rosmarie: Geschichte, Erinnerung, Repräsentation. Zur Funktion von Zeitzeugen in zeithistorischen Ausstellungen im Kontext einer neuen Geschichtskultur, in: Kalinke, Zeitzeugenberichte 2011/2012, pp. 1~15, URL: http://www.bkge.de/52803.html (검색일 2017. 11. 13).

Bender, Steffen: Virtuelles Erinnern. Kriege des 20. Jahrhunderts in Computerspielen, Bielefeld 2012.

Bergmann, Klaus (편): Handbuch der Geschichtsdidaktik, Bd. 1, Düsseldorf 1979.

Bergmann, Klaus 외 (편): Handbuch der Geschichtsdidaktik, 5. überarb. Aufl. Seelze-Velber 1997.

Bergmann, Klaus: Gegenwartsbezug im Geschichtsunterricht, 2. Aufl. Schwalbach/Ts. 2008.

Bergmann, Klaus: Multiperspektivität, in: 같은 이 외, Handbuch der Geschichtsdidaktik, 1997, pp. 301~303.

Bergmann, Klaus: Multiperspektivität, in: 같은 이, Handbuch der Geschichtsdidaktik, 1979, pp. 216~218.

Bergmann, Klaus: Multiperspektivität, in: Mayer 외, Handbuch Methoden im Geschichtsunterricht, 2007, pp. 65~77.

Bergmann, Klaus: Multiperspektivität. Geschichte selber denken, Schwalbach/Ts. 2000.

Bergmann, Klaus: Personalisierung, Personifizierung, in: Bergmann 외, Handbuch der Geschichtsdidaktik, 1997, pp. 298~300.

Bernsen, Daniel/Kerber, Ulf (편): Praxishandbuch Historisches Lernen und Medienbildung im digitalen Zeitalter, Opladen 2017.

Blanke, Horst Walter: Stichwortgeber. Die Rolle der „Zeitzeugen" in G. Knopps Fernsehdokumentationen, in: Oswalt/Pandel, Geschichtskultur, 2009, pp. 63~74.

Blaschke, Olaf/Schulze, Hagen (편): Geschichtswissenschaft und Buchhandel in der Krisenspirale? Eine Inspektion des Feldes in historischer, internationaler und wirtschaftlicher Perspektive, München 2006.

Bluche, Lorraine 외 (편): NeuZugänge. Museen, Sammlungen und Migration. Eine Laborausstellung, Bielefeld 2013.

Bohnenkamp, Anne 외 (편): Häuser der Erinnerung. Zur Geschichte der Personengedenkstätte in Deutschland, Leipzig 2015.

Borries, Bodo: Historischer „Spielfilm" und „Dokumentation" – Bemerkung

zu Beispielen, in: Kühberger/Lübke/Terberger, Wahre Geschichte –
Geschichte als Ware, 2007, pp. 187~212.

Borsdorf, Ulrich/Grütter, Heinrich Theodor (편): Orte der Erinnerung.
Denkmal, Gedenkstätte, Museum, Frankfurt/M. 1999.

Bösch, Frank/Goschler, Constantin: Der Nationalsozialismus und die
deutsche Public History, in: 같은 이, Public History, 2009, pp. 7~23.

Bösch, Frank/Goschler, Constantin (편): Public History. Öffentliche
Darstellungen des Nationalsozialismus jenseits der Geschichtswissenschaft,
Frankfurt/M. 2009.

Bösch, Frank: Geschichte mit Gesicht. Zur Genese des Zeitzeugen in
Holocaust-Dokumentationen seit den 1950er Jahren, in: Fischer/Wirtz,
Alles authentisch?, 2008, pp. 51~72.

Bösch, Frank: Journalisten als Historiker: Die Medialisierung der
Zeitgeschichte nach 1945, in: Oswalt/Pandel, Geschichtskultur, 2009, pp.
47~62.

Brauburger, Stefan: Fiktionalität oder Fakten: welche Zukunft hat die
zeitgeschichtliche Dokumentation?, in: Korte/Paletschek, History goes
pop, 2009, pp. 203~213.

Brauer, Juliane/Lücke, Martin (편): Emotionen, Geschichte und historisches
Lernen. Geschichtsdidaktische und geschichtskulturelle Perspektiven,
Göttingen 2013.

Bredekamp, Horst: Schlussvortrag: Bild-Akt-Geschichte, in
Geschichtsbilder. 46. Deutscher Historikertag vom 19.-22. September
2006 in Konstanz. Berichtsband, Konstanz 2007, pp. 289~309.

Brink, Cornelia: Ikonen der Vernichtung: öffentlicher Gebrauch von

Fotografien aus nationalsozialistischen Konzentrationslagern nach 1945, Berlin 1998.

Bundeszentrale für politische Bildung, Beutelsbacher Konsens, 2011년 4월 7일, URL: http://www.bpb.de/die-bpb/51310/beutelsbacher-konsens (검색일 2017. 11. 13).

Burghard, Manfred: Einführung in das Projektmanagement. Definition, Planung, Kontrolle, Abschluß, Erlangen 2007.

Butterwegge, Christoph: Armut in einem reichen Land. Wie das Problem verharmlost und verdrängt wird, Frankfurt/M. 2009.

Carstensen, Jan/Meiners, Uwe/Mohrmann, Ruth (편): Living History im Museum. Möglichkeiten und Grenzen einer populären Vermittlungsform, Münster 2008.

Cauvin, Thomas: Why We Should all Become Public Historians?, in: Public History Weekly, 4 (2016), 42, URL: https://public-history-weekly. degruyter.com/4-2016-42/why-we-should-all-become-public-historians/ (검색일 2017. 11. 13).

Cauvin, Thomas: Public History. A Textbook of Practice, New York 2016.

Cippitelli, Claudia/Schwanebeck, Axel (편): Fernsehen macht Geschichte. Vergangenheit als TV-Ereignis, Baden-Baden 2009.

Clifford, James: Museums as Contact Zones, in: 같은 이: Routes. Travel and Translation in the Late Twentieth Century, Cambridge/Mass. 1997, pp. 188~219.

Cohen, Daniel/Rosenzweig, Roy: Digital History. A Guide to Gathering, Preserving, and Presenting the Past on the Web, URL: http://chnm.gmu. edu/digitalhistory/ (검색일 2017. 11. 13).

Cole, Charles C.: Public History: What Difference Has It Made?, in: The Public Historian, 16 (1994), 4, pp. 9~35.

Connell, Raewyn: Gender, Cambridge 2002.

Corbett, Kathy/Miller, Dick: What's in a Name?, H-Public Discussion Networks, May 2007, URL:http://h-net.msu.edu/cgi-bin/logbrowse. pl?trx=vx&list=h-public&month=0705&week=e&msg=aVngv/ iJbMn6XgpXbtnoiw&user=&pw= (검색일 2017. 11. 13).

Cornelißen, Christoph: Erinnerungskulturen, Version: 2.0, in: Docupedia-Zeitgeschichte, 2012년 10월 22일, URL: https://docupedia.de/zg/ Erinnerungskulturen_Version_2.0_Christoph_Cornelißen (검색일 2017. 11. 13).

Crivellari, Fabio: 'History Marketing'. Geschichte zwischen Wissenschaft und Verkaufsargument, in: Akkumulation, 32 (2012), pp. 13~28.

Czech, Alfred/Kirmeier, Josef/Sgoff, Brigitte (편): Museumspädagogik. Ein Handbuch. Grundlagen und Hilfen für die Praxis, Schwalbach/Ts. 2014.

Damisch, Hubert: Der Ursprung der Perspektive, München 2010.

Danker, Uwe/Schwabe, Astrid: Geschichte im Internet, Stuttgart 2017.

Danniau, Fien: Public History in a Digital Context. Back to the Future or Back to Basics?, in: BMGN-Low Countries Historical Review, 128 (2013), 4, pp. 118~144.

Dauschek, Anja (편): Museumsmanagement: Amerikanische Strategien in der deutschen Diskussion, Ehestorf 2001.

Dauschek, Anja: Management als Museumsaufgabe, in: Aus Politik und Zeitgeschichte, 57 (2007), 49, pp. 10~26.

Dawid, Evelyn/Schlesinger, Robert (편): Text in Museen und Ausstellungen,

Bielefeld 2002.

De Jong, Steffi: Bewegte Objekte. Einleitende Gedanken zur Musealisierung des Zeitzeugen, in: Schmidt, Sibylle/Krämer, Sybille/Voges, Ramon (편): Politik der Zeugenschaft. Zur Kritik einer Wissenspraxis, Bielefeld 2011, pp. 243~264.

DeGroot, Jerome: Consuming History. Historians and heritage in Contemporary popular culture, Oxon 2009.

Demantowsky, Marko/Pallaske, Christoph (편): Geschichte lernen im digitalen Wandel, Berlin/München/Boston 2015.

Demantowsky, Marko: „Public History" – Aufhebung einer deutschsprachigen Debatte?, in: Public History Weekly, 3 (2015), 2, URL: https://public-history-weekly.degruyter.com/3-2015-2/public-history-sublation-german-debate/ (검색일 2017. 11. 13).

Deutscher Bundestag (편): Kultur in Deutschland. Schlussbericht der Enquete-Kommission des Deutschen Bundestages, Regensburg 2008.

Deutscher Bundestag: Fortschreibung der Gedenkstättenkonzeption des Bundes. Verantwortung wahrnehmen, Aufarbeitung verstehen, Gedenken vertiefen, Drucksache 16/9875, 2008년 6월 19일, URL: https://www.bundesregierung.de/Content/DE/StatischeSeiten/Breg/BKM/2016-10-25-gedenkstaettenkonzeption.html (검색일 2017. 11. 13).

Deutscher Museumsbund (편): Leitfaden für das wissenschaftliche Volontariat am Museum, URL: http://www.museumsbund.de/wp-content/uploads/2017/03/leitfaden-volontariat-2009.pdf (검색일 2017. 11. 13).

Deutscher Museumsbund (편): Nachhaltiges Sammeln. Ein Leitfaden zum Sammeln und Abgeben von Museumsgut, Berlin/Leipzig 2011, URL:

http://www.museumsbund.de/wp-content/uploads/2017/03/leitfaden-nachhaltiges-sammeln.pdf (검색일 2017. 11. 13).

Deutscher Museumsbund e. V. (편): Museen, Migration und kulturelle Vielfalt. Handreichungen für die Museumsarbeit, Berlin 2015, URL: http://www.kultur-oeffnet-welten.de/media/images_content/qs/leitfaden_kulturellevielfalt.pdf (검색일 2017. 11. 13).

Deutscher Museumsbund e. V./Bundesverband Museumspädagogik e. V./ Bundeskompetenzzentrum Barrierefreiheit e. V. (편): Das inklusive Museum. Ein Leitfaden zu Barrierefreiheit und Inklusion, Berlin 2013, URL: http://www.pro-retina.de/dateien/ea_das_inklusive_museum.pdf (검색일 2017. 11. 13).

Deutscher Museumsbund e. V./Bundesverband Museumspädagogik in Zusammenarbeit mit dem Österreichischen Verband der Kulturvermittlerinnen im Museums - und Ausstellungswesen und Mediamus - Schweizerischer Verband der Fachleute für Bildung und Vermittlung im Museum (편): Qualitätskriterien für Museen: Bildungs- und Vermittlungsarbeit, Berlin 2008, p. 8, URL: http://www.museumswesen.smwk.sachsen.de/download/Qualitaetskriterien_Museen_2008.pdf (검색일 2017. 11. 13).

Drieschner, Carsten: Living History als Freizeitbeschäftigung - Der Wikingerverein „Opinn Skjold e. V.", in: Schleswig. Kieler Blätter zur Volkskunde, 37 (2005), pp. 31~61.

Duisberg, Heike (편): Living History in Freilichtmuseen: Neue Wege der Geschichtsvermittlung, Rosengarten-Ehestorf 2008.

Eder, Walter: Geschichte und Tourismus, in: Bergmann 외, Handbuch der

Geschichtsdidaktik, 1997, pp. 718~726.

Elpers, Sophie/Palm, Anna (편): Die Musealisierung der Gegenwart. Von Grenzen und Chancen des Sammelns in Kulturhistorischen Museen, Bielefeld 2014.

Endlich, Stefanie: Orte des Erinnerns – Mahnmale und Gedenkstätten, in: Reichel, Peter/Schmid, Harald/Steinbach, Peter (편): Der Nationalsozialismus – Die zweite Geschichte. Überwindung – Deutung – Erinnerung, München 2009, pp. 350~377.

Ernst, Christian (편): Geschichte im Dialog? ,DDR–Zeitzeugen in Geschichtskultur und Bildungspraxis, Schwalbach/Ts. 2014.

Eschebach, Insa: Öffentliches Gedenken. Deutsche Erinnerungskulturen seit der Weimarer Republik, Frankfurt/M. 2005.

Eschebach, Insa: Zur Visualisierung von Erinnerungen in der Gedenkstättenpraxis, in: Grieger, Manfred/Gutzmann, Ulrike/Schlinkert, Dirk (편): Die Zukunft der Erinnerung. Eine Wolfsburger Tagung, Wolfsburg 2008, pp. 37~46.

Faulenbach, Bernd/Jelich, Franz–Josef (편): „Asymmetrisch verflochtene Parallelgeschichte?“. Die Geschichte der Bundesrepublik und der DDR in Ausstellungen, Museen und Gedenkstätten, Essen 2005.

Faulstich, Werner: „Unterhaltung“ als Schlüsselkategorie von Kulturwissenschaft: Begriffe, Probleme, Stand der Forschung, Positionsbestimmung, in: 같은 이/Knop, Karin: Unterhaltungskultur, München 2006, pp. 7~20.

Fehr, Michael: Müllhalde oder Museum. Endstation in der Industriegesellschaft, in: 같은 이/Grohé, Stefan (편): Geschichten, Bild,

Museum. Zur Darstellung von Geschichte im Museum, Köln 1989, pp. 182~196.

Fischer, Thomas/Schuhbauer, Thomas: Geschichte in Film und Fernsehen. Theorie − Praxis − Berufsfelder, Tübingen 2016.

Fischer, Thomas/Wirth, Rainer (편): Alles authentisch? Popularisierung der Geschichte im Fernsehen, Konstanz 2008.

Fischer, Thomas: Ereignis und Erleben. Entstehung und Merkmale des zeitgenössischen dokumentarischen Geschichtsfernsehens, in: Korte/ Paletschek (편): History goes pop, 2009, pp. 191~202.

Flügel, Kathrin: Einführung in die Museologie, Darmstadt 2005.

Föhl, Patrick S./Glogner−Pilz, Patrick: Kulturmanagement als Wissenschaft. Grundlagen − Entwicklungen − Perspektiven. Einführung für Studium und Praxis, Bielefeld 2017.

Frahm, Ole: Von Holocaust zu Holokaust. Guido Knopps Aneignung der Vernichtung der europäischen Juden, in: 1999. Zeitschrift für Sozialgeschichte des 20. und 21. Jahrhunderts, 17 (2002), 2, pp. 128~138.

Francois, Etienne/Schulze, Hagen (편): Deutsche Erinnerungsorte, 3 Bände, München 2001.

Frech, Siegfried/Richter, Dagmar (편): Der Beutelsbacher Konsens. Bedeutung, Wirkung, Kontroversen, Schwalbach/Ts. 2017.

Fröhlich, Claudia/Heinrich, Horst−Alfred: Geschichtspolitik. Wer sind ihre Akteure, wer ihre Rezipientin?, Stuttgart 2004.

Garbe, Detlef: Die Gedenkstättenkonzeption des Bundes: Förderinstrument im geschichtspolitischen Spannungsfeld, in: Gedenkstätten−Rundbrief, 6 (2016), pp. 3~17.

Geertz, Clifford: Dichte Beschreibung. Beiträge zum Verstehen kultureller Systeme, Frankfurt/M. 1983.

Geißler, Cornelia: Individuum und Masse – Zur Vermittlung des Holocaust in deutschen Gedenkstättenausstellungen, Bielefeld 2015.

Geppert, Alexander C.T.: Forschungstechnik oder historische Disziplin? Methodische Probleme der Oral History, in: Geschichte in Wissenschaft und Unterricht, 45 (1994), 5, pp. 303~323.

Gerchow, Jan 외.: Nicht von Gestern! Das historische museum frankfurt wird zum Stadtmuseum für das 21. Jahrhundert, in: Gesser 외, Das partizipative Museum, 2012, pp. 22~32.

Gesetz zur Errichtung einer Stiftung „Erinnerung, Verantwortung und Zukunft" vom 2.8.2000. URL: http://www.stiftung-evz.de/stiftung/gesetz-der-stiftung-evz.html (검색일 2017. 11. 13).

Gesser, Susanne (편): Das partizipative Museum. Zwischen Teilhabe und User Generated Content. Neu Anforderungen an kulturhistorische Ausstellungen, Bielefeld 2012.

Gesser, Susanne, 외: Das partizipative Museum, in: 같은 이, Das partizipative Museum, 2012, pp. 10~15.

Gfrereis, Heike/Thiemeyer, Thomas/Tschofen, Bernhard (편): Museen verstehen. Begriffe der Theorie und Praxis, Göttingen 2015.

Graf, Bernhard/Rodekamp, Volker (편): Museen zwischen Qualität und Relevanz. Denkschrift zur Lage der Museen, Berlin 2012.

Grieger, Manfred: Zur Hybridisierung der Unternehmensgeschichte durch Verwissenschaftlichung, Marketingisierung und Eventisierung: das Beispiel Volkswagen, in: Kühberger/Pudlat, Vergangenheitsbewirtschaftung, 2012, pp. 96~119.

Gröbner, Valentin: Touristischer Geschichtsgebrauch: Über einige Merkmale neuer Vergangenheiten im 20. und 21. Jahrhundert, in: Historische Zeitschrift, (2013), pp. 408~428.

Groothuis, Rainer: Wie kommen die Bücher auf die Erde? Über Verleger und Autoren, Hersteller, Verkäufer und: das schöne Buch. Nebst einer kleinen Warenkunde, überarb. und erw. Neuausg., Köln 2007.

Große Burlage, Martin: Große historische Ausstellungen in der Bundesrepublik Deutschland 1960~2000, Münster 2005.

Grotrian, Etta: Geschichtswerkstätten und Alternative Geschichtspraxis in den Achtzigern, in: Hardtwig/Schug, History Sells!, 2009, pp. 243~253.

Grotrian, Etta: Kontroversen um die Deutungshoheit. Museumsdebatte, Historikerstreit und „neue Geschichtsbewegung" in der Bundesrepublik der 1980er Jahre, in: Zeitschrift für Religions— und Geistesgeschichte, 61 (2009), pp. 372~389.

Grünwald Steiger, Andreas: Information – Wissen – Bildung: Das Museum als Lernort, in: Walz, Handbuch Museum, 2016, pp. 278~282.

Gryglewski, Elke 외 (편): Gedenkstättenpädagogik. Kontext, Theorie und Praxis der Bildungsarbeit zu NS–Verbrechen, Berlin 2015.

Gryglewski, Elke: Gedenkstättenarbeit in der heterogenen Gesellschaft, in: 같은 이, Gedenkstättenpädagogik, 2015, pp. 166~178.

Gundermann, Christine: Jenseits von Asterix. Comics im Geschichtsunterricht, 2. Aufl. Schwalbach/Ts. 2017.

Hacke, Daniela: Hearing Cultures. Plädoyer für eine Klanggeschichte des Bauernkriegs, in: Geschichte in Wissenschaft und Unterricht, 66 (2015),

11/12, pp. 650~662.

Hagemann, Susanne: „Leere Gesten"? Darstellungsmuster in Ausstellungen zur NS-Zeit, in: Museumsverband des Landes Brandenburg (편): Entnazifizierte Zone? Zum Umgang mit der Zeit des Nationalsozialismus in ostdeutschen Stadt- und Regionalmuseen, Bielefeld 2015, pp. 77~92.

Hagemann-White, Carol: Intersektionalität als theoretische Herausforderung für die Geschlechterforschung, in: Smykalla/Vinz, Intersektionalität zwischen Gender und Diversity, 2011, pp. 20~33.

Hahn, Hans Peter/Eggert, Manfred K.H./Samida, Stefanie (편): Einleitung, in: 같은 이, Handbuch Materielle Kultur, 2014, pp. 1~12.

Hamann, Christoph: Bildquellen im Geschichtsunterricht, in: Barricelli/ Lücke, Handbuch Praxis des Geschichtsunterrichts, 2012, pp. 108~124.

Hammermann, Gabriele/Riedel, Dirk (편): Sanierung – Rekonstruktion – Neugestaltung. Zum Umgang mit historischen Bauten in Gedenkstätten, Göttingen 2014.

Handro, Saskia: Mutationen. Geschichte im kommerziellen Fernsehen, in: Oswalt/Pandel, Geschichtskultur, 2009, pp. 75~97.

Hanemann, Andy/Oels, David: Einleitung, in: 같은 이 (편): Sachbuch und populäres Wissen im 20. Jahrhundert, Frankfurt/M. 2008, pp. 7~25.

Hardtwig, Wolfgang/Schug, Alexander: History Sells! Angewandte Geschichte als Wissenschaft und Markt, Stuttgart 2009.

Hartung, Olaf (편): Museum und Geschichtskultur. Ästhetik – Politik – Wissenschaft, Bielefeld 2006.

Hartung, Olaf: Kleine deutsche Museumsgeschichte. Von der Aufklärung bis zum frühen 20. Jahrhundert, Köln 외 2010.

Hasberg, Wolfgang/Thünemann, Holger (편): Geschichtsdidaktik in der Diskussion: Grundlagen und Perspektiven, Frankfurt/M. 2016.

Hasberg, Wolfgang: Erinnerungs- oder Geschichtskultur? Überlegungen zu zwei (un)vereinbaren Konzeptionen zum Umgang mit Gedächtnis und Geschichte, in: Hartung, Museum und Geschichtskultur, 2006, pp. 32~59.

Haug, Verena: Am „authentischen Ort". Paradoxien der Gedenkstättenpädagogik, Berlin 2015.

Haug, Verena: Gedenkstättenpädagogik als Interaktion. Aushandlungen von Erwartungen und Ansprüchen vor Ort, in: Gryglewski 외, Gedenkstätten-pädagogik, 2015, pp. 113~126.

Heinze, Carl: Mittelalter Computer Spiele. Zur Darstellung und Modellierung von Geschichte im populären Computerspiel, Bielefeld 2012.

Heßler, Martina: Bilder zwischen Kunst und Wissenschaft. Neue Herausforderungen für die Forschung, in: Geschichte und Gesellschaft, 31 (2005), pp. 266~292.

Heyl, Matthias: Bildverbot und Bilderfluten, in: Bannasch/Hammer: Verbot der Bilder – Gebot der Erinnerung, 2004, pp. 117~129.

Hiller, Marlene P.: Der Spagat zwischen Öffentlichkeit und Wissenschaft. Oder: Geschichte schreiben für Liebhaber, in: Horn/Sauer, Geschichte und Öffentlichkeit, 2009, S 161~168.

Hiller, Marlene: Geschichte für Liebhaber. Oder: was Damals seinen Lesern zu bieten hat, in: Geschichte in Wissenschaft und Unterricht, 54 (2003), 2, pp. 85~90.

Hinz, Andreas: Inklusion, in: Antor, Georg/Bleidick, Ulrich (편):

Handlexikon der Behindertenpädagogik. Schlüsselbegriffe aus Theorie und Praxis, Stuttgart 2006, pp. 97~99.

Hochbruck, Wolfgang: ,Belebte Geschichte1': Deliminationen der Anschaulichkeit im Geschichtstheater, in: Korte/Paletschek, History goes Pop, 2009, pp. 215~230.

Hochbruck, Wolfgang: Geschichtstheater. Formen der „Living History". Eine Typologie, Bielefeld 2013.

Hochmuth, Hanno: HisTourismus. Public History und Berlin-Tourismus, in: Kühberger/Pudlat, Vergangenheitsbewirtschaftung, 2012, pp. 173~182.

Hoffmann, Detlef: Zeitgeschichte aus Spuren ermitteln. Ein Plädoyer für ein Denken vom Objekt aus, in: Zeithistorische Forschungen, 4 (2007), pp. 200~210.

Homberg, Walter: Die Aktualität der Vergangenheit. Konturen des Geschichtsjournalismus, in: Arnold/Hömberg/Kinnebrock, Geschichtsjournalismus, 2010.

Horn, Sabine/Sauer, Michael (편): Geschichte und Öffentlichkeit. Orte – Medien – Institutionen, Göttingen 2009.

Iser, Wolfgang: Der Akt des Lesens. Theorie ästhetischer Wirkung, 3. Aufl. München 1990.

Janeke, Kristiane: „Nicht gelehrter sollen die Besucher eine Ausstellung verlassen, sondern gewitzter". Historiker zwischen Theorie und Praxis, in: Zeithistorische Forschungen, 4 (2007), 1~2, pp. 189~199.

Jeisman, Karl-Ernst: Geschichtsbewußtsein – Theorie, in: Bergmann 외, Handbuch der Geschichtsdidaktik, 1997, pp. 42~44.

Jordan, Stefan: Theorien und Methoden der Geschichtswissenschaft.

Orientierung Geschichte, Paderborn 2009.

Jordanova, Ludmilla: History in Practice, London 2000.

Kalinke, Heinke M. (편): Zeitzeugenberichte zur Kultur und Geschichte der Deutschen im östlichen Europa im 20. Jahrhundert. Neue Forschungen. Oldenburg, Bundesinstitut für Kultur und Geschichte der Deutschen im östlichen Europa, 2011/2012, URL: http://www.bkge.de/52803.html (검색일 2017. 11. 13).

Kaminsky, Anne (편): Orte des Erinnerns. Gedenkzeichen, Gedenkstätten und Museen zur Diktatur in SBZ und DDR, Berlin 2007.

Kean, Hilda/Martin, Paul/Morgan, Sally J.: Seeing History. Public History in Britain Now, London 2000.

Keilbach, Judith: Fernsehbilder der Geschichte. Anmerkungen zur Darstellung des Nationalsozialismus in den Geschichtsdokumentationen des ZDF, in: 1999. Zeitschrift für Sozialgeschichte des 20. und 21. Jahrhunderts, 17 (2002), 2, pp. 102~113.

Keilbach, Judith: Geschichte im Fernsehen, in: Horn/Sauer, Geschichte und Öffentlichkeit, 2009, pp. 151~168.

Keilbach, Judith: Geschichtsbilder und Zeitzeugen. Zur Darstellung des Nationalsozialismus im bundesdeutschen Fernsehen, Münster 2008.

Kellerhoff, Sven Felix: Geschichte muss nicht knallen – Zwischen Vermittlung und Vereinfachung: Plädoyer für eine Partnerschaft von Geschichtswissenschaft und Geschichtsjournalismus, in: Barricelli/ Hornig, Aufklärung, Bildung, „Histotainment"?, 2008, pp. 147~158.

Kellerhoff, Sven Felix: Viel ist nicht genug. Historiker im professionellen Journalismus, in: Kleinehagenbrock, Frank/Petersen, Stefan: Berufsfelder

für Historikerinnen und Historiker sowie Studierende anderer
Geisteswissenschaften. Ein Leitfaden, Würzburg 2011, pp. 48~59.

Kelly, Robert: Public History: Its Origins, Nature, and Prospects, in: The
Public Historian, 1 (1978), 1, pp. 16~28.

Kerner, Ina: Differenzen und Macht. Zur Anatomie von Rassismus und
Sexismus, Frankfurt/M. 2009.

Kirchhoff, Heike/Schmidt, Martin (편): Das magische Dreieck. Die
Museumsausstellung als Zusammenspiel von Kuratoren, Museumspädagogen
und Gestaltern, Bielefeld 2007.

Kirsch, Jan-Holger (편): Das Holocaust-Mahnmal und die Geschichte seiner
Entstehung. Pressestimmen, digitale Reprints, Rezensionen, Bibliographie,
in: Zeitgeschichte-online, Juni 2005, URL: http://www.zeitgeschichte-
online.de/thema/das-holocaust-mahnmal-und-die-geschichte-seiner-
entstehung (검색일 2017. 11. 13).

Kirsch, Jan-Holger: Nationaler Mythos oder historische Trauer. Der Streit
um ein zentrales „Holocaust Mahnmal" für die Berliner Republik, Köln 외
2003.

Klinger, Cornelia/Knapp, Gudrun-Axeli/Sauer, Birgit (편): Achsen der
Ungleichheit. Zum Verhältnis von Klasse, Geschlecht und Ethnizität,
Frankfurt/M. 2007.

Klinger, Cornelia/Knapp, Gudrun-Axeli: Achsen der Ungleichheit – Achsen
der Differenz: Verhältnisbestimmung von Klasse, Geschlecht, „Rasse"/
Ethnizität, in: 같은 이/Sauer, Achsen der Ungleichheit, 2007, pp. 19~41.

Knigge, Volkhard: Gedenkstätten und Museen, in: 같은 이/Frei, Norbert (편):
Verbrechen erinnern. Die Auseinandersetzung mit Holocaust und

Völkermord, München 2002, pp. 378~389.

Knoch, Habbo: Die Tat als Bild. Fotografien des Holocaust in der deutschen Erinnerungskultur, Hamburg 2001.

Knoch, Habbo: Gedenkstätten, in: Version: 1.0, in: Docupedia-Zeitgeschichte, 2018년 11월 9일, URL: https://docupedia.de/zg/Knoch_gedenkstaetten_v1_de_2018 (검색일 2020. 9. 27)

Knoch, Habbo: Spurensuche. NS-Gedenkstätten als Orte der Zeitgeschichte, in: Bösch/Goschler, Public History, 2009, pp. 190~218.

Knoch, Habbo: Wem gehört die Geschichte? Aufgaben der „Public History" als wissenschaftlicher Disziplin, in: Hasberg/Thünemann, Geschichtsdidaktik in der Diskussion, 2016, pp. 303~345.

Knoch, Habbo: „Ferienlager" und „gefoltertes Leben". Periphere Räume in ehemaligen Konzentrationslagern, in: Hammermann/Riedel, Sanierung, Rekonstruktion, Neugestaltung, 2014, pp. 32~49.

Korff, Gottfried: Bildwelt Ausstellung. Die Darstellung von Geschichte im Museum, in: Borsdorf/Grütter, Orte der Erinnerung, 1999, pp. 319~335.

Korff, Gottfried: Die „Ecomusees" in Frankreich – eine neue Art, die Alltagsgeschichte einzuholen (1982), in: 같은 이: Museumsdinge deponieren – exponieren, hrsg. von Eberspächer/König/Tschofen, 2007, pp. 75~84.

Korff, Gottfried: Museumsdinge deponieren – exponieren, hrsg. von Martina Eberspächer, Gudrun Malene König, Bernhard Tschofen, Köln 외 2. erg. Auflage 2007.

Korff, Gottfried: Zur Eigenart der Museumsdinge (1992), in: 같은 이: Museumsdinge deponieren – exponieren, hrsg. von Eberspächer/ König/ Tschofen, 2007, pp. 140~145.

Körte-Braun, Bernd: Erinnern in der Zukunft: Frag das Hologramm, in: Yad Vashem E-Newsletter für die deutschsprachigen Länder, o. J., URL: http://www.yad-vashem.org.il/yv/de/education/newsletter/10/article_korte.asp (검색일 2017. 11. 13).

Korte, Barbara/Paletschek, Sylvia: Geschichte in populären Medien und Genres. Vom historischem Roman zum Computerspiel, in: 같은 이, History goes Pop, 2009, pp. 9~60.

Korte, Barbara/Paletschek, Sylvia: History goes Pop. Zur Repräsentation von Geschichte in populären Medien und Genres, Bielefeld 2009.

Koselleck, Reinhart: Darstellung, Ereignis und Struktur, in: 같은 이: Vergangene Zukunft. Zur Semantik geschichtlicher Zeiten, Frankfurt/M. 1989, pp. 144~157.

Kößler, Gottfried: Aura und Ordnung. Zum Verhältnis von Gedenkstätten und Museen, in: Gryglewski 외, Gedenkstättenpädagogik, 2015, pp. 67~81.

Krankenhagen, Stefan: Geschichte kuratieren, in: 같은 이/Vahrson, Viola (편): Geschichte kuratieren. Kultur - und kunstwissenschaftliche An-Ordnungen der Vergangenheit, Köln 외 2017, pp. 9~14.

Kühberger Christoph/Pudlat, Andreas (편): Vergangenheitsbewirtschaftung. Public History zwischen Wirtschaft und Wissenschaft, Innsbruck 외 2012.

Kühberger, Christoph/Lübke, Christian/Terberger, Thomas (편): Wahre Geschichte - Geschichte als Ware. Die Verantwortung der historischen Forschung für Wissenschaft und Gesellschaft, Rahden/Westf. 2007.

Kühberger, Christoph/Sedmak, Clemens: Die Verantwortung der Historikerinnnen und Historiker - Systematische Reflexionen zu einem

Teilbereich einer Ethik der Geschichtswissenschaft, in: Kühberger/Lübke/
Terberger, Wahre Geschichte – Geschichte als Ware, 2007, pp. 1~26.

Kühberger, Christoph/Sedmak, Clemens: Ethik der Geschichtswissenschaft,
Wien 2008.

Kuhn, Bärbel 외 (편): Geschichte erfahren im Museum, St. Ingbert 2014.

KZ–Gedenkstätte Neuengamme (편): Gedenkstätten und Geschichtspolitik,
Bremen 2015.

Langewiesche, Dieter: Die Geschichtsschreibung und ihr Publikum. Zum
Verhältnis von Geschichtswissenschaft und Geschichtsmarkt, in: Hein,
Dieter/Hildebrand, Klaus/Schulz, Andreas (편): Historie und Leben. Der
Historiker als Wissenschaftler und Zeitgenosse, München 2006, pp.
311~326.

Lässig, Simone: Clio in Disneyland? Nordamerikanische Living History
Museen als außerschulische Lernorte, in: Zeitschrift für Geschichtsdidaktik,
5 (2006), pp. 44~69.

Lehne, Adrian/Lücke, Martin: Teaching Queer History. Ein Projekt zur
Geschichte sexueller Vielfalt am Arbeitsbereich Didaktik der Geschichte,
in: Zentrale Frauenbeauftragte der Freien Universität Berlin (편):
Wissenschaftlicher–Rundbrief 2 (2013), pp. 11~14.

Lehne, Adrian/Lücke, Martin: Teaching Queer History. Ein Queer History
Month in Berlin, in: Invertito, 15 (2013), pp. 205~208.

Lemke, Thomas: Dokumentarisches Fernsehen in der Bundesrepublik
Deutschland. Grundlagen der Produktion, der Technik und der
quantitativen Entwicklung, Diss., Hamburg 2012.

Lennon, John J./Fohley, Malcom: Dark Tourism, London/New York 2000.

Lersch, Edgar/Viehoff, Reinhold: Geschichte im Fernsehen. Eine Untersuchung zur Entwicklung des Genres und der Gattungsästhetik geschichtlicher Darstellungen im Fernsehen 1995 bis 2003, Düsseldorf 2007.

Lindenberger, Thomas: Eigen-Sinn, Herrschaft und kein Widerstand, Version: 1.0, in: Docupedia-Zeitgeschichte, 2014년 9월 2일, URL: https://www.docupedia.de/zg/Eigensinn (검색일 2017. 11. 13).

Lindqvist, Sven: Grabe, wo du stehst. Handbuch zur Erforschung der eigenen Geschichte [1978]. Aus dem Schwedischen übersetzt und herausgegeben von Manfred Dammeyer, Bonn 1989.

Linne, Karsten: Hitler als Quotenbringer – Guido Knopps mediale Erfolge, in: 1999. Zeitschrift für Sozialgeschichte des 20. und 21. Jahrhunderts, 17 (2002), 2, pp. 90~101.

Lipp, Wilfried: Denkmalpflege und Geschichte, in: Borsdorf/Grütter, Orte der Erinnerung, 1999, pp. 131~167.

Loewy, Hanno: Bei Vollmond: Holocaust. Genretheoretische Bemerkungen zu einer Dokumentation des ZDF, in: 1999. Zeitschrift für Sozialgeschichte des 20. und 21. Jahrhunderts, 17 (2002), 2, pp. 114~127.

Lücke, Martin 외 (eds.): Change. Handbook for History Learning and Human Rights Education. For Educators in Formal, Non-Formal and Higher Education, Schwalbach/Ts. 2016.

Lücke, Martin: Auf der Suche nach einer inklusiven Geschichts- und Erinnerungskultur, in: Alavi, Bettina/Lücke, Martin (편): Geschichtsunterricht ohne Verlierer!? Inklusion als Herausforderung für die Geschichtsdidaktik, Schwalbach/Ts. 2016, pp. 58~87.

Lücke, Martin: Diversität und Intersektionalität als Konzepte der Geschichtsdidaktik, in: Barricelli/Lücke, Handbuch Praxis des Geschichtsunterrichts, 2012, pp. 136~146.

Lücke, Martin: Fühlen – Wollen – Wissen. Geschichtskulturen als emotionale Gemeinschaften, in: Brauer/Lücke, Emotionen, Geschichte und historisches Lernen, 2013, pp. 11~26.

Lücke, Martin: Halbe Kraft voraus. Überlegungen während einer Suche nach dem Ort von Gender in der Geschichtsdidaktik, in: Barricelli, Michele/Becker, Axel/Heuer, Christian (편): Jede Gegenwart hat ihre Gründe. Geschichtsbewusstsein, historische Lebenswelt und Zukunftserwartung im frühen 21. Jahrhundert. Festschrift für Hans-Jürgen Pandel zum 70. Geburtstag, Schwalbach/ TS 2011, pp. 214~226.

Lücke, Martin: Inklusion und Geschichtsdidaktik, in: Riegert, Judith/ Musenberg, Oliver (편): Inklusiver Fachunterricht in der Sekundarstufe, Stuttgart 2015, pp. 197~206.

Lücke, Martin: Multiperspektivität, Kontroversität, Pluralität, in: Barricelli/ Lücke, Handbuch Praxis des Geschichtsunterrichts, 2012, pp. 281~288.

Lücke, Martin: Scheinerfolge und Emanzipationsstillstand – Männliche Homosexualitäten in der Weimarer Republik, in: Domeier, Norman 외: Gewinner und Verlierer. Beiträge zur Geschichte der Homosexualität in Deutschland im 20. Jahrhundert (Hirschfeld Lectures Bd. 7), Göttingen 2015, pp. 27~43.

Lücke, Martin: The Change Approach for Combining History Learning and Human Rights Education, in: Lücke 외, Change, 2016, pp. 39~49.

Ludwig, Andreas: Materielle Kultur, Version: 1.0, in: Docupedia-

Zeitgeschichte, 2011년 5월 30일, pp. 1~18, URL: http://docupedia.de/zg/ Materielle_Kultur (검색일 2017. 11. 13).

Lutz, Helma/Vivar, Maria T.H./Supik, Linda: Fokus Intersektionalität – Eine Einleitung, in: 같은 이 (편): Fokus Intersektionalität. Bewegungen und Verortung eines vielschichtigen Konzeptes, Wiesbaden 2010, pp. 9~31.

Lutz, Thomas: Zwischen Vermittlungsanspruch und emotionaler Wahrnehmung. Die Gestaltung neuer Dauerausstellungen in Gedenkstätten für NS-Opfer in Deutschland und deren Bildungsanspruch, Diss., 2009, URL: https://depositonce.tu-berlin.de/bitstream/11303/2625/l/ Dokument_40.pdf (검색일 2017. 11. 13).

Maase, Kaspar: Grenzenloses Vergnügen? Zum Unbehagen in der Unterhaltungskultur, in: Frizzoni, Brigitte/Tomkowiak, Ingrid (편): Unterhaltung. Konzepte – Formen – Wirkungen, Zürich 2006, pp. 49~67.

Macdonald, Sharon (ed.): A Companion to Museum Studies, Oxford 2006.

Macdonald, Sharon: Museen erforschen. Für eine Museumswissenschaft in der Erweiterung, in: Baur, Museumsanalyse, 2010, pp. 49~69.

MacGregor, Neil: Eine Geschichte der Welt in 100 Objekten, München 2011.

Mayer, Ulrich 외: Wörterbuch Geschichtsdidaktik, 2. erw. Aufl. Schwalbach/Ts. 2009.

Mayer, Ulrich 외: Wörterbuch Geschichtsdidaktik, Schwalbach/Ts. 2006.

Mayer, Ulrich/Pandel, Hans-Jürgen: Kategorien der Geschichtsdidaktik, in: Bergmann 외, Handbuch der Geschichtsdidaktik, 1979, pp. 180~184.

Meijer van Mensch, Stadtmuseum und „Social Inclusion", in: Gemmeke,

Claudia/Nentwig, Franziska (편): Die Stadt und ihr Gedächtnis. Zur Zukunft der Stadtmuseen, Bielefeld 2011, pp. 81~92.

Mentel, Christian (편): Zeithistorische Konjunkturen. Auftragsforschung und NS–Aufarbeitung in der Bundesrepublik, in: Zeitgeschichte–online, Dezember 2012 (2015년 6월 개정), URL: http://www.zeitgeschichte–online. de/thema/zeithistorische–konjunkturen (검색일 2017. 11. 13).

Meringolo, Denise D.: Museums, Monuments, and National Parks. Toward a New Genealogy of Public History, Amherst 2012.

Miles, Robert: Die Idee der „Rasse" und Theorien über Rassismus: Überlegungen zur britischen Diskussion, in: Bielefeld, Ulrich (편): Das Eigene und das Fremde. Neuer Rassismus in der alten Welt, Hamburg 1998, pp. 189~221.

Miles, Robert: Rassismus. Einführung in die Geschichte und Theorie eines Begriffs, Hamburg 1999, pp. 93~103.

Missfelder, Jan–Friedrich: Der Klang der Geschichte. Begriffe, Traditionen und Methoden der Sound History, in: Geschichte in Wissenschaft und Unterricht, 66 (2015), 11/12, pp. 633~649.

Missfelder, Jan–Friedrich: Period Ear. Perspektiven einer Klanggeschichte der Neuzeit, in: Geschichte und Gesellschaft, 38 (2012), pp. 21~47.

Morat, Daniel: Der Klang der Zeitgeschichte. Eine Einführung, in: Zeithistorische Forschungen, 8 (2011), pp. 172~177.

Morat, Daniel: Introduction, in: 같은 이 (ed.): Sound of Modern History. Auditory Cultures in 19th and 20th Century Europe, Oxford 2014, pp. 1~7.

Müller, Jürgen: „The Sound of Silence". Von der Unhörbarkeit der

Vergangenheit zur Geschichte des Hörens, in: Historische Zeitschrift, 292 (2011), pp. 1~29.

Musenberg, Oliver/Riegert, Judith: Inklusiver Fachunterricht als didaktische Herausforderung, in: 같은 이 (편): Inklusiver Fachunterricht in der Sekundarstufe, Stuttgart 2015, pp. 13~28.

Muttenthaler, Roswitha/Wonisch, Regina: Rollenbilder im Museum. Was erzählen Museen über Frauen und Männer, Schwalbach/Ts. 2010.

Mütter, Bernd: HisTourismus. Geschichte in der Erwachsenenbildung und auf Reisen, Bd. 1 u. 2, Oldenburg 2008.

Näpel, Oliver: Historisches Lernen durch ,Dokutainment'? – Ein geschichtsdidaktischer Aufriss. Chancen und Grenzen einer neuen Ästhetik populärer Geschichtsdokumentation, analysiert am Beispiel der Sendereihen Guido Knopps, in: Zeitschrift für Geschichtsdidaktik, 2 (2003), pp. 213~244.

Natter, Tobias/Fehr, Michael/Habsburg-Lothringen, Bettina (편): Die Praxis der Ausstellung. Über museale Konzepte auf Zeit und auf Dauer, Bielefeld 2012.

Newsletter Gedenkstätten und Erinnerungsorte in Schleswig-Holstein, 4 (2013), URL: http://progedenkstaetten-sh.de/wp-content/uploads/Carta-dtsch.pdf (검색일 2017. 11. 13).

Nießer, Jaqueline/Tomann, Juliane (편): Angewandte Geschichte. Neue Perspektiven auf Geschichte in der Öffentlichkeit, Paderborn 외 2014.

Niethammer, Lutz (편): „Die Jahre weiß man nicht, wo man die heute hinsetzen soll". Faschismuserfahrungen im Ruhrgebiet, Berlin/Bonn 1983.

Niethammer, Lutz (편): „Hinterher merkt man, daß es richtig war, daß es schiefgegangen ist." Nachkriegserfahrungen im Ruhrgebiet, Berlin/Bonn 1983.

Nissen, Martin: Historische Sachbücher – Historische Fachbücher: Der Fall Werner Maser, in: Korte/Paletschek, History goes pop, 2009, pp. 103~120.

Noiret, Serge: Internationalisierung der Public History, in: Public History Weekly, 2 (2014), 34, URL: https://public-history-weekly.degruyter. com/2-2014-34/internationalizing-public-history/ (검색일 2017. 11. 13).

Nolte, Paul: Öffentliche Geschichte. Die neue Nähe von Fachwissenschaft, Massenmedien und Publikum: Ursachen, Chancen und Grenzen, in: Barricelli/Hornig, Aufklärung, Bildung, „Histotainment", 2008, pp. 131~146.

Noschka-Roos, Annette (편): Besucherforschung in Museen – Instrumentarium zur Verbesserung der Ausstellungskommunikation, München 2003.

Obermüller, Gerhard/Prüfer, Thomas: Aus Geschichten Geschäfte machen. Kleine Pragmatik des Historischen, in: Nießer/Tomann, Angewandte Geschichte, 2014, pp. 77~96.

Obertreis, Julia (편): Oral history, Stuttgart 2012.

Ortlepp, Anke/Ribbat Christoph (편): Mit den Dingen leben. Zur Geschichte der Alltagsgegenstände, Stuttgart 2010.

Oswalt, Vadim/Pandel, Hans-Jürgen: Einleitung, in: 같은 이, Geschichtskultur, 2009, pp. 7~13.

Oswalt, Vadim/Pandel, Hans-Jürgen (편): Geschichtskultur. Die Anwesenheit von Vergangenheit in der Gegenwart, Schwalbach/Ts. 2009.

Pandel, Hans-Jürgen: Authentizität, in: Mayer 외, Wörterbuch Geschichtsdidaktik, 2009, pp. 30~31.

Pandel, Hans-Jürgen: Geschichtskultur, in: Mayer 외, Wörterbuch Geschichtsdidaktik, 2009, pp. 86~87.

Pandel, Hans-Jürgen: Historisches Erzählen. Narrativität im Geschichtsunterricht, Schwalbach/Ts. 2010.

Parmentier, Michael: Mit Dingen erzählen. Möglichkeiten und Grenzen der Narration im Museum, in: Natter/Fehr/Habsburg-Lothringen, Die Praxis der Ausstellung, 2012, pp. 147~164.

Passens, Kathrin: Dialogische Kommunikationssituationen ermöglichen. Zur Rolle der Moderation in Zeitzeugengesprächen zur DDR-Geschichte, in: Ernst, Geschichte im Dialog?, 2014, pp. 238~247.

Paul, Gerhard: Visual History und Geschichtsdidaktik, in: Zeitschrift für Geschichtsdidaktik, 12(2013), pp. 9~26.

Paul, Gerhard: Visual History, Version: 3.0, in: Docupedia-Zeitgeschichte, 2014년 3월 13일, URL: http://docupedia.de/zg/Visual_History_Version_3.0_Gerhard_Paul (검색일 2017. 11. 13).

Paul, Gerhard: Von der historischen Bildkunde zur Visual History. Eine Einführung, in: 같은 이 (편): Visual History. Ein Studienbuch, Göttingen 2006, pp. 7~36.

Pehle, Walter H.: Der lange Weg zum Buch. Historische Sach- und Fachbücher, in: Horn/Sauer, Geschichte und Öffentlichkeit, 2009, pp. 194~202.

Pflüger, Christine: Historische Imagination, in: Mayer 외, Wörterbuch Geschichtsdidaktik, 2006, pp. 105~106.

Pieper, Katrin: Die Musealisierung des Holocaust. Das Jüdische Museum Berlin und das US Holocaust Memorial Museum in Washington D.C. Ein Vergleich, Köln 2006.

Pieper, Katrin: Resonanzräume. Das Museum im Forschungsfeld Erinnerungskultur, in: Baur, Museumsanalyse, 2010, pp. 187~212.

Pirker, Eva Ulrike 외 (편): Echte Geschichte. Authentizitätsfiktionen in populären Geschichtskulturen, Bielefeld 2010.

Pirker, Eva Ulrike/Rüdiger, Mark: Authentizitätsfiktionen in populären Geschichtskulturen: Annährungen, in: Pirker, Eva Ulrike 외, Echte Geschichte, 2010, pp. 11~30.

Plato, Alexander von: Interview-Richtlinien, in: 같은 이/Leh, Almut/ Thonfeld, Christoph (편): Hitlers Sklaven. Lebensgeschichtliche Analysen zur Zwangsarbeit im internationalen Vergleich, Wien 2008, pp. 443~450.

Pohl, Karl Heinrich: Wann ist ein Museum „historisch korrekt"? „Offenes Geschichtsbild", Kontroversität, Multiperspektivität und „Überwältigungsverbot" als Grundprinzipien musealer Geschichtspräsentation, in: Hartung, Museum und Geschichtskultur, 2006, pp. 273~286.

Pomian, Krzysztof: Der Ursprung des Museums. Vom Sammeln, Berlin 1988.

Popp, Susanne 외 (편): Populäre Geschichtsmagazine in internationaler Perspektive, Frankfurt/M. 2016.

Popp, Susanne 외 (편): Zeitgeschichte – Medien – Historische Bildung, Göttingen 2010.

Presse- und Informationsamt der Bundesregierung: Kulturstaatsministerin Grütters zur Ausstellung „Homosexualität_en": Bekenntnis zu Toleranz und Vielfalt in unserer Gesellschaft, URL: https://www.bundesregierung. de/Content/DE/Pressemitteilungen/BPA/2015/06/2015-06-25-bkm- homosexualitaet.html (검색일 2017. 11. 13).

Prüfer, Thomas: Markt und Möglichkeiten angewandter Unternehmensgeschichte, in: Geschichte in Wissenschaft und Unterricht, 66 (2015), 3/4, pp. 133~140.

Puvogel, Ulrike: Gedenkstätten für die Opfer des Nationalsozialismus. Eine Dokumentation, 2. überarb. Auflage Bonn 1995. URL: http://www.bpb. de/shop/buecher/einzelpublikationen/33973/gedenkstaetten-fuer-die- opfer-des-nationalsozialismus-band-i (검색일 2017. 11. 13).

Rauthe, Simone: Public History in den USA und der Bundesrepublik Deutschland, Essen 2001.

Reemtsma, Jan-Philipp: Wozu Gedenkstätten, in: Aus Politik und Zeitgeschichte, 25~26 (2010), pp. 3~9.

Reich, Kersten: Inklusive Didaktik. Bausteine für eine inklusive Schule, Weinheim 2015.

Reitzig, Jörg: Prekariat, soziale Verunsicherung und Vereinzelung – die Rückkehr der sozialen Frage, in: Lösch, Bettina/Thimmel, Andreas (편): Kritische Politische Bildung. Ein Handbuch, Schwalbach/Ts. 2010, pp. 289~302.

Requate, Jörg: Öffentlichkeit und Medien als Gegenstände historischer Analyse, in: Geschichte und Gesellschaft, 25 (1999), pp. 5~32.

Ribbens, Kees: Die Darstellung des Zweiten Weltkrieges in Europäischen Comics. Eine Fallstudie populärer Geschichtskultur, in: Korte/Paletschek (편): History goes pop, 2009, pp. 121~145.

Ricoeur, Paul: Zeit und Erzählung, 3 Bände, München 1988~1990.

Roselt, Jens/Otto, Ulf (편): Theater als Zeitmaschine. Zur performativen Praxis des Reenactments. Theater- und kulturwissenschaftliche Perspektiven, Bielefeld 2012.

Rothfels, Hans: Zeitgeschichte als Aufgabe, in: Vierteljahrshefte für Zeitgeschichte, 1 (1953), pp. 1~8.

Rox-Helmer, Monika: Fiktionale Texte im Geschichtsunterricht, in: Oswalt/Pandel, Geschichtskultur, 2009, pp. 98~112.

Rudnick, Carola S.: Die andere Hälfte der Erinnerung. Die DDR in der deutschen Geschichtspolitik nach 1989, Bielefeld 2011.

Ruppert, Wolfgang (편): Fahrrad, Auto, Fernsehschrank. Zur Kulturgeschichte der Alltagsdinge, Frankfurt/M. 1993.

Rüsen, Jörn: Geschichtskultur, in: Bergmann 외, Handbuch der Geschichtsdidaktik, 1997, pp. 38~41.

Rüsen, Jörn: Was ist Geschichtskultur? Überlegungen zu einer neuen Art, über Geschichte nachzudenken, in: Füßmann, Klaus/Grütter, Heinrich Theodor/Rüsen, Jörn (편): Historische Faszination. Geschichtskultur heute, Köln 외 1994, pp. 3~26.

Sabrow, Martin/Frei, Norbert (편): Die Geburt des Zeitzeugen nach 1945, Göttingen 2012.

Sabrow, Martin/Jessen, Ralph/Große Kracht, Klaus (편): Zeitgeschichte als Streitgeschichte. Große Kontroversen seit 1945, München 2003.

Sabrow, Martin: Der Zeitzeuge als Wanderer zwischen zwei Welten, in: 같은 이/Frei, Die Geburt des Zeitzeugen, 2012, pp. 13~32.

Sack, Hilmar: Geschichte im politischen Raum. Theorie – Praxis – Berufsfelder, Tübingen 2016.

Samida, Stefanie/Eggert, Manfred K.H./Hahn, Hans Peter (편): Handbuch Materielle Kultur. Bedeutung, Konzepte, Disziplinen, Stuttgart 2014.

Samida, Stefanie: Inszenierte Authentizität: Zum Umgang mit Vergangenheit im Kontext der Living History, in: Fitzenreiter, Martin (편): Authentizität. Artefakt und Versprechen in der Archäologie. IBAES – Internetbeiträge zur Ägyptologie und Sudanarchäologie XV, London 2014, pp. 139~150.

Samida, Stefanie: Public History als Historische Kulturwissenschaft: Ein Plädoyer, Version: 1.0, in: Docupedia-Zeitgeschichte, 2014년 6월 17일, URL: http://docupedia.de/zg/Public_History_als_Historische_ Kulturwissenschaft?oldid=97436 (검색일 2017. 11. 13).

Sauer, Michael: Sinnbildung über Zeiterfahrung, in: Public History Weekly, 2 (2014), 4, URL: https://public-history-weekly.degruyter.com/2-2014-4/sinnbildung-ueber-zeiterfahrung/ (검색일 2017. 11. 13).

Saupe, Achim: Authentizität, Version: 3.0, in: Docupedia-Zeitgeschichte, 2015년 8월 25일, URL: http://docupedia.de/zg/saupe_authentizitaet_v3_de_2015 (검색일 2017. 11. 13).

Sayer, Faye: Public History. A practical guide, London et al. 2015.

Scheunemann, Jan: „Gegenwartsbezogenheit und Parteinahme für den Sozialismus". Geschichtspolitik und regionale Museumsarbeit in der SBZ/DDR 1945~1971, Berlin 2009.

Scheunemann, Jan: Museen in der DDR, in: Walz, Handbuch Museum, pp. 61~65.

Schieder, Theodor: Geschichtsinteresse und Geschichtsbewußtsein heute, in: Burckhardt, Carl J. 외: Geschichte zwischen Gestern und Morgen, München 1974, pp. 73~102.

Schindler, Sabine: Living History und die Konstruktion von Vergangenheit in amerikanischen historicsites, in: Echterhoff, Gerald/Saar, Martin (편): Kontexte und Kulturen des Erinnerns. Maurice Halbwachs und das Paradigma des kollektiven Gedächtnisses, Konstanz 2002, pp. 163~179.

Schirrmacher, Arne: Nach der Popularisierung. Zur Relation von Wissenschaft und Öffentlichkeit im 20. Jahrhundert, in: Geschichte und Gesellschaft, 34 (2008), pp. 73~95.

Schlussbericht der Enquete-Kommission „Kultur in Deutschland", Bundestags-Drucksache 16/7000, 2007년 12월 11일, pp. 119. URL: http://dip21.bundestag.de/dip21/btd/16/070/1607000.pdf (검색일 2017. 11. 13).

Schmid, Harald (편): Geschichtspolitik und kollektives Gedächtnis: Erinnerungskulturen in Theorie und Praxis, Göttingen 2009.

Schmidt, Leo: Einführung in die Denkmalpflege, Stuttgart 2008.

Schmidt, Siegfried J.: Lernen, Wissen, Kompetenz, Kultur. Vorschläge zur Bestimmung von vier Unbekannten, Heidelberg 2005.

Scholze, Jana: Kultursemiotik: Zeichenlesen in Ausstellungen, in: Baur, Museumsanalyse, 2010, pp. 121~148.

Scholze, Jana: Medium Ausstellung. Lektüren musealer Gestaltung in Oxford, Leipzig, Amsterdam und Berlin, Bielefeld 2004.

Schönemann, Bernd: Geschichtsdidaktik, Geschichtskultur, Geschichtswissenschaft, in: Günther-Arndt, Hilke (편): Geschichtsdidaktik. Praxishandbuch für die Sekundarstufe I und II, Berlin 2003, pp. 11~22.

Schönemann, Sebastian: Kulturelles Bildgedächtnis und kollektive Bilderfahrung. Die visuelle Semantik der Erinnerung am Beispiel des Fotos des Jungen aus dem Warschauer Ghetto, in: Zeitschrift für Geschichtsdidaktik, 12 (2013), pp.

46~60.

Schörken, Rolf: Historische Imagination und Geschichtsdidaktik, Paderborn 1994.

Schrübbers, Christiane (편): Moderieren im Museum. Theorie und Praxis der dialogischen Besucherführung, Bielefeld 2013.

Schrübbers, Christiane: Einleitung, in: 같은 이, Moderieren im Museum, 2013, pp. 15~21.

Schrübbers, Christiane: Moderieren im Museum, in: 같은 이, Moderieren im Museum, 2013, pp. 39~46.

Schulze, Mario: Wie die Dinge sprechen lernten. Eine Geschichte des Museumsobjektes 1968~2000, Bielefeld 2017.

Schwarz, Angela/Mysliwietz−Fleiß, Daniela: Reisen in die Vergangenheit. Geschichtstourismus im 19. und 20. Jahrhundert, Köln 외 2019.

Schwarz, Angela: „Wollen Sie wirklich nicht weiter versuchen, diese Welt zu dominieren?“ Geschichte in Computerspielen, in: Korte/ Paletschek, History goes pop, 2009, pp. 313~340.

Schwarz, Angela: Computerspiele − ein Thema für die Geschichtswissenschaft?, in: 같은 이 (편): „Wollten Sie auch immer schon einmal pestverseuchte Kühe auf Ihre Gegner werfen?“ Eine fachwissenschaftliche Annäherung an Geschichte im Computerspiel, Münster 2010, pp. 7~33.

Senecheau, Miriam/Samida, Stefanie: Living History als Gegenstand Historischen Lernens. Begriffe − Problemfelder − Materialien, Stuttgart 2015.

Siebeck, Cornelia: 50 Jahre „arbeitende“ NS−Gedenkstätten in der Bundesrepublik. Vom gegenkulturellen Projekt zur staatlichen

Gedenkstättenkonzeption – und wie weiter?, in: Gryglewski 외, Gedenkstättenpädagogik, 2015, pp. 19~43.

Sieberkrob, Matthias/Lücke, Martin: Narrativität und sprachlich bildender Geschichtsunterricht – Wege zum generischen Geschichtslernen, in: Jostes, Brigitte/Caspari, Daniela/Lütke, Beate (편): Sprachen – Bilden – Chancen. Sprache in Didaktik und Lehrkräftebildung, Münster 2017, pp. 221~233.

Simon, Nina: The participatory museum, Santa Cruz 2010.

Smykalla, Sandra/Vinz, Dagmar (편): Intersektionalität zwischen Gender und Diversity. Theorien, Methoden und Politiken der Chancengleichheit, Münster 2011.

Smykalla, Sandra/Vinz, Dagmar: Geschlechterforschung und Gleichstellungspolitiken vor neuen theoretischen, methodologischen und politischen Herausforderungen, in: 같은 이, Intersektionalität zwischen Gender und Diversity, 2011, pp. 10~18.

Solga, Heike/Powell, Justin/Berger, Peter A. (편): Soziale Ungleichheit. Klassische Texte zur Sozialstrukturanalyse, Frankfurt/M. 2009.

Spickernagel, Ellen/Walbe, Brigitte (편): Das Museum – Lernort contra Musentempel, Gießen 1976.

Spieß, Christian: Zeitgeschichte in populären Geschichtsmagazinen, in: Popp 외, Zeitgeschichte – Medien – Historische Bildung, 2010, pp. 61~76.

Spieß, Christian: Zwischen Wissenschaft und Unterhaltungsanspruch. Aktuelle Geschichtsmagazine im Vergleich, in: Horn/Sauer, Geschichte und Öffentlichkeit 2009, pp. 169~176.

Staatliche Museen zu Berlin – preußischer Kulturbesitz. Institut für Museumsforschung (편): Statistische Gesamterhebung an den Museen der Bundesrepublik Deutschland für das Jahr 2015, Berlin 2016, URL: http://www.smb.museum/fileadmin/website/Institute/Institut_fuer_Museumsforschung/Publikationen/Materialien/mat70.pdf (검색일 2017. 11. 13).

Stone, Philip R.: A dark tourism spectrum. Towards a typology of death and macabre related tourist sites, attractions and exhibitions, in: Tourism, 54 (2006), 2, pp. 145~160.

Taubitz, Jan: Holocaust Oral History und das lange Ende der Zeitzeugenschaft, Göttingen 2016.

te Heesen, Anke: Exponat, in: Gfrereis, Thiemeyer, Tschofen, Museen verstehen, 2015, pp. 33~44.

te Heesen, Anke: Objekte der Wissenschaft. Eine wissenschaftshistorische Perspektive auf das Museum, in: Baur, Museumsanalyse, Bielefeld 2010, pp. 213~230.

te Heesen, Anke: Theorien des Museums zur Einführung, Hamburg 2012.

Thaa, Lotte/Borcke, Tobias: 1977. Die Zeit der Staufer, in: Schulze, Mario/te Heesen, Anke/Dold, Vincent (편): Museumskrise und Ausstellungserfolg. Die Entwicklung der Geschichtsausstellungen in den Siebzigern, Berlin 2015, pp. 80~95.

Thamer, Hans-Ulrich: Die westdeutsche Erinnerung an die NS-Diktatur in der Nachkriegszeit, in: März, Peter/Veen, Hans-Joachim (편): Woran erinnern? Der Kommunismus in der deutschen Erinnerungskultur, Köln 2006, pp. 51~70.

공공역사란
무엇인가

Thamer, Hans-Ulrich: Vom Tabubruch zur Historisierung? Die Auseinandersetzung um die „Wehrmachtsausstellung", in: Sabrow/Jessen/ Große Kracht, Zeitgeschichte als Streitgeschichte, 2002, pp. 171~186.

Thiemeyer, Thomas: Fortsetzung des Krieges mit anderen Mitteln. Die beiden Weltkriege im Museum, Paderborn 2010.

Thiemeyer, Thomas: Geschichtswissenschaft: Das Museum als Quelle, in: Baur, Museumsanalyse, 2010, pp. 73~94.

Thiemeyer, Thomas: Inszenierung, in: Gfrereis/Thiemeyer/Tschofen, Museen verstehen, 2015, pp. 45~62.

Thimm, Barbara/Kößler, Gottfried/Ulrich, Susanne (편): Verunsichernde Orte. Selbstverständnis und Weiterbildung in der Gedenkstättenpädagogik, Frankfurt/M. 2010.

Thimm, Barbara/Kößler, Gottfried/Ulrich, Susanne: Einführung, in: 같은 이, Verunsichernde Orte, 2010, pp. 9~17.

Tomann, Juliane, 외: Diskussion Angewandte Geschichte: Ein neuer Ansatz?, Version: 1.0, in: Docupedia-Zeitgeschichte, 2011년 2월 15일, URL: http://docupedia.de/zg/Diskussion_Angewandte_ Geschichte?oldid=106405 (검색일 2017. 11. 13).

Vogel, Brigitte: Inklusion – Integration – Migration. Das Museum als Raum für gesellschaftspolitische Herausforderungen?, in: Geschichte in Wissenschaft und Unterricht, 68 (2017) 1/2, pp. 39~51.

Völkel, Bärbel: Handlungsorientierung im Geschichtsunterricht, 2. Aufl. Schwalbach/Ts. 2008.

vom Bruch, Rüdiger: Geschichtswissenschaft, in: Jordan, Stefan (편): Lexikon Geschichtswissenschaft. Hundert Grundbegriffe, Stuttgart 2002, pp.

124~129.

von Lucius, Wulf D.: Verlagswirtschaft: Ökonomische, rechtliche und organisatorische Grundlagen, Stuttgart 2007.

Waidacher, Friedrich: Museologie – knapp gefasst, Köln 외 2005.

Walz, Markus (편): Handbuch Museum. Geschichte – Aufgaben – Perspektiven, Stuttgart 2016.

Walz, Markus: Museen in der Zeit des Nationalsozialismus, in: 같은 이 (편): Handbuch Museum, pp. 57~61.

Walz, Markus: Sehen, Verstehen. Historisches Spiel im Museum – zwischen Didaktik und Marketing, in: Carstensen/Meiners/Mohrmann, Living History im Museum, 2008, pp. 15~45.

Weber, Max: Wirtschaft und Gesellschaft, Tübingen 1921/22.

Wegner, Nora: Publikumsmagnet Sonderausstellung – Stiefkind Dauerausstellung?, Bielefeld 2015.

Weible, Robert: Defining Public History: Is it Possible? Is it Necessary?, in: Perspectives on History. The Newsmagazine of the American Historical Association, 46 (2008), 3, URL: https://www.historians.org/publications-and-directories/perspectives-on-history/march-2008/defining-public-history-is-it-possible-is-it-necessary (검색일 2017. 11. 13).

Welzer, Harald/Moller, Sabine/Tschuggnall, Karoline: „Opa war kein Nazi". Nationalsozialismus und Holocaust im Familiengedächtnis, 6. Aufl. Frankfurt/M. 2008.

Welzer, Harald: Das Interview als Artefakt. Zur Kritik der Zeitzeugenforschung, in: BIOS, 13 (2000), 1, pp. 51~63.

Widmaier, Benedikt/Zorn, Peter: Brauchen wir den Beutelsbacher Konsens?

Eine Debatte der politischen Bildung, Bonn 2016.

Wierling, Dorothee: Oral History und Zeitzeugen in der politischen Bildung. Kommentar zu einem Spannungsverhältnis, in: Ernst, Geschichte im Dialog?, 2014, pp. 99~107.

Wierling, Dorothee: Zeitgeschichte ohne Zeitzeugen. Vom kommunikativen zum kulturellen Gedächtnis – drei Geschichten und zwölf Thesen, in: BIOS, 21 (2008), 1, pp. 28~36.

Williams, Paul: Memorial Museums. The global rush to commemorate atrocities, Oxford 2007.

Willner, Sarah/Koch, Georg/Samida, Stefanie (편): Doing History. Performative Praktiken in der Geschichtskultur, Münster/New York 2016.

Winker, Gabriele/Degele, Nina: Intersektionalität. Zur Analyse sozialer Ungleichheiten, Bielefeld 2009.

Wolfrum, Edgar: Geschichte als Waffe. Vom Kaiserreich bis zu Wiedervereinigung, Göttingen 2001.

Zündorf, Irmgard/Zeppenfeld, Stefan: Museen und Gedenkstätten, in: Busse, Laura 외 (편): Clio–Guide. Ein Handbuch zu digitalen Ressourcen für die Geschichtswissenschaften 2016, pp. B.3, 1–21, URL: https://guides.clio–online.de/ (검색일 2017. 11. 13).

Zündorf, Irmgard: Die Vermarktung historischen Wissens. Geschichtsmagazine als Produkte der Public History, in: Popp 외, Populäre Geschichtsmagazine in internationaler Perspektive, 2016, pp. 53~69.

Zündorf, Irmgard: Dingliche Ostalgie? Materielle Zeugnisse der DDR und ihre Präsentation, in: Ulbricht, Justus H. (편): Schwierige Orte. Regionale Erinnerung, Gedenkstätten, Museen, Halle/Saale 2013, pp. 77~95.

Zündorf, Irmgard: Public History und Angewandte Geschichte –
  Konkurrenten oder Komplizen?, in: Nießer/Tomann, Angewandte
  Geschichte, 2014, pp. 63~76.

Zündorf, Irmgard: Zeitgeschichte und Public History, Version: 2.0, in:
  Docupedia-Zeitgeschichte, 2016년 9월 6일, URL: http://docupedia.de/
  zg/Zuendorf_public_history_v2_de_2016 (검색일 2017. 11. 13).

찾아보기

303

소장품Sammlung 222

시노그래피Szenografie 229

시대 증인ZeitzeuInnen 91, 116, 121, 122, 124~128, 142, 147, 148, 163, 166,

168, 208, 221, 223, 224, 235, 236, 250, 254, 260, 284, 285, 312, 315

신사회사New Social History 16, 133

실험고고학Experimentelle Archäologie 132, 133

【 ㅇ 】

에고도큐멘트Ego-Dokumente 16

역사 학습Historisches Lernen 55, 57, 253, 254

역사문화Geschichtskultur 15, 25, 36, 42, 43, 45, 47, 68, 76, 78, 145, 151, 172,

244, 250, 253

역사상Geschichtsbild 34, 104, 149, 151, 188, 216, 230, 249, 251, 255, 256, 314

역사성Historizität 100, 113

역사 연극Geschichtstheater 130

역사의식Geschichtsbewusstsein 15, 45, 46

역사 작업장Geschichtswerkstätten 20, 22, 307

연방 문화·미디어 위원회Bundesauftrage für Kultur und Medien(BKM) 203

연출Inszenierung 163, 164, 168, 189, 229, 257, 284

영화Film 91, 109, 225, 248, 278

오락Unterhaltung 156, 166, 302

웹사이트Website 8, 36, 91, 124, 212, 217, 239, 248, 260, 261, 265, 289, 299,

301, 309, 318

유물/자료/전시물Objekt/Objektbiografie 93, 94, 96, 183~190, 200, 208, 220, 221,

223, 226~228, 230, 233~239, 256, 291~293

공공역사란 무엇인가

2020년 12월 24일 1판 1쇄 발행
2022년 11월 3일 1판 4쇄 발행

지은이   마르틴 뤼케·이름가르트 췬도르프
옮긴이   정용숙
기획   대한민국역사박물관
펴낸이   박혜숙
디자인   이보용
펴낸곳   도서출판 푸른역사
            우) 03044 서울시 종로구 자하문로8길 13
            전화: 02)720-8921(편집부) 02)720-8920(영업부)
            팩스: 02)720-9887
            전자우편: 2013history@naver.com
            등록: 1997년 2월 14일 제13-483호

ⓒ 대한민국역사박물관, 2022
ISBN   979-11-5612-181-7   93900